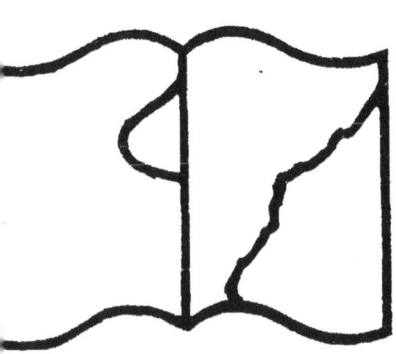

Couvertures supérieure et inférieure détériorées

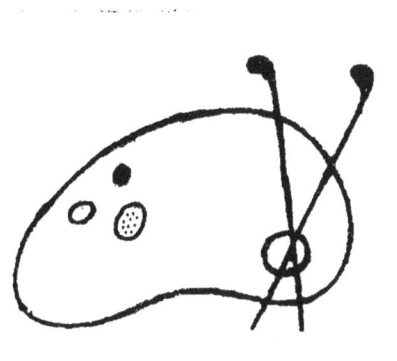

Début d'une série de documents en couleur

COUVERTURES SUPERIEURE ET INFERIEURE D'IMPRIMEUR

LIBRAIRIE DE RETAUX-BRAY, ÉDITEUR
82, Rue Bonaparte, à Paris.

3ᵉ ÉDITION, REVUE ET AUGMENTÉE DE LA

VIE DU CARDINAL DE BONNECHOSE, archevêque de Rouen, par Mgr Besson, évêque de Nîmes. 2 forts vol. in-8°, ornés d'un portrait et d'une lettre autographiée. . . . . . 12 fr. »
Le même, 2 forts vol. in-18 jésus . . . . 7 fr. »

GARCIA MORENO, président de l'Equateur, vengeur et martyr du droit chrétien (1821-1875), par le R. P. A. Berthe, de la Congrégation du T. S. Rédempteur. 1 fort vol. in-8°, orné d'un portrait et de cartes. . . . . 7 fr. »

L'AME, sa spiritualité, sa puissance, sa grandeur, son immortalité, par Mgr Turinaz, évêque de Nancy et de Toul. 1 vol. in-18 jésus.
— Prix . . . . 2 fr. »

LA TERREUR SOUS LE DIRECTOIRE. Histoire de la persécution politique et religieuse après le coup d'Etat du 18 fructidor (4 septembre 1797), d'après les documents inédits, par Victor Pierre. 1 beau vol. grand in-8° . . . . 7 fr. 50

L'ÉDUCATION ET L'ENSEIGNEMENT SELON L'IDÉAL CHRÉTIEN, discours de distributions de prix 1877-1886, par l'abbé Déhon, docteur en droit et en théologie, chanoine honoraire de Soissons, supérieur de l'institution Saint-Jean, à Saint-Quentin. 1 beau vol. in-16. . . . . 2 fr. 50

LE MIRACLE ET SES CONTREFAÇONS, par le P. J. de Bonniot, S. J. Prodiges. — Magie. — Spiritisme. — Hypnotisme. — Hystérie. — Possession. 1 vol. in-18 jésus . . . . 3 fr. 50

La guerre contre le miracle, qui est la guerre contre la religion, a pris de nos jours une forme nouvelle. Les phénomènes étranges dont la curiosité publique se préoccupe si vivement, en ont été l'occasion. Ce sont des événements *naturels*, dit-on, et cependant semblables aux faits regardés jusqu'ici comme *surnaturels* : donc l'ignorance seule a pu voir en ceux-ci l'intervention d'une cause supérieure à la nature, donc, il n'y a jamais eu de miracle.

C'est à réfuter cette assertion, si dangereuse à notre époque saturée de rationalisme, que s'est appliqué l'auteur du livre que nous annonçons. Il ne se contente pas d'en montrer l'inanité d'une manière générale : il la suit dans l'application qu'on en fait aux événements merveilleux de passé et de l'époque présente; il passe en revue les miracles de Bouddha, d'Esculape, d'Apollonius de Tyane, des hérétiques, le spiritisme sous toutes ses formes, les miracles de la Salpétrière et des autres cliniques, les phénomènes de l'hystérie, de l'hypnotisme, de la suggestion, jugeant tout à la lumière de la science, de la philosophie et de la théologie. De cette longue étude se dégage cette claire conclusion que, fût-on diplômé, en est toujours un sot quand on condamne le miracle.

Le volume s'ouvre par un exposé de principes, où l'on trouvera plus d'un aperçu nouveau. Entre autres choses, on y constatera que les adversaires du miracle attaquent ce qu'ils ne connaissent pas et que leurs objections sont par cela seul sans la moindre portée.

ABBEVILLE, TYP. ET STÉR. A. RETAUX.

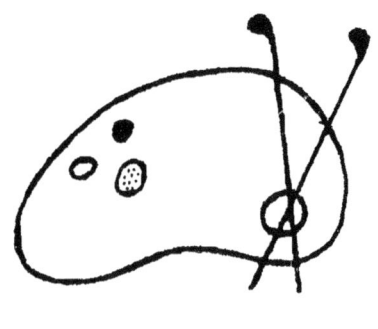

Fin d'une série de documents en couleur

LA FOI JURÉE

A LA MÊME LIBRAIRIE

DU MÊME AUTEUR

L'Aboyeuse, un vol. in-12	2 »
L'Accusé, 1 vol. in-12	3 »
La boîte de plomb. 1 vol. in-12	3 »
Le Capitaine aux manis rouges. 1 vol. in-12	2 »
La Cendrillon du village. 1 vol. in-12	2 »
La Chambre n° 7. 1 vol. in-12	3 »
Le Château des Abîmes. 1 vol. in-12	3 »
Les Chevaliers de l'écritoire. 1 vol. in-12	3 »
Le cloître rouge. 1 vol. in-12	3 »
Comédies, Drames et Proverbes. Musique de M. Henri Cohen. 1 vol. in-12	2 »
La Musique se vend séparément.	
Marthe et Marie-Madeleine (*partition*). — A brebis tondue Dieu mesure le vent (*partition*). — La Fille du roi d'Yvetot (*partition*). — Chaque partition	1 50
La Conscience. 1 vol. in-12	2 »
Le Contumax. 1 vol. in-12	3 »
Les Crimes de la plume. 1 vol. in-12	3 »
La demoiselle du Paveur. 1 vol. in-12	2 »
Divorcés. 1 vol. in-12	2 »
Les Drames de l'argent. 1 vol. in-12	3 »
Les Drames de la misère, 2 vol. in-12	6 »
L'Elixir de longue vie. 1 vol. in-12	3 »
L'enfant maudit. 1 vol. in-12	2 »
Les Enfants du bourgmestre. 1 vol. in-12	3 »
Une Erreur fatale. 1 vol. in-12	3 »
L'Evadé. 1 vol. in-12	2 »
La Femme d'après saint Jérôme 1 vol. in-12	2 »
Les Femmes malheureuses. 1 vol. in-12	2 »
La Fille au Coupeur de paille. 1 vol. in-12	2 »
La Fille sauvage. 1 vol. in-12	3 »
La Fleur de Neige. 1 vol. in-12	2 »
La Foi jurée. 1 vol. in-12	3 »
Le Gouffre. 1 vol. in-12	3 »
Les Héritiers de Judas. 1 vol. in-12	3 »
Les Idoles. 1 vol. in-12	3 »
Le Juif Ephraïm. 1 vol. in-12	3 »
Lory. 1 vol. in-12	2 »
Madame de Robur. 1 vol. in-12	2 »
Le Magistrat, 1 vol. in-12	3 »
La Main malheureuse 1 vol. in-12	2 »
La Maison du Sabbat. 1 vol. in-12	2 »
Le Marquis de Pontcallec. 1 vol. in-12	3 »
Le Martyre d'un père. 1 vol. in-12	3 »
Les Mirages d'or. 1 vol in-12	3 »
Le Moulin des Trépassés. 1 vol. in-12	2 »
Le Naufrage de Lianor. 1 vol. in-12	3 »
L'Odyssée d'Antoine. 1 vol. in-12	2 »
Parasol et Cie, 1 vol. in-12	3 »
Le Pardon du moine. 1 vol. in-12	3 »
Les Parias de Paris. 2 vol. in-12	6 »
Patira. 1 vol. in-12	3 »
Le Trésor de l'abbaye (suite de Patira) 1 vol. in-12	3 »
Jean Canada (suite du trésor de l'abbaye) 1 vol. in-12	3 »
La Péruvienne. 1 vol. in-12	3 »
Les Petits. 1 vol. in-12	3 »
Poèmes populaires. 1 vol. in-12	2 »
Le Procès de la Reine. 1 vol. in-12	2 »
La route de l'Abîme. 1 vol. in-12	2 »
Les Robinsons de Paris. 1 vol. in-12	3 »
Le Serment du Corsaire. 1 vol. in-12	3 »
Le Trésor de l'Abbaye. 1 vol. in-12	3 »
Le Val-Perdu, 1 vol. in-12 illustré	2 »
Les Victimes. 1 vol, in-12	3 »
Zacharie le maître d'école. 1 vol. in-12	2 »

LA

FOI JURÉE

PAR

RAOUL DE NAVERY

HUITIÈME ÉDITION

PARIS
LIBRAIRIE BLÉRIOT
HENRI GAUTIER, SUCCESSEUR
55, QUAI DES GRANDS-AUGUSTINS, 55

1890

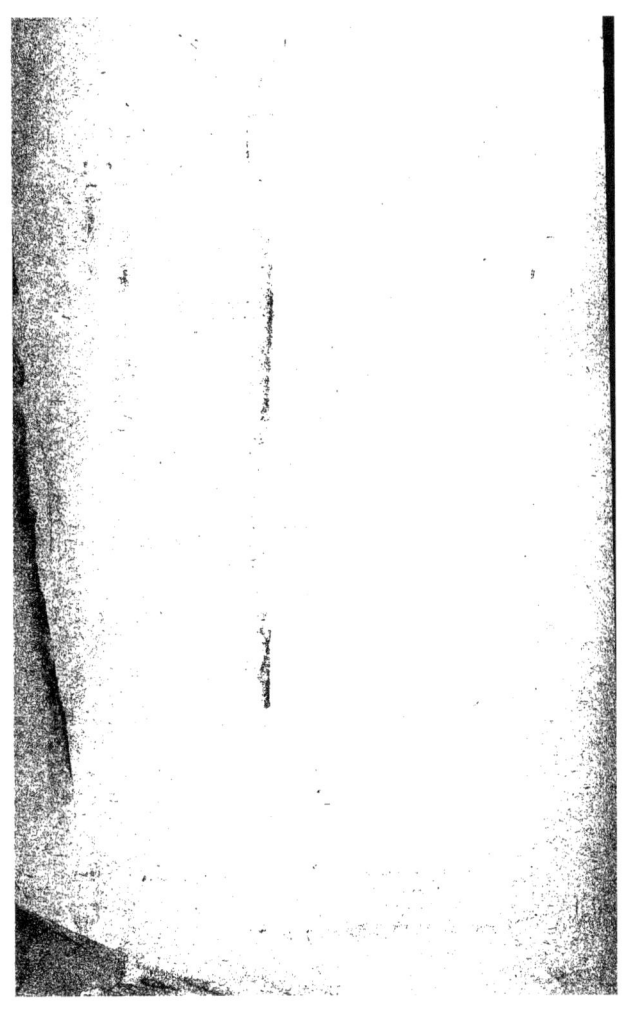

LA FOI JURÉE

I

SCÈNES INTIMES.

Rien de paisible comme l'intérieur que nous devons esquisser. Le grand cabinet de travail garni de casiers énormes et de pupitres, supportant des registres blindés de cuivre, est éclairé par une lampe dont la clarté met une lumière tantôt au front d'un buste sculpté par Jean Goujon, tantôt sur le cadre doré d'une toile de maître. La cheminée supporte une monumentale pendule de bronze. Les siéges sont hauts, larges, carrés, garnis de franges; sur les murs s'étalent des tentures de cuir de Cordoue; des tapisseries inappréciables servent de portières.

Un homme de quarante-cinq ans environ est appuyé sur une table, les bras croisés, la tête pensive.

Sa physionomie respire une honnêteté parfaite, un indomptable courage. Le front est haut, les lèvres franches et rouges, l'œil doux et bleu, les cheveux noirs. La main accuse l'habitude du travail. Cette figure attire tout de suite la sympathie.

En face, plongée dans un fauteuil, une femme jeune

encore étudie, en la respectant par son silence, la rêverie dans laquelle son mari demeure plongé.

On sent qu'elle l'aime de toute la puissance de son âme. Ses regards expriment une tendre angoisse ; ses mains sont jointes sur ses genoux comme si elle priait.

Elle paraît simple et douce. Ses cheveux n'ont pas de poudre, mais sa robe de couleur foncée est tirée des plus habiles fabriques de Lyon. Elle ne trahit cependant dans toute sa personne d'autre coquetterie que celle de la femme dont le cœur tient aux plus petites choses, parce qu'elle veut que tout flatte et charme le regard du mari, dans les objets frappant sa vue.

Le rêveur lève la tête et dit d'une voix où flotte l'indécision de sa pensée :

— C'est une résolution bien grave, Madeleine.

— Je le sais, répond la jeune femme, et ce n'est point au négociant de la prendre, mais au père de famille.

— As-tu bien réfléchi toi-même ?

— Oh ! moi, je ne consulte pas tes livres de caisse, je ne m'occupe point de ces gros registres pleins de chiffres effrayants. A toi les calculs et les affaires, la responsabilité des cargaisons de navires ; tu es l'armateur, le marchand, le banquier. Que le roi du négoce de Marseille s'inquiète du plus ou moins d'or contenu dans ses coffres, soit ! mais moi, ta compagne, ton amie, je ne vois et ne veux voir que toi, toi et nos enfants ! Oh ! je ne nie point que l'égoïsme ait place dans mon cœur. Je sens que, loin de m'accoutumer à tes périlleux voyages, je tremble chaque fois plus fort à la pensée que tu vas nous quitter ; mon cœur est peureux : eh bien ! ce pauvre et fidèle cœur, n'éprouves-tu pas le besoin de le calmer, de le rassurer ? Tu nous a faits riches, rends-nous heureux !

La jeune femme se leva, ouvrit un pupitre au-dessus auquel un christ d'ivoire étendait ses bras, et prit un livre relié avec un luxe pieux.

Quand elle le posa sur la table, elle vit son mari sourire
— C'est mon volume à moi, dit-elle, c'est le *Livre de raison*.

Le *Livre de raison* était depuis longtemps à Marseille le code sacré des familles.

Chacune avait le sien.

Sur ce livre s'inscrivaient les mariages, la date du baptême des enfants, les chiffres des dots ; ensuite s'y déroulaient, année par année, les événements intimes, heureux ou malheureux. Lorsque la mère mourait, il restait bien des pages blanches ; le volume devenait l'héritage de la fille aînée qui le transmettait plus tard à son tour. Si une faute grave était commise par un membre de la famille, on la relatait, et la feuille contenant cette flétrissure s'encadrait de noir. Le *Livre de raison* exerçait une influence énorme. Journal intime, à la fois livre de caisse, mémorial chrétien, souvent illustré de traits généreux, d'actes sublimes, il devenait la leçon vivante, héréditaire. On le consultait sous l'œil de Dieu dans les cas graves.

A notre époque, où l'on affecte de rechercher les vieilles coutumes, les vieux meubles, ne pourrait-on rajeunir l'usage de mettre dans la corbeille de mariage des jeunes filles un *livre de raison*? Jamais, ce nous semble, le besoin ne s'en est fait sentir davantage.

La jeune femme ouvrit donc le volume.

— 25 mai ! dit-elle, date de notre mariage... Notre fortune était modeste, tu possédais une activité merveilleuse, une probité reconnue, une âme pure comme de l'or de l'Espagne, et nous attendions tous deux le bonheur dont nous avons joui... Mais combien de fois, depuis ce jour, m'as-tu dit adieu ! La nuit, quand sévissait la tempête, je m'éveillais en sursaut, priant et pleurant !... Qui te séparait du gouffre de la mer ? Une planche !... Ici, Nicolas, tu as tracé toi-même ces lignes : *Victor est né pour notre commune joie, août 17*; et plus bas :—Quatre navires chargés pour les côtes barbaresques et cinquante mille livres en caisse... Notre bonheur n'avait pas d'histoire... Un nom d'enfant vient à la page suivante : — *Marthe baptisée à la Mayor par Mgr Luc de* Vintimille.—De nouveau, le négociant remplace le père, et tu enregistres l'augmentation de notre capital, comme si tu voulais te prouver à toi-même que cette petite Marthe sera richement dotée : — Deux cent mille livres en caisse, et six bâtiments attendus... Puis viennent la mort de ma mère et de tristes pages consacrées à ceux qui nous quittent. Enfin, le plus petit enfant, *Lazare*, nous est donné, et son frère aîné, qui lui servit de parrain, tint à grand honneur de tracer lui-même sur ce livre le nom de l'ange nouveau... Depuis je ne trouve que des chiffres, des chiffres encore... Total : six bâtiments et quatre cent mille livres ! Fortune de roi pour des négociants ! Eh bien ! ce que je demande, Nicolas, c'est que tu la trouves suffisante, que tu songes à vivre pour toi et pour nous, et que jamais plus tu ne reprennes la mer.

Le mari serra affectueusement la main de sa femme.

— Tu as raison, dit-il, je serai plus heureux !

— Pourquoi hésites-tu, alors ?

— Je ne sais... mais à la pensée de ne plus monter le *Centaure*, de ne plus braver ces orages dont tu parlais tout à l heure...

— Je n'ai parlé que des tempêtes, j'oubliais les corsaires, ajouta Madeleine.

— Eh bien ! vagues et pirates, ouragans et grappins d'abordages, tout cela cause des émotions vives, devenues, par suite de l'habitude, l'élément de ma vie. J'ai besoin d'une activité énorme : le mouvement est ma façon de respirer... Mon vaisseau est un État despotique où je gouverne en roi. Je l'aime, ce navire intelligent comme un coursier agile, fendant l'onde et l'espace, joyeux sous ses voiles, coquet de gréement ; j'aime mes matelots à figure basanée, le vieux Goëland, le mousse, Marsupiau, Jacques, Tonnerre, Feu-Saint-Elme, si gai, si rieur, le chantre du bord, le conteur de quart ! Quitter ces pauvres gens me causerait une peine énorme...

— Garde-les près de toi...

— Dans l'inaction ? sans bourlinguer ? Autant vaudrait me dire de renfermer la grande brise prisonnière. Qui sait si tu ne trouveras pas le marin triste parfois en regardant la mer... ou bien si tu ne trembleras pas à sa voix rude ?... Tu te demanderas ce qu'il a... Tu chercheras, pauvre Madeleine, si tu lui as causé un chagrin... tu t'inquièteras de ce qui lui manque... Il lui manquera la vague, le vent, l'horizon sans limites, l'immensité bleue de la Méditerranée.

— Non ! non ! tu ne regretteras rien ! dit la jeune femme ; et, se levant vivement, elle prit la main de son mari et l'entraîna vers l'une des entrées du cabinet.

Des portières couvraient les baies des portes, enlevées pour faciliter la surveillance.

Madeleine écarta la tapisserie, et murmura à l'oreille de son mari :

— Regarde !

Trois enfants se trouvaient réunis dans une salle immense. L'aîné, Victor, penché sur un gros livre, gardait l'un des doigts de sa main droite posé sur une sphère céleste. Il cherchait à la fois l'explication et la démonstration ; à la théorie il joignait la pratique. Il avait dix-huit ans environ.

Sa sœur Marthe travaillait au tambour.

Elle était blonde, mignonne et frêle.

Dans son déshabillé de soie bleue à mille raies blanches, les cheveux retenus par un ruban, et un simple linon plissé formant les engageantes de ses manches, elle ressemblait aux plus jolies créations de Watteau, à ces types de jeunes filles qu'il aime à peindre dans un grand parc plein de soleil, un livre à la main ou assises près d'un buisson de roses sur les marches d'un grand escalier de marbre.

A ses pieds, et fort peu soucieux de sa toilette, Lazare continuait, avec cette patience grave qui est le propre des enfants, à chercher le moyen d'ouvrir la tête d'un magnifique roi Maure, présent de la dernière fête de Noël.

A voir cette jeunesse, cette adolescence, cette enfance en fleur; à regarder ces fronts purs, ces bouches vermeilles, prêtes au sourire et au baiser, on se sentait subitement attendri. Ces trois êtres étaient si beaux, des âmes si pures rayonnaient en eux, que l'on comprenait bien la force de Madeleine qui, sans chercher de raisonnement, et ne trouvant nulle parole à opposer à ce que venait de lui dire Nicolas à propos de son amour pour la mer, les dangers et les matelots compagnons de ses périls, lui opposait par un geste et un silence victorieux ces trois enfants, son seul amour à elle.

Le père de famille ne répondit rien; mais quand ses yeux se furent rassasiés de ce tableau intérieur, il prit celle des mains de Madeleine qui retenait la tapisserie, la fit retomber, et ramena sa femme auprès de la table, à la place qu'elle occupait auparavant.

— Décide, dit-il...

La jeune femme leva sur son mari un regard brillant d'espérance.

— Ainsi ? dit-elle haletante de joie.

— Je ne partirai plus.

— Et ce *Centaure,* ce terrible *Centaure !*

— Je l'abandonne à Ollioules.

— Et la mer ?

— Nous la verrons ensemble du haut des collines.

— Et Goëland, Feu Saint-Elme, Marsupiau ?

— Je les prierai de rester avec moi.

— S'ils refusent ?
— Alors Ollioules les prendra à son bord.
— Et jamais, jamais tu ne songeras à naviguer encore ?
— Ne m'as-tu point prouvé que nous étions assez riches ?
— Oui, mais tu semblais si sûr de regretter les émotions de la vie de marin ?
— Je n'avais point regardé assez et par tes yeux ces trois enfants... Leur jeunesse a besoin d'un guide... il faut que Victor termine ses études sous mes yeux... et puis, Marthe a grandi pendant mes voyages ; la voilà devenue une jeune fille... on la demande en mariage, et tu approuves assez le projet de l'unir à Julien... Ne faut-il pas que je jouisse de ma paternité ? Je m'adresse maintenant de vifs reproches ; mais, va ! le négociant n'a tué ni le père de famille ni le mari... A cette heure, je ne te fais point un sacrifice... mon cœur est plein de joie, à la pensée de ne plus vous quitter... J'aurais pu mourir pendant mes traversées périlleuses... Je vous voulais riches, et j'oubliais que tu ne souhaites que du bonheur.
— Prends garde ! s'écria la jeune femme ; tu me donnes trop de joie.
— Madeleine, écris, là, sur cette page blanche :
— *Nicolas Compian, cédant aux prières de sa femme bien-aimée, quitte le négoce à partir de ce jour et renonce à ses expéditions lointaines.*
La jeune femme obéit et quand elle eut posé la plume, elle baisa la page du *Livre de raison* et remercia Dieu par la plus fervente des prières mentales.
C'est que Madeleine avait pour Nicolas Compian, son mari, une de ces tendresses rares dans lesquelles s'unissent tous les nobles et grands sentiments, elle l'aimait, elle l'estimait plus encore. Soumise devant une volonté ferme étayée par des idées de justice, elle n'avait jamais songé à contrôler un seul des actes de son mari. Nicolas

éprouvait pour elle une affection puissante, mais concentrée. Le rude marin se montrait peu démonstratif, mais son cœur renfermait d'inappréciables trésors. Elle le savait, le devinait, l'en remerciait. Entre eux, beaucoup des entretiens les plus graves de leur âme s'échangeaient en silence. Ces cœurs d'élite s'entendaient.

Mais ce soir-là, Madeleine venait de comprendre que l'heure était venue de conquérir d'une façon absolue pour la famille celui qui, pendant onze mois de l'année, naviguait sur le vieux *Centaure*.

Elle avait attendu l'heure propice, saisi le moment où le cœur de Compian battait sous l'impression d'une émotion vive et elle venait de vaincre cette terrible et meurtrière rivale que l'on appelle la mer. La vie de Madeleine se résumait en deux mots : son mari et ses enfants.

Mariée fort jeune à Nicolas Compian, elle se voua à la félicité d'un homme dont l'unique pensée était de la voir heureuse et riche.

Possédé par la passion du commerce, élevé dans ce port de Marseille dont les marins jouissaient d'une sorte d'omnipotence, Nicolas Compian s'était adonné avec une habileté extrême au négoce comme à la banque. L'honorabilité de son caractère doublait son influence. Devant tout à son savoir et à son audace, jamais il ne pactisa avec la probité. Un mot de Compian valait une signature. Ses amis restaient presque tous ses obligés.

Il oubliait le service rendu et n'en attendait aucune reconnaissance ; mais il gardait au fond de son âme le souvenir de tous ceux qui lui avaient été utiles pendant sa jeunesse ; et quiconque l'avait appuyé, protégé jadis, pouvait disposer de son temps et de sa bourse.

Nicolas était un homme antique, coulé dans le bronze des hautes et fières natures, que les événements les plus contraires ne parviennent pas à abattre, et qui grandissent dans l'excès même des misères et des souffrances.

Après avoir pris la résolution importante de renoncer aux affaires et de ne plus quitter Marseille, il lui sembla qu'il devenait un autre homme.

Il respira librement, repoussa les gros registres, regarda avec attendrissement les lignes tracées par Madeleine et prit possession de la vie de son cœur.

Puis, tous deux parlèrent de l'avenir.

Non du leur, il était fixé ; et désormais les mois, les années passeraient sans laisser de trace ; mais de celui de Victor, qui succèderait à son père et naviguerait l'année suivante sous les ordres d'Ollioules ; de celui de Marthe, qui, en ce moment, penchée sur son métier, se demandait peut-être de quelle couleur serait la reliure du *Livre de Raison* que Julien Dumont mettrait dans sa corbeille.

— Elle est bien jeune ! disait la mère.
— Tu avais son âge quand je t'épousai.
— Julien n'est pas très-riche.
— Marthe aura cent mille livres de dot.
— Et tu conclus...
— Que l'on célébrera le mariage dans un an.
— Bien ! dit Madeleine heureuse de songer que, pendant une année entière, sa fille, sa blonde Marthe, serait à elle encore.

Quant à Lazare, il apprendrait paisiblement le négoce sans quitter la ville de Marseille et à l'abri des dangers éprouvés par son père et par Victor.

Quand les deux époux eurent épanché leur joie, leurs confidences, et se furent retrempés l'âme dans les chastes et purs souvenirs de leur vie, tous deux souriants appuyés l'un sur l'autre, quittèrent le cabinet de travail et entrèrent dans la salle.

Victor ferma vivement son livre, Marthe quitta son métier, Lazare, traînant sans pitié son beau roi Maure sur les dalles, courut se jeter dans les bras de sa mère.

1.

Nicolas regarda Madeleine.

Chacun semblait souhaiter que l'autre annonçât cette grande nouvelle.

Victor devinait qu'une résolution venait d'être prise. Le front haut, la pose fière, il attendait; s'il s'agissait d'un malheur, il était prêt; l'enfant devenait homme.

Marthe vint s'appuyer contre sa mère et parut lui demander par son doux et humide regard l'explication de ce qui se passait; quant au plus petit, il tira son père par la basque de son habit brun et s'écria :

— Un couteau ! père, un couteau !

— Qu'en veux-tu faire ? demanda Nicolas.

— Fendre la tête au Sarrasin.

— Et pourquoi ?

— Victor m'a dit que les Sarrasins avaient tué beaucoup de chrétiens ; je veux tuer celui-là.

— Mais il n'est pas coupable du mal accompli par les autres.

— C'est égal... Et puis...

— Ah ! il y a une autre raison...

— Je veux voir ce qu'il a dans le crâne.

— Oh ! curiosité éternelle ! dit Nicolas, lassitude du connu, poursuite incessante de ce qui échappe à notre regard ! Mon enfant, ce qu'il y a dans le crâne de ton roi Maure, je vais te le dire ; il s'y trouve de la gaze, du fer-blanc rogné, des paillettes, toutes choses, enfin, ne pouvant servir à rien. Tu regretteras ton beau jouet, mais il ne sera plus temps. Apprends à réfréner tes désirs, tes curiosités, à modérer tout en toi... Cependant, comme tu fais une petite moue incrédule, je te livre le couteau demandé... J'ajoute seulement : — tu me causeras une vive peine si tu cèdes à un mouvement que je désapprouve.

Lazare tendit le Sarrasin à sa sœur.

— Serre-le, dit-il à Marthe : je ne ferai jamais de chagrin à mon père.

Et pour recevoir la récompense qu'il jugeait lui être due, Lazare sauta sur les genoux de Nicolas qui venait de s'asseoir à l'angle de la cheminée.

— Madeleine, dit Compian, grâce à toi j'ai pris une résolution sage ; annonce-la aux enfants.

— Non, répondit Madeleine ; le père garde l'autorité de la pensée comme celle de l'action.

Nicolas ajouta :

— Approche, Victor, et toi aussi, Marthe. Vous m'aimez bien tous, n'est-ce pas ?

— Oh père ! s'écria Marthe en s'agenouillant.

— Eh bien, comme je vous chéris plus que tout au monde, je ne vous quitterai plus jamais !

Lazare frappa ses deux mains l'une contre l'autre.

— Quel bonheur ! dit-il.

— Enfin, ma mère sera heureuse ! ajouta Victor.

— Toi, mon fils, tu vas apprendre mon rude métier ; tes planches d'astronomie seront remplacées par le ciel... Ollioules devient capitaine à bord du *Centaure*, et tu passes pilotin. Je ne veux pas que la famille des Compian manque de négociants. Ma bonne renommée te servira dans nos ports, et j'ose dire avec un légitime orgueil que partout on t'accueillera comme est reçu le fils d'un honnête homme.

— J'espérais naviguer sous vos ordres, mon père, répondit Victor ; mais votre volonté m'est sacrée... Ma mère a trop pleuré pendant vos longues absences pour que je ne me réjouisse point de vous voir prendre la résolution de ne la plus quitter. — Je suis bien jeune, mais je mettrai tous mes soins à continuer votre noble vie, et jamais une tache ne sera mise par moi au nom du plus probe des marchands marseillais...

— Bien, mon fils, répondit Nicolas.

— Quand partirai-je ?

— Le *Centaure* met à la voile dans dix jours.

Victor embrassa sa mère.

Madeleine le tint pressé sur son cœur ; une larme tremblait à ses paupières.

— Oh ! ne pleurez pas ! dit Victor, je devais partir, vous le savez, dans un temps plus ou moins rapproché... partir avec mon père, et vous fussiez restée seule... Me voilà devenu le représentant de la famille à Tripoli, Malte, Tunis, partout où Compian fait des affaires, achète ou revend des marchandises. Je monte un beau navire armé en guerre et dont les canons sont servis par les meilleurs pointeurs de la côte. Ollioules me chérit comme un fils... Nous devons tous nous réjouir, car, croyez-le, je devenais jaloux de la gloire et des expéditions de mon père.

Le premier moment de tristesse passé, Madeleine, fille et femme de marin, aimant la mer à plus d'un titre, reprit son sourire et assit Lazare sur ses genoux. Le nom de Julien incidemment prononcé fit rougir Marthe ; Victor plaisanta et des éclats de franche gaieté retentirent dans la salle aux boiseries sonores.

Un coup de marteau retentissant interrompit soudain les conversations ; chacun des membres de la famille Compian éprouva cette impression pénible, sans cause réelle, qu'on appelle un pressentiment et qui trompe si rarement les natures sensitives.

Un moment après, Feu-Saint-Elme, le mousse joyeux, à la face dilatée par le rire, aux cheveux ébouriffés, à la veste flottante, montra sa figure bizarre entre deux portières et demanda à Nicolas Compian s'il pouvait recevoir l'armateur Gaspard.

— Comment donc ! s'écria Nicolas, mais, tous les jours et à toute heure.

Et comme Gaspard entrait, le négociant lui dit d'un ton d'affectueux reproche :

— Depuis quand vous faites-vous annoncer chez moi, mon ami ?

— Depuis que je suis malheureux ! répondit l'armateur.

Alors seulement, Nicolas s'aperçut quel changement s'était opéré dans la personne de Gaspard ; ses cheveux avaient blanchi, sa taille s'était voûtée, deux rides profondes creusaient son front.

II

L'ARMATEUR GASPARD.

Compian avait eu trop souvent l'occasion d'apprécier la bonté et le dévouement de Gaspard, pour ne pas se sentir profondément affligé de le voir atteint par un chagrin réel.

Gaspard seul s'était chargé de l'initier au commerce ; il en fit à la fois un banquier, un négociant et un honnête homme ; aussi Nicolas gardait-il pour lui non pas seulement de la reconnaissance, mais encore de la vénération. Tout ce qui réjouissait Gaspard le rendait heureux. Ses peines l'avaient affligé plus que les siennes propres.

Il connaissait du reste assez cet homme pour demeurer certain qu'il s'agissait d'une chose importante.

Plus d'une fois, Gaspard avait souffert, jamais il ne s'était plaint. Son commerce, lentement agrandi, consista d'abord en une balle de marchandises qu'il portait soutenue à ses épaules par des bretelles de cuir. Plus tard, la balle devint assez forte pour qu'un mulet en eût sa charge ; ensuite on acheta une carriole ; enfin on loua une boutique. Le domaine d'un quartier ne suffit point à Gaspard, l'ambition lui vint avec le gain ; il loua une barque pendant quelques années, puis en fit construire une avec les bénéfices de ses premiers voyages.

Cette barque grandit, se métamorphosa en navire, le navire lui-même parut se doubler et se multiplier, Gaspard qui avait commencé avec quelques livres finit par se trouver à la tête d'une fortune composée de plusieurs bâtiments en course, et de grands coffres remplis de bon argent monnayé.

Compian apprit le commerce dans sa maison.

L'œil de l'armateur comprit vite la valeur du jeune homme. Compian arrivait le premier, s'occupait des écritures, surveillait, sans en avoir l'air, les ouvriers et les portefaix, donnait un coup d'œil aux marchandises, répondait aux étrangers, faisait tout cela sans paraître affairé, presque sans quitter sa place. Comprenant bien les ordres donnés, il les exécutait rapidement. Jamais une observation ne le blessait. Il remerciait Gaspard des leçons dont il appréciait l'importance. Malgré sa jeunesse, l'armateur le consulta plusieurs fois, et il eut occasion de se louer de ses avis. A défaut d'expérience, Nicolas possédait un rare bon sens, et soumettait toute sa conduite à ce bon sens doublé d'une conscience délicate.

Gaspard ne se montra point ingrat.

Le jeune commis ayant pour ainsi dire miraculeusement sauvé une somme importante, Gaspard lui annonça le soir même qu'il l'attachait à sa maison en lui donnant une part de bénéfices.

Tel fut le commencement de la fortune de Compian.

L'armateur n'eut pas lieu de se repentir de sa générosité.

Sans doute Nicolas travaillait avec zèle avant d'avoir reçu ce témoignage d'estime et de reconnaissance ; mais à partir de ce jour, sa confiance en lui augmenta : il osa davantage, et comme toutes ses tentatives obtinrent d'heureux résultats, il ne tarda pas à se trouver dans une situation satisfaisante.

Malgré son attachement pour Gaspard, et d'après l'avis

même de celui-ci qui le trouvait assez habile aux affaires pour s'occuper de ses intérêts personnels, Compian quitta son vieil ami, et commença à marcher seul dans la vie.

Quoiqu'il prévit des difficultés énormes, ces difficultés ne l'effrayèrent point.

Il possédait le levier magique de la volonté, ce levier capable de soulever tous les fardeaux.

La patience aidait à cette volonté ardue. Sans l'affaiblir, elle l'assouplissait en supprimant le découragement, gangrène morale capable de tuer même les intelligences robustes.

D'ailleurs, il n'eut point l'orgueil de se croire l'égal de son maître. Chaque fois qu'un embarras le surprit, qu'une difficulté se présenta, il prit le chemin de la maison de Gaspard et demanda conseil au vieux commerçant.

Il existait entre ces deux hommes une sorte de parenté morale.

Gaspard se regardait comme le père de Compian ; Nicolas, à son tour, vénérait Gaspard à l'égal d'un père.

Compian se maria. Le vieil armateur bénit le jeune couple, appela sur le ménage les prospérités humaines et les bénédictions du ciel, et se réjouit de voir se fonder une famille au sein de laquelle se réchaufferait son cœur.

Il accepta d'être le parrain de Lazare.

On le voit, les relations de Compian et de Gaspard ne ressemblaient point à une banale amitié. Le temps l'avait éprouvée, consolidée; chacun d'eux se trouvait solidaire de l'autre.

Que l'on juge donc de l'effet produit par ces mots de Gaspard :

— Je suis malheureux !

L'armateur saisit les deux mains du vieillard.

— Malheureux, vous ! Ah ! je le jure, s'il m'est possible d'alléger votre peine, vous ne me quitterez que consolé.

— Tu ne peux rien à ce qui m'arrive, mon ami.

— On peut toujours quelque chose.

Gaspard secoua la tête.

— Parlez, parlez ! reprit Compian, vous me faites mourir d'inquiétude. Que se passe-t-il ? Qu'avez-vous ?

— Il y a, mon cher Compian, que demain le nom de Gaspard l'armateur sera sans valeur sur la place de Marseille.

— Votre nom ! Allons donc ! dit Compian avec la stupéfaction la plus grande.

— Hélas, mon ami...

— Et pourquoi ?

— Parce que demain j'aurai déposé mon bilan.

— Demain vous aurez déposé votre bilan ?...

Gaspard jeta à Compian un morne regard.

— Quoi ! votre fortune...

— Les malheurs s'enchaînent... deux faillites de mes correspondants, la perte d'un vaisseau et un vol m'empêcheront demain de faire face à des obligations sacrées...

— Mon Dieu ! mon Dieu !... Et vous devez ?...

— Trois cent mille francs... Quant à les trouver quelque part, il n'y faut point songer.

— Au contraire.

— Avez-vous essayé ?

— Oui, dit Gaspard avec accablement.

— Qui vous a refusé ?

— Tous ceux à qui je me suis adressé.

— Tous ! fit Compian avec l'expression d'un reproche.

— Des amis de vingt ans, de cinquante ans, poursuivit le vieillard, des hommes pour qui je me suis dévoué autrefois... Ils ont cherché des prétextes pour colorer leur refus... Il fallait attendre!... leurs fonds se trouvaient engagés... Égoïsme ! Ingratitude ! Peu leur importait que le vieillard mourût, pourvu qu'ils ne risquassent pas eur argent !

— C'est horrible !

— Oui, horrible ! Et pourtant je les trouve logiques ces gens-là ! ma parole, ils sont très-sages... Les fous, ce sont ceux qui se fient à l'honnêteté d'un homme, qui écoutent leur cœur au lieu de compter leur bourse, qui demandent à leur conscience ce qu'il faut faire, au lieu de dire : — Je ne suis pas coupable de refuser un service et la loi ne saurait m'atteindre si ma dureté entraîne la mort d'un homme...

Gaspard sourit amèrement.

— Quand vous faut-il cet argent ? demanda Nicolas.

— Demain...

Compian regarda sa femme.

Madeleine serra la main de son mari.

Tous deux venaient de se comprendre.

— Je vous ai troublés tout à l'heure, reprit Gaspard, vous étiez en famille et ma brusque apparition a fait fuir les enfants... Victor en qui je te retrouve quand tu entras chez moi... Marthe, dont l'âge me rappelle ma sœur morte si jeune, Lazare, ce cher petit Lazare que j'ai tenu si souvent sur mes genoux... Je t'en prie, Compian, continua l'armateur, fais venir Lazare...

— Vous voulez lui dire adieu, demanda Compian d'une voix grave.

— Adieu...

— Osez me répondre que vous n'avez point songé à mourir ?

— Quand ce serait ? s'écria l'armateur ; pensez-vous que moi, dont la vie n'est entachée par aucune faute, je puisse me résoudre à entendre dire autour de moi que je suis un failli. Je ne survivrai point, non pas à ma ruine, mais à mon honneur de marchand, et toi, si intègre, je suis sûr que tu m'approuves...

— Non, mon ami.

— Tu garderais le courage de vivre ?

— Je ne me sentirais pas le droit de mourir.

— Non ! non ! tu ne ferais pas cela, Compian, mon enfant... tu jetterais un regard désespéré sur tout ce que tu quittes, mais tu sentirais que la fatalité t'étreint dans ses bras et te déchire de ses griffes monstrueuses ; tu céderais, et tu roulerais entraîné par elle au fond du gouffre où je tomberai demain.

— Gaspard, demanda Compian d'une voix triste, en quoi ai-je mérité votre mésestime ?

— Toi ! je te regarde comme le plus honnête marchand de Marseille.

— Le négociant vous remercie.

— Je te rends simplement justice.

— Et quelle est votre opinion sur l'homme ?

— Tu possèdes un cœur excellent, une âme droite.

— L'ingratitude s'allie-t-elle, d'après votre avis, à la bonté du cœur et à la délicatesse de l'âme ?

— Jamais.

— Or, un ingrat ?

— Est un misérable !

— Pourquoi donc me croyez-vous ingrat ?

— Toi, Compian ? toi, Nicolas ?

— Moi ! répondit le marchand avec noblesse, vous êtes venu chez moi pour embrasser mon enfant, adopté par vous à la Mayor... Au lieu de me dire : — Compian, un désastre imprévu m'accable ; il me faut trois cent mille livres, trouve-les, vends tout ce que tu possèdes, ruines-toi s'il le faut, mais sauve-moi... vous m'avez confondu... avec les faux amis dont vous rougissez d'avoir pressé la main et d'avoir franchi le seuil... Vous m'avez raconté vos peines comme à un indifférent. Je n'ai cependant rien fait pour perdre votre amitié, rien fait pour que vous doutiez de la mienne... si vous êtes ruiné, ma fortune est à vous.

— Ta fortune !

— Qui en fut le premier artisan ?

— Toi, toi seul, Compian, tu l'as loyalement et bravement conquise.

— A votre école... J'étais pauvre, vous m'avez appris à devenir riche ; ignorant, vous m'avez communiqué la science des affaires ; jeune, sans expérience, susceptible de faillir, vous m'avez soutenu par votre exemple et vos conseils. Isolé, orphelin, vous m'avez aimé.

Le vieux Gaspard tressaillit.

— Oui, aimé, aimé autant que je vous aime ! avec plus d'intelligence, mais non plus de force. Enfin, votre dévouement a été si loin, que, pour me favoriser davantage, vous m'avez fourni le moyen de fonder, à mon tour, une maison de commerce... Quand je vis Madeleine pour la première fois dans une maison où vous m'aviez conduit, vous comprîtes tout de suite que j'allais lui vouer ma vie, et pour moi vous demandâtes sa main, en affirmant que je la rendrais heureuse.

— Parole tenue, parole dépassée, dit Madeleine.

— Elle devint ma femme, reprit Compian, et comme si avec elle la bénédiction de Dieu venait dans ma maison, mes gains doublèrent, ma famille augmenta ; ma félicité devint complète, absolue... Il ne me restait rien à souhaiter, rien, Gaspard, à tel point que, au moment où vous êtes entré dans cette salle, je venais d'annoncer à mes enfants ma résolution de ne plus naviguer. Maintenant, je n'ai plus la même pensée... Il vous manque quelque chose, donc je suis pauvre ! Mais le labeur ne m'effraie pas, et la pensée de vous tirer d'embarras doublera mon courage.

— Bien ! bien ! dit Madeleine.
Gaspard ne répondit rien, il suffoquait.
Il fit un signe de refus.
Ses yeux se mouillaient de larmes.

— Refuser ! s'écria Compian, refuser est un droit que je vous dénie ! Vous n'êtes pas un homme, vous vous appelez Légion ! Il ne s'agit point seulement de faire échapper un particulier à un malheur, mais d'empêcher le commerce de Marseille de subir une atteinte grave dans la personne de l'un de ses représentants : un failli parmi les armateurs ! Un bilan déposé par un négociant dont le nom est connu aux Indes ! Une signature démonétisée, quand cette signature est d'un chrétien, et que les musulmans de Tunis, d'Alexandrette, de Tripoli, prendraient sujet de ce malheur pour nous insulter davantage et se croire le droit de cracher sur nous... Non ! non ! sur ma foi de Compian, je ne le permettrai jamais... De quoi rougissez-vous, d'ailleurs ? Entre deux amis, existe-t-il un bienfaiteur et un obligé ? N'êtes-vous point de taille morale à soutenir le poids d'un service ?... Je vous prête cent mille écus ; vous les employez à payer demain des billets, à solder des marchandises ; vous continuez vos affaires ; les navires attendus reviennent des Indes... Et quand bien même ces bâtiments devraient sombrer, quand vous ne pourriez jamais remettre cette somme dans ma caisse, je m'estimerais encore trop heureux de vous l'offrir.

— Cœur d'or, dit Gaspard.
— Vous acceptez ?
— Je te remercie...
— C'est bien !
— Je te remercie... et je refuse.
— Encore !
— Toujours.
— Vous ne m'aimez donc plus ?

— Je t'aime, et je songe à tes enfants.

— Ils seront riches un jour.

— En attendant, je les fais pauvres.

— Victor travaillera comme moi.

— Marthe...

— Il lui reste cent mille livres de dot, joli denier pour une bourgeoise, quand on est avec cela modeste et sage.

— Et l'enfant, Lazare ?...

— Eh ! celui-là, je reprends la mer pour lui faire la part belle.

— Tu voulais vivre en famille ?

— Le repos ne me serait point possible à partir de ce jour ; votre malheur me pèserait comme un remords.

— Si je comptais sur ta générosité, il me semblerait commettre un crime...

— Madeleine, dit Compian, tu le vois, je ne gagne rien sur lui... je ne sais point parler... je ne réussis pas à l'attendrir... Ce soir, tu m'avais convaincu, toi ; j'avais cédé à tes conseils, je subissais l'influence de ta raison et de ta tendresse... triomphe de ce méchant homme, et, je te le jure, jamais je n'aurai assez de tendresse pour te récompenser d'avoir sauvé le bonheur de mon vieil ami.

Madeleine se leva.

Elle était pâle.

Les émotions successives d'inquiétude, de joie, d'angoisse, par lesquelles elle passait ce soir-là, donnaient à son beau visage un nouveau caractère. Elle se transfigurait. L'héroïsme de sa pensée mettait une couronne à son front. La lutte palpitait en elle ; la vérité, le devoir, dominaient le tumulte et la révolte de ses tendresses menacées.

— Tout à l'heure, dit-elle, j'ai vaincu Nicolas ; il me

faisait un grand, un immense sacrifice; resterez-vous plus inflexible que lui?... me refuserez-vous?...

— Mon Dieu! mon Dieu! s'écria Gaspard, voilà des gens qui me supplient de les ruiner, comme d'autres demanderaient qu'on les enrichît.

— Tout dépend du point de vue, dit Compian.

— Il me semble que s'il y a un sacrifice, ce sacrifice portera bonheur à Lazare...

Compian, à la façon des avocats habiles, gardait un moyen décisif, il ouvrit la porte et appela son plus jeune fils.

L'enfant, fatigué de ses jeux, s'était assis sur les genoux de Marthe; la jeune fille, le berçant d'une douce chanson, l'avait laissé s'assoupir. Aussi quand Nicolas l'appela, elle mit un doigt sur ses lèvres; et, les bras pliants sous le fardeau, elle s'approcha de Gaspard et de son père avec la gravité d'une jeune mère et le regard voilé d'une vierge.

Lazare s'éveilla sous le baiser de l'armateur.

Aussitôt il lui jeta ses bras autour du cou avec cette gentillesse qui fait le charme de cet âge.

— Oh! parrain Gaspard, cher parrain, je viens de faire un beau rêve...

— Lequel?

— J'ai rêvé que tu ramassais dans la cour des petits cailloux pareils à ceux de la mer, et que dans tes mains ils se changeaient en lingots d'or.

Gaspard sourit.

— Ce qui signifie, ajouta Compian, que nos fonds dans vos mains rapportent au centuple... Allons! un baiser à Lazare... une poignée de main à Madeleine... laissez-nous faire! Si vous avez péché par orgueil, immolez-nous cette hautaine pensée.

— Cédez! dit Madeleine.

— Oh! parrain Gaspard, fais ce que dit ma mère, ma mère a toujours raison...

Gaspard tomba dans les bras de son ami et fondit en larmes.

— Enfin! s'écria Compian, la bataille a été rude.

Marthe sourit, Lazare fit entendre un rire éclatant une fusée en notes sonores.

L'armateur fut le seul dont le front demeura chargé d'un nuage de tristesse.

Il quitta ses amis le cœur rempli de gratitude, et l'esprit assailli de pressentiments sinistres.

III

ADIEUX.

La nouvelle des malheurs successifs de Gaspard, la perte d'un de ses navires, le retard de plusieurs autres, les faillites dans lesquelles on savait qu'il avait des fonds engagés, circula rapidement à Marseille. Ses amis s'en affligèrent, ses ennemis s'en réjouirent : il comptait des ennemis, il avait fait tant d'ingrats !

Voir s'ébranler le crédit de Gaspard, crouler sa maison, paraissait si loin du possible qu'on s'empressa d'y croire.

Les médisances, les calomnies ressemblent à des traînées de poudre.

Pendant que l'armateur confiait sa situation à la famille Compian, les curieux et les oisifs s'entretenaient de la catastrophe prochaine.

Chacun se promettait d'aller, le lendemain, retirer les fonds placés chez l'armateur et de régler définitivement ses comptes avec lui. Aussi, dès avant l'ouverture des bureaux, une foule compacte se trouvait-elle réunie devant le logis de Gaspard.

La maison avait une triste apparence, la porte en était étroite et basse, les croisées ressemblaient un peu à des fenêtres de prison.

Gaspard, qui y était né, n'avait consenti à y laisser faire aucun changement. Il aurait cru offenser, en quelque sorte, la mémoire de son père.

Les actionnaires, les créanciers, jetant sur la foule des sinistres regards, et, oubliant qu'ils devançaient l'heure, accusaient déjà l'armateur et proféraient de sourdes menaces.

Pendant que le mécontentement augmentait dans ces groupes, Compian se glissait dans la maison de son ami par une rue étroite dédaignée des requérants de la Banque.

Gaspard était debout.

Il aurait dû, semble-t-il, passer une nuit calme, après avoir acquis la certitude que sa position restait la même et que rien n'entacherait sa probité. Il n'en fut rien cependant ; son sommeil fiévreux lui présenta constamment de sombres images. Ce n'était pas lui qui se perdait; mais, sous ses yeux, par sa faute, toute une famille sombrait dans les flots !

Il accueillit Compian avec une tristesse émue.

— Eh bien ! demanda Nicolas, entends-tu ces brutes ? On dirait des requins attendant un cadavre ! Oh ! la méchante race que celle des égoïstes ! Les trembleurs causent autant de mal que les coquins ! Si une panique semblable pesait pendant huit jours sur la maison la plus solide, elle s'écroulerait comme un château de cartes.

— C'est presque juste, répliqua Gaspard ; le crédit entre pour une part énorme dans les transactions commerciales ; une fois la confiance envolée, il devient impossible de marcher.

— Fais taire ces corbeaux, ajouta Compian.

Et il posa sur la table les lourdes sacoches enfouies dans les poches immenses de son habit.

Gaspard le laissa éventrer les sacs, mais son œil ne s'alluma pas de joie à la vue de l'or sauveur.

— Il est encore temps, lui dit-il.

— Temps de quoi ?

— De ne point accomplir un sacrifice qui coûte si cher à ton bonheur.

— Allons, la nuit t'a donné de mauvais conseils. Heureusement il est trop tard pour les suivre... La meute aboie à ta porte, elle demande sa curée. Va, si tu l'oses, affronter ces regards haineux, supporter les injures que ne manqueront point de te jeter à la face des bouches souillées par la trahison et le mensonge... regarde et décide...

Et Compian, ouvrant brusquement la fenêtre, entraîna son ami.

Gaspard se rejeta vivement en arrière.

Le mécontentement augmentait comme une marée montante.

Dix heures allaient sonner, la porte ne s'ouvrait pas.

Le silence sépulcral de cette maison devenait assez significatif.

Compian referma la fenêtre.

Gaspard venait de tomber assis dans un fauteuil atterré, brisé, les bras étendus sur la table, les mains jointes et non pas avancées pour saisir l'or convoité par les avares.

Enfin il se leva, saisit un parchemin, une plume, écrivit rapidement quelques lignes, signa et tendit le papier à Compian.

Il venait de faire une reconnaissance en bonne forme.

Nicolas y jeta les yeux et la déchira.

— Si tu peux me rendre ces trois cent mille livres, dit-il, tu le feras ; si cela est impossible, je te les donne.

En ce moment un coup léger fut frappé à la porte.

— Entrez, dit Gaspard d'une voix éteinte.

Granger le caissier s'avança.

Sa voix était rauque de larmes.

— Que ferai-je, Monsieur ? demanda-t-il.

Mais avant que Gaspard lui répondit, il aperçut le monceau d'or, cet or qui sauvait son maître, disons mieux, son ami.

Il poussa un cri de joie, plongea ses mains vers les louis et les doubles louis, et répéta :

— Sauvé ! sauvé !

Puis, quittant brusquement la chambre, il tira le verrou de la grande porte, l'ouvrit, et la foule s'engouffra dans le corridor pour se répandre ensuite dans la salle d'attente.

On se hâtait, on se pressait, on s'étouffait.

Chacun voulait arriver le premier au guichet.

— Patience, Messieurs, dit Granger ; chacun à son tour.

Et il reçut les titres que lui tendait un gros homme, rouge comme un apoplectique.

— Mille livres ! murmura-t-il, mille livres ! C'est bien la peine pour si peu de causer tant de bruit.

Et, l'argent compté, il prit une seconde note.

— Cinquante mille livres... Jean ! cria-t-il.

Les rouleaux d'or s'alignèrent sur une table.

Alors les créanciers se regardèrent.

Ils étaient arrivés avec la pensée que leur hâte était une sage prévoyance, et ils craignaient maintenant de mal spéculer en enlevant leurs fonds à un armateur qui payait si exactement de beaux intérêts.

— Onze mille livres, dit le troisième créancier. Mais je ne sais, ajouta-t-il..., je pourrais laisser ces fonds...

— Il ne fallait pas vous présenter pour les réclamer, Monsieur !... Jean, onze mille livres !... Nous devons en payer trois cent mille, et le temps est précieux.

Le pauvre homme reçut piteusement son argent et s'en

alla en se donnant à lui-même les significatives appellations de cuistre, de pleutre et d'imbécile.

— Monsieur, fit en s'inclinant d'un air aimable la cinquième personne qui se présenta au guichet, j'apporte à la banque de M. Gaspard quarante mille livres... Faites-moi le plaisir de les recevoir dès aujourd'hui.

— De vous, monsieur Simonneau, sans nul doute mais, vous comprenez, il se trouve dans le nombre des clients des gens indécis qui pour une somme minime nous feraient perdre un temps précieux... Vos quarante mille livres sont inscrites.

— Quand pourrai-je voir l'armateur ?

— Pas ce matin ; il monte une grande affaire avec M. Compian, mais demain, à midi.

— Mille remercîments, monsieur Granger ; serviteur !

— Je suis le vôtre, Monsieur, dit respectueusement le caissier.

L'une après l'autre il expédia ainsi les affaires, tantôt payant des billets, tantôt recevant des dépôts.

Beaucoup de gens venus pour demander des fonds s'éclipsèrent, craignant d'avoir été reconnus et de mériter par leur méfiance une mauvaise note sur le carnet de M. Gaspard.

Pendant que ces différentes scènes se passaient dans les bureaux, Nicolas disait adieu à son ami.

Après le départ de Compian, l'armateur recommença à écrire.

La plume courait sur le parchemin. Quand il eut apposé sa signature, relu, daté, signé, paraphé avec la ponctualité d'un homme d'affaires, la minutie d'un robin, il traça sur l'enveloppe ces mots en gros caractères : *Ceci est mon testament, confié au consul****. — Alors il respira plus facilement.

Les enfants de Compian ne perdraient rien à la générosité du père.

2.

Nicolas, au lieu de rentrer chez lui en quittant Gaspard, se rendit sur le port.

L'animation la plus grande y régnait.

Le soleil versait ses torrents de lumière sur les voiles blanches et les forêts de mâts de cette capitale maritime.

Les cris prolongés des travailleurs soulevant des fardeaux, les appels, les chansons traînantes, les conversations tenues dans toutes les langues, assourdissaient un moment ceux qui n'avaient pas l'habitude de distinguer les voix dans ce tumulte, de reconnaître un navire parmi ces navires, et de trouver un homme au milieu de ces travailleurs.

Mais Compian avait l'œil perçant, il voyait le *Centaure* se balancer sur les vagues, et suivait du regard ses matelots rivalisant de zèle pour laver, frotter, essuyer, cirer, astiquer le navire et ranger dans la cale les marchandises qui devaient partir pour l'Orient.

La veille, Nicolas avait résigné son commandement entre les mains de sa femme, à cette heure, il reprenait son titre de capitaine.

Une barque le conduisit à bord.

Ollioules, le second, se trouvait sur le pont.

C'était un jeune homme au visage pâle, de cette chaude et mate pâleur du midi.

On sentait que la tristesse lui était habituelle, et que sa nature délicate le prédestinait à souffrir.

Il n'avait point de famille.

Un matin, on le trouva tout petit enfant couché sous le porche de l'église d'Ollioules, joli village situé non loin de Marseille, et comme il n'avait ni nom ni signe de reconnaissance, on lui donna saint Maxime pour patron et on l'appela Maxime Ollioules. Une brave femme du pays la mère Micheline le prit dans sa maison, le soigna à l'égal de ses autres enfants, et l'orphelin ne connut ni les angoisses de l'abandon ni les privations de la misère.

La famille de Micheline s'augmenta.

Elle ne trouva point que ce fût une raison pour renvoyer l'enfant de la Providence.

Sa petite Marie fut élevée, soignée, gâtée par Ollioules, que l'on trouvait tout le jour chargé de son cher fardeau, amusant la fillette, lui cherchant des fleurs, cueillant des fruits et dénichant des oiseaux, pour elle.

Du reste, Ollioules ne tarda pas à gagner son pain.

Il s'employait à la moisson, à la fenaison, à la récolte des feuilles de mûrier, à la cueillette des olives, à la vendange des raisins.

Marie pouvait se passer de ses soins ; Micheline, au contraire, avait plus que jamais besoin de son fils d'adoption ; Pierre demandait sa part de becquée, et la bonne créature ne suffisait plus aux six enfants pressés autour d'elle, car Micheline devenue veuve, ne posséda bientôt plus d'autre ressource que ses deux bras et dut lutter contre des privations de toutes sortes pour arriver à nourrir sa couvée.

Ollioules prit une grande résolution.

Malgré son activité, il gagnait trop peu pour devenir d'un grand secours à Micheline.

Chaque jour il entendait parler de fabuleuses fortunes réalisées par des marins. La conviction lui vint qu'on ne s'enrichissait jamais à terre, et que le meilleur moyen de venir efficacement au secours de Micheline, de Marie et de Pierre, était de s'embarquer.

Une fois cette idée logée dans sa cervelle, il s'occupa de l'exécuter au plus vite sans en parler à sa mère adoptive, et attendit une occasion favorable.

Il la guetta pendant trois jours.

Un matin, on le chargea de porter à Marseille un certain nombre de paquets d'immortelles. Il partit leste, joyeux, et, sa commission remplie, il courut sur le port.

Il ne s'était guère occupé jusqu'à ce jour au mouvement et du bruit régnant dans cette partie de la ville. Le nez au vent, l'œil guetteur, il marchait entre les travailleurs paraissant chercher quelque chose ou quelqu'un.

Une voix brusque et une main rude l'arrachèrent à sa rêverie, car il rêvait tout en se frayant un chemin.

La main tomba lourdement sur son épaule, et la voix lui dit :

— On ne flâne pas à ton âge, on travaille.

— On travaille quand on trouve de l'ouvrage, riposta l'enfant.

— Cherches-en.

— C'est ce que je fais.

— Hein ! hein ! dit le rude matelot qui s'adressait à Ollioules, tu demandes du travail ?

— Oui.

— Dans quel genre ?

— Dans la marine.

— Comme ça se trouve ! fit le matelot, j'ai besoin d'un mousse.

— Prenez-moi, ah ! prenez-moi, je vous en prie.

— As-tu la vocation ?

— Je crois que oui.

— Voyons, aimes-tu le biscuit ?

— Pourvu que je ne meure pas de faim...

— De quoi as-tu peur ?

— De la misère pour les autres.

— Et pour toi ?

— De rien.

— Sais-tu obéir ?

— Je suis pauvre et orphelin, c'est vous dire que je sais combien la vie me sera rude.

— Tu disais tout à l'heure : j'ai peur de la misère pour les autres ! Tu as donc une famille ?

— Famille d'adoption, monsieur le matelot, et je veux rendre à la brave femme qui m'a élevé les soins qu'elle eut de moi dans mon enfance.

— Allons ! allons ! tu ne seras point failli gars.

— Vous me prenez donc ?

— A l'essai.

— Et je passe à l'état de mousse ?

— Aujourd'hui.

— Eh ! mon Dieu, monsieur le matelot, laissez-moi le temps de prévenir la mère Micheline !

— Que ce ne soit pas long, une demi-heure pour faire la route, une demi-heure pour arrimer ton paquet, une heure pour dire adieu à tout le monde ; avec la durée du trajet, ça fait en tout deux heures et demie. Si tu n'es pas ici dans trois heures, nous filons.

— J'y serai ! j'y serai ! Mais à propos, monsieur le matelot, et la paye.

— Pas mal de coups de garcette pour t'enseigner le métier et une poignée d'écus à la fin de la campagne.

— Bon ! fit Ollioules ; et quel bâtiment chercherai-je ?

— Le *Centaure*.

— Mais pour me recommander de vous ?

— Tu demanderas Jacques Tonnerre.

— Bien ! répondit Ollioules.

Et il disparut en courant.

Quand il arriva au village, on dressait le couvert.

— Mère Micheline, dit-il en sautant au cou de la bonne femme, je vais manger votre soupe pour la dernière fois... Ne me regardez pas avec des yeux étonnés, et toi, Marie, ne pleure pas ; la famille grandit, mère Micheline, sans que les murailles de la maison s'élargissent et que le pain se multiplie. Vous avez été bonne pour l'orphelin, à lui maintenant de payer sa dette... Vos fils aînés vous aident de tout leur cœur ; vous ne sauriez me blâmer d'en faire autant... Je suis engagé comme mousse à bord du *Centaure*, et j'ai la protection de M. Jacques Tonnerre.

Ce nom fit ouvrir démesurément les yeux bleus de la petite Marie.

— N'aie pas peur, ma mignonne, reprit Ollioules, Jacques-Tonnerre est un vieux marin goudronné qui ne semble pas si terrible que son nom. Je reviendrai dans un an, endurci déjà au métier de la mer, et riche d'une bourse bien garnie qui sera mise de côté pour toi.

Micheline s'était approchée de l'orphelin.

Les deux mains croisées sur l'épaule de l'enfant, elle sanglotait. Malgré ses efforts pour demeurer calme, le pauvre Ollioules avait le cœur bien gros et tremblait de laisser voir toute sa douleur. La petite fille comprenait une seule chose : son ami allait la quitter, et elle poussait des cris de désespoir.

— Mère Micheline ! mère Micheline ! dit Ollioules ; laissez-moi partir sans vous désoler. Vous savez si je vous aime tous.

— Nous te regretterions moins, si tu n'étais pas si bon.

— Laissez-moi être brave... je reviendrai... dans un an... Il le faut, j'ai donné ma parole et ma parole est sacrée...

Micheline pressa la tête de l'enfant sur sa poitrine.

— Bon cœur ! dit-elle, tu as raison... C'est rude tout de même... subitement comme cela... sans prévenir... Ollioules, tu vas mener une rude vie pour l'amour de nous...

La pauvre femme surmonta son chagrin, fit asseoir l'orphelin à sa place habituelle et servit le repas de la famille.

Il fut triste. On mangeait sans oser se parler. Ollioules

se leva, chercha ses hardes, en fit un paquet qu'il mit au bout d'un bâton, prit à Marie deux brins d'immortelle avec lesquels elle jouait, les cacha dans sa veste, embrassa l'excellente femme, puis Marie et Reine, sans oser tourner la tête, et reprit le chemin de Marseille. Il arriva avant l'heure indiquée.

Jacques-Tonnerre l'accueillit avec un large sourire.

Il lui montra sur le bâtiment la place étroite et sombre où il devait dormir, lui donna quelques renseignements rapides, et remonta sur le pont.

Un homme à la taille élevée, à la physionomie grave et douce, se tenait à l'arrière.

Jacques-Tonnerre poussa Ollioules par les épaules ; puis, s'adressant à celui qui paraissait le maître du navire :

— Capitaine, dit-il en saluant respectueusement, voilà le sujet.

— Bien ! fit celui-ci, garde-le sous tes ordres.

Les ordres de Jacques étaient aussi précis qu'impératifs.

Il commandait autant du geste que de la voix.

Jamais il ne se montrait avare d'une démonstration énergique.

Il croyait la main faite pour appliquer à propos un soufflet aussi bien que pour saisir proprement une corde.

L'apprentissage d'Ollioules fut donc assez rude.

Seulement l'enfant possédait une distraction puissante. Il savait lire et devait une instruction sommaire au curé de son village.

Ollioules supplia Jacques de lui procurer quelques livres ; le matelot en demanda au capitaine, et Compian s'intéressa au studieux orphelin. Non-seulement il lui prêta les volumes qu'il avait à bord; mais il voulut connaître son histoire, la trouva touchante, et, le voyage heureusement terminé, il remit à l'enfant le double de la somme promise par Jacques-Tonnerre.

La joie d'Ollioules ne se peut décrire.

Il courut au village jeter sa paie dans le tablier de Micheline, et réjouir la petite Marie avec les beaux mouchoirs de soie, les fruits rares et les jolis oiseaux qu'il lui apportait.

La fête dura quinze jours dans la pauvre maison.

Il fallut repartir encore. Cette fois le voyage devait être moins long; l'espérance d'un prompt retour sécha les larmes.

Ollioules fit rapidement son chemin.

A mesure qu'il grandit, une image se grava plus avant dans sa pensée, et dès que Nicolas Compian l'eut élevé au grade de second, il dit à Micheline :

— Gardez-moi Marie pour femme.

Marie comptait quinze ans.

Micheline eut des larmes de joie dans les yeux, Marie, le rouge de la pudeur sur les joues; Ollioules conserva comme toujours une branche de fleurs d'immortelles, seulement il ne la prit pas, la jeune fille la lui donna.

Depuis plus d'un siècle, le village d'Ollioules cultive cette fleur presque métallique.

Provins a ses roses, Parme ses violettes, deux fleurs odorantes et fragiles, mais vivantes d'un parfum suave; Ollioules a ses immortelles, les unes sauvages et portant au cerveau mille vertiges, les autres sans parfum, objet d'un commerce spécial.

La récolte se fait en juin.

Quand les fleurs sont cueillies, on les réunit en bottes, et on les suspend pour les faire sécher.

Ensuite les enfants, les femmes, enlèvent tout le duvet dont la tige est garnie. De nouveau les paquets de fleurs sont liés, on en expédie dans plusieurs grandes villes ; la majeure partie reste à Ollioules, et les jeunes filles du pays tressent en riant les couronnes destinées aux tombes.

La récolte des immortelles à Ollioules rapporte environ chaque année 80,000 livres.

Depuis son enfance, Marie cultivait, récoltait et tressait des immortelles.

Un paysagiste, fameux à cette époque, traversant les gorges d'Ollioules pour y chercher le sujet d'un tableau pittoresque, vit un jour la fille de Micheline assise à l'ombre tremblante et pâle d'un olivier ; elle achevait une couronne, et celles qu'elle avait déjà finies jonchaient le sol autour d'elle. Des paquets de fleurs l'environnaient. Son petit frère jouait non loin de là. L'artiste prit un crayon, esquissa cette scène, et selon l'habitude des grands maîtres ou la coutume de leurs élèves, un nom fut donné à cette madone nouvelle ; elle s'appela la *Vierge aux immortelles*.

Le croquis fut montré à Micheline.

La tête de Marie fut trouvée ravissante.

Si bien que de bouche en bouche on se transmit l'histoire, et que Marie fut appelée plus d'une fois la Vierge aux immortelles. Elle avait seize ans le jour où Compian annonça à sa femme qu'il renonçait à la mer. Ollioules était à cette heure bien près de tenir son brevet de capitaine.

Il n'éprouva nul regret, car il n'apprit point ce qui venait de se passer.

Les malheurs commerciaux de Gaspard ajournant les projets de retraite de Compian, Ollioules resta second à bord du navire.

Ce jour-là, il renouvela à Micheline la demande de la main de Marie et il fut résolu que l'union des deux jeunes gens serait célébrée au retour du *Centaure*.

Partir ! il fallait encore partir !

Mais Ollioules n'était plus le seul qui dût quitter la maison; Pierre, son frère de lait, s'était pris d'émulation; il avait exigé qu'on fît de lui un marin. Grâce à Ollioules, on le mit à bord du *Centaure* en qualité de mousse. Mais Jacques Tonnerre, sans qu'on pût comprendre pourquoi, ne consentit jamais à laisser à l'enfant son nom patronymique, et décida qu'il le changerait en celui de Feu-Saint-Elme.

L'enfant ne s'en plaignit point, au contraire ; et ayant un jour aperçu au sommet d'un mât la belle flamme voltigeante devenue sa marraine, il trouva que Jacques Tonnerre avait infiniment d'esprit.

Son compagnon de labeur et de misère fut moins heureux. Sans cause connue, il fut, en dépit de ses réclamations, appelé Marsupiau par tout le monde. Heureusement que Feu-Saint-Elme se déclara le protecteur de Marsupiau ; sans cela le mousse eût été infailliblement fouetté chaque fois que le vent manquait dans les voiles.

L'autorité de Feu-Saint-Elme tenait à sa supériorité intellectuelle.

Il racontait les histoires qu'il avait lues, au besoin il en inventait. Il chantait comme une linote, riait comme les oiseaux moqueurs, sautait avec l'agilité d'un écureuil et savait faire respecter sa toute-puissance.

Si on le froissait en quoi que ce fut, l'équipage jeûnait de contes de bord.

Aussi Feu-Saint-Elme avait-il tous les marins pour amis, et Ollioules pour protecteur.

Plus d'une fois pendant le quart, le second alla sur l'avant s'entretenir avec le mousse.

Feu-Saint-Elme n'était-il pas frère de Marie ?

L'heure du départ sonna.

Le capitaine Compian redoublait de soins pour l'aménagement de son navire. Il était chargé de riches marchandises, et, pour peu que l'échange se trouvât avantageux, ce voyage comblerait un quart du déficit laissé dans la caisse du négociant par l'emprunt de l'armateur.

Un grand mouvement régnait à bord.

A l'arrière, Madeleine, Marthe, Gaspard, Victor, Lazare et Julien se pressaient unis dans une douleur commune.

La timide Marie, appuyée sur Micheline, écoutait Ollioules et souriait malgré sa tristesse.

Les adieux empruntent toujours une solennité puissante à l'incertitude navrante qu'ils contiennent.

— Adieu ! Qui a le droit d'ajouter : Je reviendrai ?

Les mains se pressaient, les regards s'échangeaient à travers un voile de larmes. Lazare se cramponnait à son père ; Marthe se taisait, mais son cœur battait à se rompre. Madeleine seule et Compian conservaient la dignité de leur commune douleur.

Les matelots voyaient approcher le moment décisif.

Ollioules embrassa Micheline et Marie, Feu-Saint-Elme les serra dans ses bras ; puis les deux femmes descendirent du vaisseau pour s'éloigner dans la petite barque qui les avait amenées.

Compian jeta autour de lui un rapide coup d'œil.

L'heure était venue.

Lui aussi rassembla tous ceux qu'il aimait dans une étreinte suprême, et la famille quitta le navire...

Alors un grand cri de désespoir échappant à ces âmes brisées, on entendit ces mots:

— Adieu !

— Adieu !

IV

GRANDE BRISE.

Le *Centaure* était vraiment un beau navire marchand. Sa poupe, décorée d'une gigantesque figure, le faisait ressembler à quelque monstre cité dans les mythologies marines.

Le capitaine fit donner l'ordre à toutes les embarcations de s'éloigner. Le cœur devait se taire, et l'homme responsable de la vie de ses matelots se retrouvait seul à bord.

Jacques Tonnerre était accoudé sur le plus gros canon du bâtiment. Cette pièce fut nommée par lui « Crache-Mitraille » en honneur du grand nombre de dragéees qu'elle envoyait aux corsaires, quand on s'avisait de naviguer trop dans les eaux du *Centaure*. A cette époque, les écumeurs dévastaient les mers ; le fameux soufflet qui devait changer notre situation en Afrique n'avait point encore été donné ; les Turcs pillaient, ravageaient, attaquaient ; et tout bâtiment de commerce s'armait de façon à soutenir la lutte. Les expéditions de ce temps présentaient donc de multiples dangers. Ajoutons qu'ils offraient double profit. On avait peu d'exemples d'avoir vu les matelots faire mauvais visage à l'ennemi. La guerre aux flibustiers amenait souvent de bonnes prises ; car, de tout temps, les Français, et en particulier les Méridionaux, ont aimé la fortune brillamment et rapidement acquise. Se défendre la hache et le pistolet au poing, faire rentrer dans leur gorge, à coups de poignard, les injures dont ne manquaient pas de les assaillir les corsaires, affriandait les matelots amateurs de balles de soie, de chargement de blé et de sequins.

Le *Centaure* avait fait ses preuves.

Plus d'une fois sa coque resta trouée de boulets, et il devint nécessaire de remplacer ses vergues.

Aussi les marins l'aimaient non pas comme un inconnu, mais comme un vieil ami. Ce navire filait comme une mouette, résistait vaillamment au flot, et ne reculait jamais devant une attaque.

Dans certaines occasions surtout, il fit honneur à la marine de Marseille, Crache-Mitraille garda sa bonne part de triomphe : car Jacques Tonnerre, son habile pointeur ne voulait s'attribuer aucun mérite.

Pendant qu'on s'occupait des derniers préparatifs de la manœuvre, Jacques, appuyé sur le cou de bronze de sa pièce de guerre, lui parlait presque bas, comme à un camarade digne de recevoir les plus intimes confidences.

— Allons ! allons ! la belle, disait-il, il faut espérer qu'on ne te laissera point bâiller au soleil comme une bête paresseuse. Il y a de bonnes gargousses au fond de la cale, des tas de boulets et de la poudre dans les bas-fonds, et je sais où prendre de la mitraille. Je m'ennuierais et je perdrais mon nom de Jacques Tonnerre, si je ne te faisais point ronfler aux oreilles de ces canailles de pirates... M. Lazare ne m'a-t-il point demandé d'ailleurs de lui amener un Maure pour remplacer le *Santon* auquel son père lui défend de couper le cou. Diable d'éducation tout de même ! Moi, si j'avais un enfant, j'agirais sans comparaison avec lui comme on fait avec les oiseaux... On leur perche au sommet d'un arbre un bonhomme d'une mauvaise figure, et on apprend aux enfants à tirer dessus. Je montrerais à M. Lazare à le trouer comme une vessie, ni plus ni moins. C'est comme cela que j'éduque Feu-Saint-Elme et Marsupiau, deux élèves qui me font honneur.

En ce moment, le contre-maître donna un coup de sifflet d'appel.

JacquesTonnerre quitta Crache-Mitraille.

La manœuvre d'appareillage commençait.

Alors le tournevire fit crier le cabestan : les matelots continuèrent en cœur l'air du pas redoublé entonné par les voix sonores de Goëland et de Jacques Tonnerre; puis, comme la manœuvre ne marchait pas assez vite et qu'il s'agissait de s'égayer et de doubler les forces des hommes, une voix cria subitement :

— Charivari !

— Pour qui ? demanda avec ensemble l'équipage.

— Pour le capitaine qui commande ici, répondit le meneur de charivari, qui n'eut garde d'oublier la rime.

Et les efforts redoublèrent pour produire l'effet que l'on attendait de la manœuvre.

L'ancre ne dérapait pas.

Le fond était solide, le nombre d'homme restreint.

Dans ces moments, chaque seconde est précieuse. L'adresse et la force s'unissent, il faut vaincre à tout prix ; on fait alors jouer le cabestan.

Des barres perpendiculaires à l'axe de l'énorme cylindre sont plantées dans la tête qui semble alors couronnée de barres de fer; derrière ces barres se rangent deux ou trois hommes et la marche commence.

On court en marquant le pas de charge; la résistance se fait sentir; la poitrine et les bras entrent en jeu ; on s'anime, on s'excite ; mais tout semble lutter contre les matelots, le vent et la vague. Il s'agit de doubler d'énergie, d'enlever brusquement ce qu'il est difficile de conquérir avec lenteur, et c'est alors que la pointe de l'épigramme vient en aide à la gaîté du couplet.

Jadis cet usage du charivari faisait loi.

Pendant ce moment, le seul dont pût disposer l'équipage, les marins avaient droit de justice sur le capitaine ; c'étaient les saturnales vengeresses du navire, pendant lesquelles la vérité jaillissait de la bouche des marins. Si le capitaine s'était montré lâche, méchant, la réaction d'équité des marins ne se faisait pas attendre. La ronde autour du cabestan devenait une sorte de conseil de guerre. Nul ne contredisait le matelot faisant l'office d'accusateur, lequel n'avait garde, du reste, d'avancer un fait erroné. Si le charivari châtiait le maître dur, il se changeait aussi en éloge énergique. Les marins de Compian s'estimaient heureux, les jours d'appareillage, de faire en quelques phrases la biographie de leur capitaine, et d'exprimer leur reconnaissance dans une rude franchise.

L'ancre quitta le fond à la fin du quatrième charivari.

Mistral, du haut de la poulaine, cria :

— Capitaine, nous partons !

Goëland, son meilleur ami, placé sur le grand porte-hauban de tribord, attendait un ordre.

— Range à hisser les huniers ! cria Ollioules dans un porte-voix, en transmettant le signe de Compian.

L'équipage se partagea sur les trois manœuvres qui allaient rapprocher les vergues du sommet des mâts.

Quand l'ordre fut exécuté, Ollioules reprit :

— Hisse !

Alors eut lieu un mouvement rapide, digne d'attention comme toutes les choses exécutées avec ensemble.

Les matelots halèrent sur les drisses : les poulies grincèrent et on vit monter les vergues qui, abandonnées par leurs balancines, penchèrent un moment indécises de gauche à droite.

— Allons, dit Compian, du monde aux écoutes et à la drisse du foc !

Un moment après, Ollioules s'approcha du capitaine.

Nicolas attachait pour la dernière fois son regard sur la barque dans laquelle Madeleine et Marthe agitaient leurs mouchoirs.

— Capitaine, nous sommes parés, vint dire le lieutenant.

Compian ne se détourna pas.

— Dérapez, répondit-il.

Il aperçut Lazare dans les bras de sa mère, et Lazare lui envoya des baisers.

Le rivage commençait à s'éloigner.

— Hisse le grand foc ! cria Compian. La barre sous le vent : traverse l'écoute du foc !

Un moment après il ajouta :

— Borde les huniers.

Les voiles quittèrent les vergues et le *Centaure* prit sa course, piaffant de ses deux pieds levés, au milieu des vagues couvertes d'écume, et paraissant menacer de sa flèche d'or le rouge soleil qui s'abîmait dans la mer. Ollioules ordonna de faire caponner l'ancre qui remontait à fleur d'eau et qui fut bien vite en place.

L'heure de souper arriva.

Quand le repas fut terminé, on appropria le bâtiment, on débarrassa le pont des objets inutiles. Vers huit heures, le *Centaure* prenait le grand large, Compian donna à Ollioules la route à suivre et ordonna de faire coucher la bordée qui n'était pas de quart.

Un coup de sifflet fendit l'air.

— Bon, dit Marsupiau, v'là le rossignol de la mer qui chante.

La nuit se passa.

Les jours se succédèrent.

On reprit la gaieté ordinaire, on chanta, on fit des

contes étranges, on supputa les profits du voyage.

Compian lui-même, si oppressé par le dernier adieu, retrouva sa confiance et sa force. Seulement il se rapprocha davantage d'Ollioules, prit à cœur de l'initier mieux aux questions commerciales, et lui promit d'une façon positive de le nommer capitaine du *Centaure*, le jour où, se reposant de ses fatigues, il vivrait paisiblement entre Madeleine rassurée et Marthe heureuse.

Ces deux hommes échangeaient un jour leurs confidences intimes; debout à l'arrière, légèrement appuyés sur le bastingage, ils laissaient leurs regards se perdre dans les profondeurs de l'horizon et leur esprit suivait leur regard, cherchant dans le ciel et dans l'onde de chères images présentes à leur pensée.

Tout à coup Compian, après un moment de silence, posa sa main sur le bras d'Ollioules.

— Ne distinguez-vous pas un point noir?

— A peine visible, oui, vous avez raison, capitaine.

— A peine visible, dites-vous? Alors, votre opinion est...

— Que ce nuage n'est point inquiétant.

— Un nuage... ce point sombre?... Vous vous trompez, Ollioules, c'est un navire.

— Par ma foi! vous avez raison, capitaine.

— Et un navire d'une allure singulière... Il marche bien, mais on le dirait chargé de toile et conduit par une main mystérieuse.

— C'est le *Voltigeur hollandais*, s'écria Ollioules en riant.

Compian continuait à observer.

— Faites augmenter le nombre des voiles, dit Compian à Ollioules; le bâtiment se rapproche, et l'instinct me dit qu'il faut l'éviter.

Un instant après, l'ordre était exécuté.

Mais le *Centaure*, malgré sa vitesse habituelle et l'augmentation de sa toile, ne put allonger la distance entre lui et ce navire inquiétant.

En même temps que le vaisseau était signalé par Compian, le vent changeait, les nuées s'amoncelaient, et l'orage accourait de toute la vitesse de ses ailes.

L'œil du capitaine embrassa les deux dangers qui le menaçaient à la fois.

— L'orage vient de Dieu! dit-il, soyons tranquilles sous sa main, même quand elle est rude. Mais les corsaires sont des hommes, fuyons les corsaires !

Et malgré le péril que présentait une accélération de marche dans un moment semblable, Compian fit mettre toutes voiles dehors.

Le *Centaure,* en dépit de sa force, pliait sous l'effort; le vent emporta une voile; les mâts craquaient, des brisements sinistres se faisaient entendre. Les matelots, assourdis par le fracas des vagues et les bruits de la tempête, se tenaient prêts à exécuter les manœuvres. Le *Centaure* se penchait sur la mer et menaçait de s'engloutir; pour le forcer à se relever, il fallut sacrifier un mât; la hache l'abattit, et il tomba dans les flots, entraînant les vergues, la voile et les cordages. Soulagé un peu, le bâtiment se releva; seulement, il n'avançait pas.

L'angoisse était grande dans l'âme de Compian.

Le navire mystérieux gagnait du chemin.

Le *Centaure* menaçait de faire eau.

Avant une heure, tout serait fini.

Pris entre deux dangers, le navire du négociant ne pouvait lutter avec avantage, Compian se recueillit. Sa grande âme embrassa l'horreur de ce qui allait se passer. Afin de s'affermir, il tira de sa poitrine deux portraits, y colla ses lèvres, les replaça où ils étaient, bouclier trop cher, mais impuissant à le défendre, et il ne s'occupa plus que du salut de son équipage.

On ne pouvait émettre aucun doute sur la gravité des

circonstances. Il s'agissait de sauver les hommes, sans même tenter de défendre les richesses entassées dans le navire.

L'heure des terribles épreuves commençait pour Compian.

Le capitaine lutta tant qu'il crut possible de remporter l'avantage, puis il se résigna.

Le vent s'apaisait un peu.

On eût dit que les éléments, satisfaits de l'accomplissement de leur œuvre destructive, éprouvaient le besoin du repos.

Il devenait urgent de profiter de cette trêve.

Le capitaine donna un ordre au second.

— La chaloupe à la mer ! dit Ollioules, le mal sera bientôt sans remède ; Dieu nous châtie, sachons nous résigner.

— Dieu nous envoie une digne mort ou un secours puissant, répondit soudainement Nicolas, dans l'esprit de qui se faisait jour une nouvelle idée ; ce navire que je fuyais, ce messager terrible, je l'attends à cette heure où tout est perdu. Rasé comme un ponton, le *Centaure* sombrerait sans gloire : il préfère mille fois à ce trépas obscur, encourir les chances d'une bataille. L'ennemi s'avance, attendons-le ! Nos mâts sont coupés, tant mieux !... la place reste libre pour le combat.

— L'eau de mer n'a pas rouillé les sabres d'abordage, dit Goëland avec enthousiasme.

— Crache-Mitraille vient de boire assez d'eau salée, elle a besoin de feu pour sécher, ajouta Jacques Tonnerre avec un gros rire.

— Prépare des gargousses ! cria Goëland à Feu-Saint-Elme. Puis allongeant gravement un coup de pied au bas de la veste de Marsupiau : Et toi, cherche les mèches et la poudre, vilain insecte !

Le mousse s'affala dans un trou noir et disparut.

Du reste, quand bien même on eût souhaité éviter

encore la rencontre du navire inconnu, ce n'était plus possible. Il accourait avec une promptitude égalant presque celle des vents eux-mêmes.

On ne lui voyait pourtant aucune voile déployée. Le plus grand ordre paraissait régner sur le pont. Les mâts, les agrès, les espars se trouvaient à leur place, rien ne gâtait la beauté et la symétrie du bâtiment. Les flots d'écume qu'il roulait n'entravaient en rien sa marche.

Il ne se trouvait plus qu'à une distance de boulet du *Centaure*.

— Eh bien, capitaine ? demanda Ollioules.

— Nous sommes sous le pavillon de France, mes amis, et nous ferons honneur à notre pavillon

V

LES GRAPPINS L'ABORDAGE.

— Commencez le feu ! cria Compian.

Jacques Tonnerre se baissa, et la tête placée au niveau de Crache-Mitraille, il pointa avec une telle adresse que toute sa charge alla semer la surprise et l'effroi dans les rangs des matelots du mystérieux vaisseau.

Évidemment ce navire avait été capturé par ceux qui le montaient. A la finesse de sa coque, à la coquetterie de son gréement, à l'assemblage parfait les objets qu'il contenait, on pouvait certifier qu'il ne sortait d'aucun chantier d'Orient, et cependant ce navire, sur lequel brillait un croissant d'azur, appartenait à Ben-Sadoc, le plus hardi, le plus sanguinaire des écumeurs. Il flairait sa proie depuis l'heure où, ayant étudié la marche du *Centaure* et reconnu sa nationalité il forma le projet de l'attirer dans ses eaux et d'en faire la capture ; seulement il attendait l'heure, ce fut la tempête qui le servit. L'*Arasfiel* ne pouvait vaincre le *Centaure*, si l'orage ne brisait auparavant sa mâture, si l'ouragan ne dispersait ses agrès. Le *Centaure* allait être la proie du navire portant le nom sinistre de l'ange que les musulmans regardent comme le précurseur de la mort.

Tout se faisait en silence à bord de ce navire, et Feu-Saint-Elme se trompait de peu en le comparant au fantastique *Voltigeur hollandais*.

Le vaisseau fantôme aurait été moins dangereux à rencontrer que le pirate croisant dans la Méditerranée.

Debout à l'arrière, Ben-Sadoc couvait de ses yeux fermés le vaincu qu'il allait dévorer. Il regardait le bâtiment comme tellement éprouvé par la tempête, il jugeait les matelots si démoralisés par le double assaut de l'ouragan et des corsaires, qu'il tressaillit, pareil à un homme qu'on réveille en sursaut, lorsque le canon de Crache-Mitraille envoya un boulet qui tua un homme d'équipage et brisa un mât.

— Je les croyais morts ! dit Ben-Sadoc. Loué soit le prophète ! les esclaves que nous prendrons vaudront encore quelque chose.

Une riposte de mousqueterie répondit à l'agression du bâtiment français.

L'*Arasfiel* continua d'avancer sur le *Centaure*; le petit Marsupiau avait mis le feu à la mèche; le canon favori vomit la flamme précédée d'un énorme volume de fumée qui s'éleva comme un nuage cachant les suites de cette décharge. Cette fois elle devait être meurtrière, car Jacques Tonnerre, fidèle aux habitudes de la pièce qu'il avait coutume de servir, l'avait bourrée de mitraille jusqu'à la gueule.

A bord de l'*Arasfiel*, succéda aux cris subitement étouffés le stoïque silence du fatalisme.

Mais le pirate qui commandait le bâtiment, craignant que l'envoi d'un certain nombre de boulets déterminât une voie d'eau en perçant la coque de l'*Arasfiel*, ordonna d'avancer, de telle sorte qu'il devint possible de se battre corps à corps.

Les matelots de Compian le désiraient aussi.

Bien qu'à cette époque les bâtiments marchands, sans

trêve exposés à se voir attaqués par les corsaires tunisiens, fussent munis de canons, d'arquebuses, de sabres et de pistolets, la chance ne demeurait cependant pas égale entre les croiseurs de profession, armés jusqu'aux dents, en vue de la chasse, et les honnêtes navires se bornant à des représailles. Mieux valait se battre au sabre ou décharger les pistolets à bout portant, que de poursuivre les essais d'une lutte impossible. Compian le comprit. Si sa tendresse pour sa famille doublait sa prudence, du moment qu'il s'agissait de l'honneur, le père et le mari disparaissaient.

Nul ne poussait plus loin que Compian le sentiment national. Il s'agissait de vaincre ou de mourir noblement.

Vaincre! ses matelots le pouvaient peut-être encore; mais de quoi leur servirait la victoire, s'il devenait impossible de manœuvrer et de guider sur la mer un navire dont le gouffre, monstre avide, venait de dévorer les agrès, les espars et les voiles.

L'*Arasfiel* s'approchait pour combattre de près; un feu général s'ouvrit des deux côtés, et cependant, il ne satisfit aucun des combattants. La fumée passait comme un dôme au-dessus des deux navires. Les matelots du bâtiment marchand chargeaient leurs petites pièces avec enthousiasme : on venait de reconnaître l'éternel ennemi de la chrétienté, le féroce écumeur de la Méditerranée, le pirate tunisien dont les expéditions navales semaient la terreur dans l'esprit des armateurs et des marchands, et dont les exploits sanguinaires, passant à l'état de légende, défrayaient le soir les récits de la veillée.

— Enfin! s'écria Ollioules, nous allons voir Ben-Sadoc en face.

— Feu-Saint-Elme perdra son nom, lieutenant, dit le mousse, s'il n'est pas le David de ce damné Goliath.

Jacques Tonnerre continuait sa besogne en silence, et

Marsupiau l'aidait avec un sang-froid dont le canonnier lui savait intérieurement plus de gré qu'il n'en voulait avoir l'air.

Tout en le servant, le garçonnet raillait les matelots de l'*Arasfiel,* et défiait Ben-Sadoc lui-même.

Compian déployait tout le sang-froid d'un homme sur qui repose le résultat d'une action décisive. Il devait sauvegarder l'honneur de la France, protéger son navire, ses hommes, et s'il le pouvait se défendre lui-même ; mais, dans la situation où il se trouvait, sa personnalité comptait pour bien peu de chose.

Ses yeux brillaient d'un feu martial, son attitude était calme ; de temps en temps il s'approchait de Jacques Tonnerre, et l'encourageait à pointer juste ; il surveillait les petites pièces, faisait déposer des sabres et des fusils au pied du grand mât, et préparer les grappins.

Les canonnades auraient prolongé une action qui devait être décisive ; il s'agissait d'en finir le plus vite possible.

L'un de ces bâtiments était de trop sur l'immense étendue de la mer.

Si le *Centaure* démâté, fatigué par la lutte de la nuit précédente se trouvait moins capable de continuer sa marche, il était encore en état de poursuivre une attaque sérieuse ; et si ses canons étaient moins nombreux, l'adresse et le zèle avec lesquels on les servait suppléaient à l'insuffisance du nombre.

Ben-Sadoc n'aimait pas les luttes à distance.

Féroce par instinct, et sanguinaire autant que rapace, il éprouvait une joie étrange, doublée par le fanatisme, à se plonger les bras dans le sang, et à faire raser d'un coup de cimeterre les têtes de l'ennemi refusant de se rendre.

En outre, l'habileté de Jacques Tonnerre, et la portée énorme de Crache-Mitraille donnaient à réfléchir. Un boulet tombé à bord le décida, et il courut, sous le feu du *Centaure*, afin de l'accoster tout à fait.

Cette manœuvre servait les désirs de Compian et répondait aux vœux de l'équipage.

— Camarades, fit Goëland, cette canaille de Turc monte un navire sorti des ports de France et capturé violemment. Nous sommes non plus sur le fin voilier que vous connaissiez, mais sur un ponton désemparé par le bon Dieu : il s'agit de prendre le navire qui nous donne impudemment la chasse, et de revenir à son bord triomphalement à Marseille en remorquant le *Centaure !*

Les matelots applaudirent, et l'*Arasfiel* s'approchant de plus en plus, Marsupiau se hissa sur une pièce en criant :

— Mort au pirate Ben-Sadoc !

— Les grappins d'abordage ! dit la voix grave de Nicolas Compian.

L'ordre fut exécuté avec une promptitude merveilleuse ; Goëland, aidé de quelques matelots, attacha en un instant la proue du *Centaure* à la poupe de l'*Arasfiel*.

Il y eut alors une épouvantable mêlée.

Jacques Tonnerre quittant sa pièce favorite, bondit jusqu'à l'amas d'armes, saisit une hache, et, foudroyant comme son nom, se jeta au milieu du groupe le plus acharné, frappant, taillant, massacrant l'ennemi avec une rage furieuse.

Les cris, les imprécations se mêlaient ; l'odeur du sang et de la poudre enivrait les pirates, le nom d'Allah retentissait au milieu des appels, des vociférations et des menaces.

Ben-Sadoc, pareil à un tigre altéré de sang, excitait ses hommes à la tuerie. La troupe de Compian se trouvait de moitié au moins inférieure en nombre.

Les braves Marseillais suppléaient à ce désavantage par

une bravoure toute française. Les passions les plus nobles se trouvaient en jeu dans cette rencontre. Des intérêts sacrés doublaient une intrépidité naturelle.

Compian réalisait des prodiges. Acculé contre un mât, soutenant seul les attaques de quatre pirates déterminés, il les tenait en échec à la pointe de son sabre, flamboyant comme l'épée de l'ange exterminateur. Prêt à l'attaque, habile à la défense, il venait d'en atteindre un en pleine poitrine et d'ouvrir le crâne au second, quand un séide de Ben-Sadoc, rampant sur le pont au milieu des combattants, des blessés et des morts, s'approcha de lui traîtreusement, le saisit par les pieds, et, le surprenant par cette lâche attaque au moment où il soutenait l'assaut de trois nouveaux agresseurs, le fit brusquement tomber en arrière.

Compian pousse un cri :
— A moi, camarades !
Un coup de feu lui répond.

Le Tunisien qui a causé sa chute gît déjà sur le pont, couvrant de son corps la poitrine du négociant.

Feu-Saint-Elme dégringole du poste qu'il s'était choisi et l'achève d'un coup de couteau.

Au même moment Josse et Jacques Tonnerre accourent au secours de Compian.

Furieux, aveuglé par le sang qui coule d'une légère blessure à la tête, le négociant se relève, et voyant que ses hommes se battent en désespérés, que deux sont morts et que, malgré leur bravoure, ils ne parviendront peut-être pas à résister aux pirates, il cherche dans la foule Ben-Sadoc, reconnaissable à sa taille gigantesque.

Sur tous les points du navire les actes courageux se multiplient.

Marsupiau et son camarade accomplissent des merveilles. Chacun d'eux a fait tomber pour ne plus se relever un ennemi de la croix et de la France.

Goëland, toujours prêt à battre Marsupiau pour n'en point perdre l'habitude, lui donne cette fois des éloges. Leste comme un chat, mince comme un écureuil, l'enfant passe, se glisse, usant de son poignard avec une adresse rare, tandis que Feu-Saint-Elme fait gronder son mousquet au détriment des soldats de Ben-Sadoc.

Les matelots de l'*Arasfiel* s'étonnent de la résistance du *Centaure*. Ils pensaient trouver les matelots affaiblis par la lutte de la nuit précédente avec les éléments ; en voyant arriver l'orage ils retardèrent leur attaque, afin de vaincre avec moins de peine. Leur étonnement fut grand, en rencontrant des hommes décidés à se faire tuer jusqu'au dernier plutôt que de subir une défaite, et de se voir faits prisonniers. Leur colère se doubla de leur désillusion.

Quoi ! cette poignée de matelots d'un navire marchand voguant sans mâts et sans voiles à la merci de la mer, luttait encore. Le courage ne s'épuise donc jamais dans le cœur des hommes de France ? Et ce n'est pas en reconnaissant une fatalité écrasante, mais indomptable, qu'ils tombaient ! Non : ils mouraient ayant sur les lèvres un mot d'adieu pour des êtres chers, un cri d'enthousiasme pour la patrie, et les derniers, par un reste de fanfaronne habitude, décochaient une dernière plaisanterie à l'ennemi qui les frappait.

Jacques Tonnerre, blessé, sanglant, demi-mort, s'était traîné proche de l'endroit où le drapeau fleurdelisé flottait encore.

Le brave canonnier sentait venir la mort.

Son mousse préféré, l'agile Feu-Saint-Elme, venait de le rejoindre.

— Petit, dit le matelot, ma pièce ne crachera plus de mitraille ; les misérables l'encloueront.,. moi, je vais avaler ma gaffe... Rends-moi un dernier service... Il ne faut pas, vois-tu, si ces chiens prennent le navire, qu'ils s'emparent du drapeau… les planches ne se reconnaissent pas, mais les pavillons restent comme des trophées… Peux-tu atteindre au nôtre ?…

— J'essayerai, dit Feu-Saint-Elme.

— Eh bien ! courage, petit, abats-le avant qu'on l'amène !

Le mousse s'élança pour obéir au marin.

Suspendu au-dessus de l'abîme, il tentait d'accomplir sa tâche, quand un coup de feu lui cassa l'épaule gauche.

L'héroïque enfant ne poussa pas un cri.

— Je le tiens ! dit-il à Jacques Tonnerre.

— Et moi je le venge ! répondit le matelot.

L'indignation réveillant ses forces expirantes, il s'était soulevé, plus semblable à un cadavre qu'à un homme et avait plongé son sabre tout entier dans les entrailles de celui qui venait de tirer sur le mousse.

Feu-Saint-Elme descendait avec le drapeau.

— Donne ! donne ! s'écria le marin ; ils ne l'auront pas, te dis-je ! Le navire ne tiendra guère, et j'ai peur, bien peur pour nos braves amis… Si tu survis, dis au capitaine…

Jacques Tonnerre ne put achever.

— Vieux Jacques, dit le mousse, que voulez-vous de moi ?

— La mer ! la mer, avec le drapeau !

Et, mourant, criblé de coups, le matelot s'enveloppant du pavillon mouillé de sang, et sentant que son dernier souffle allait s'exhaler, se laissa rouler dans les vagues en serrant le pavillon sur sa poitrine.

Feu-Saint-Elme disparut dans le gouffre avec lui.

Il voulait, hélas ! tenter de le sauver.

Dieu le permettrait-il ? Tant de courage, d'amour du pays et de grandeur d'âme devaient-ils avoir une récompense ?

Le mousse plongea, ramena Jacques Tonnerre à la surface, et voyant flotter devant lui un amas de débris formés de vergues et de cordages, il se dirigea de ce côté avec le sang-froid et l'énergie d'un homme.

Un instant après, Jacques Tonnerre, évanoui ou mort, gisait sur ce radeau abandonné à la merci des vagues, et que nul n'apercevait du théâtre de la lutte, tant il se confondait avec la sombre masse des vagues.

Compian résistait encore.

Ben-Sadoc l'avait rejoint.

Face à face, poitrine contre poitrine, ils luttaient.

Le spectacle de ce combat ralentit, sur l'arrière de l'*Arasfiel*, la furie de l'attaque, et le courage de la résistance.

On sentait que cet épisode allait décider du gain ou de la perte de la journée.

Marsupiau, qui le vit commencer, n'en attendit pas l'issue : il avait son idée.

Muni d'une mèche, il était descendu à l'intérieur de l'*Arasfiel*, bien résolu à le faire sauter s'il arrivait à trouver la soute aux poudres.

Se rendre n'était pas possible. La perspective de l'esclavage n'avait rien d'attrayant : mieux valait en finir, en finir d'une façon héroïque.

Le mousse chercha, erra et trouva.

Il voit les barils remplis de poudre, il prépare sa mèche, il y met le feu ; mais avant qu'elle ait communiqué l'étincelle, Marsupiau, frappé par une main sûre, meurt sans avoir le temps de pousser un cri.

Un homme tapi auprès des tonnes, et que le mousse n'avait pu voir, venait d'accomplir l'ordre reçu.

Dieu ne permettait pas le salut du *Centaure*. Nicolas Compian ne cédait pourtant ni un pouce de terrain ni un seul de ses avantages, mais, au moment où il allait faire payer cher à Ben-Sadoc les crimes de toute sa vie, il se trouva soudainement environné, séparé des siens, assailli de tous côtés. Le Tunisien désespérant de le vaincre à armes égales recourait au dernier de tous les moyens ; le lion se défendit, le capitaine voulut mourir. Il appela ses matelots avec des cris d'angoisse, des cris d'agonie lui répondirent. Goëland, parvint à le rejoindre ; il tomba comme une bombe au centre du groupe d'assassins, mais il ne pouvait plus que partager le sort de son maître.

Les autres matelots étaient blessés ou morts, d'autres enchaînés déjà, et c'étaient les plus à plaindre.

Goëland en défendant son maître, reçut une blessure grave à l'épaule : il brandit son arme en la changeant de main, et son poignet tomba avec l'épée, d'un coup de cimeterre...

Tout était dit pour les vaillants marins ; blessés, captifs et agonisants, ils n'avaient plus qu'à se recommander à Dieu.

Une consolation était pourtant réservée au négociant: le brave *Centaure* ne devait pas être honteusement remorqué !

Fatigué de la lutte de la nuit, envahi par une voie d'eau, atteint d'un boulet dans la coque, il s'abîmait lentement sous les vagues, depuis que les gens qui le montaient étaient passés à bord de l'*Arasfiel*. Sa submersion pouvait entraîner la perte du corsaire ; mais Ben-Sadoc donna ordre de séparer les deux navires, et bientôt le monstre qui dominait si fièrement le vaisseau, s'éleva seul au-dessus des vagues. Le poitrail du cheval marin semblait vouloir fendre encore la mer qu'il avait tant de fois domptée, et le *Centaure* lançait à l'horizon une flèche inutile.

— Ils ne l'auront pas ! dit Goëland ; j'aime mieux cela que d'avoir mes deux bras, puisque je ne pourrais plus les employer à votre service !

Compian tourna un regard reconnaissant vers son fidèle serviteur, mais il ne répondit rien.

On eût dit que le *Centaure* piaffait désespérément dans

l'eau. Il cessa de lutter, comme un coursier épuisé de fatigue, et bientôt, couché sur le flanc, il flotta à l'aventure, poussé par la Providence du côté où les agrès supportant Jacques Tonnerre et Feu-Saint-Elme voguaient au hasard.

Compian et les quelques matelots valides qui restaient encore furent enchaînés et jetés à fond de cale.

Ben-Sadoc donna immédiatement des ordres pour que le pont fût lavé, et nettoyé, et que toutes les traces de cette rencontre disparussent au plus vite.

On jeta les cadavres à la mer ; on lança dans l'espace, à côté des morts, des malheureux respirant encore ; quant aux matelots légèrement blessés, Ben-Sadoc les confia aux soins d'un homme dont la réputation de science était grande dans son pays.

Les vagues lavèrent le sang, le cuivre brilla sous les mains agiles, on remplaça les voiles trouées et les agrès brisés, et quatre heures après ce sanglant combat, l'*Arasfiel* eut défié l'œil le plus habile de lui trouver la moindre avarie.

VI

DANS LA CALE.

L'endroit sombre dans lequel on avait descendu Nicolas Compian, Goëland, et cinq autres matelots, ne pouvait avoir aucun nom possible.

C'était un trou infect, privé d'air et de lumière ; on n'eut pas même l'idée d'y jeter un peu de paille. L'espace y manquait. Les malheureux captifs ne pouvaient y étendre leurs membres endoloris. Tous, bien qu'on ne les trouvât pas assez gravement malades pour les loger dans la cabine des blessés, avaient reçu l'un une balle, l'autre une déchirure de sabre ; celui-là gardait les traces douloureuses d'un coup de pommeau d'épée. Aucun ne se plaignait. Leur malheur, arrivé à son comble, prêtait à leur attitude, à leur langage une grandeur nouvelle. Le moins affaibli était Compian.

Il se faisait le médecin, le consolateur de ceux qui l'entouraient. Il pansait leurs blessures, déplorait leur sort et s'accusait de les avoir entraînés dans sa mauvaise fortune. Une lutte de générosité commençait alors entre les prisonniers de la cale : ils se glorifiaient de leurs blessures, en regrettant de n'avoir pu faire davantage pour leur vaillant capitaine.

— N'avez-vous pas versé votre sang autant que nous?

lui répétaient-ils. Dans la tempête, à terre, durant les batailles, ne savons-nous pas que vous restiez toujours à l'endroit où l'on courait le plus de danger.

— Je ne faisais que mon devoir, mes amis; moins encore, je sauvegardais mes intérêts.

— Vos intérêts, capitaine ! Les matelots en avaient-ils moins que vous à la course du *Centaure* et à la prospérité de votre maison? Chaque fois qu'un voyage était fructueux, ne faisiez-vous pas à chacun large part dans les bénéfices? Vous n'étiez pas un négociant, un armateur pour nous, mais un père... Et si aucun de nous ne revient, c'est que le bon Dieu veut éprouver nos familles. Mais quant à se plaindre, lâche serait celui qui vous accuserait de quelque manière que ce fut! Le jour où mon poignet sera guéri, j'y ferai emmancher une main de fer, pour casser plus vite la tête à ces damnés Turcs.

Chaque jour, Ben-Sadoc descendait dans la petite cale, sous prétexte de s'informer de la santé de ses prisonniers.

On visitait les fers devant lui, afin de s'assurer que les captifs ne tentaient pas d'évasion.

— Où pourrions-nous fuir? lui demanda un jour Compian.

— Vous pourriez chercher la mort dans les flots.

— Ce serait un suicide, et notre religion l'interdit.

— Vous l'observez dans toute sa rigueur?

— Dans toute sa grandeur et toute sa vérité.

— Mahomet nous a donné la victoire.

— Le Christ se réserve de connaître l'heure de sa justice.

— Vous devez vous trouver bien mal ici? poursuivit Ben-Sadoc.

— Je ne me plains pas, répondit Compian ; mais voici un de mes matelots, Goëland, dont un coup de sabre a abattu le poignet, sa place serait à l'infirmerie ; les autres ont également souffert dans la mêlée, et je serais reconnaissant des secours qu'on leur accorderait.

— Et pour toi, chrétien, que désires-tu?

— Rien !

— Pas même l'air, la lumière, la liberté de tes mouvements ?

— Mon âme est libre !

— Et le droit de retourner dans ta patrie ?

— Je n'ai pas l'espérance que tu me le permettras.

— Peut-être, répondit Ben-Sadoc.

— Tu accepterais une rançon ?

— Cela dépendrait de sa valeur.

— Oh ! tout ce qui reste de ma fortune.

— Je suis déjà trop riche, chrétien ; je n'écume la mer que pour faire la fortune de mes hommes.

— Que veux-tu donc? demanda Compian haletant.

— Pour prix de ton corps dont les chaînes vont tomber, pour ton rachat, je veux ton âme ! Il est une chose que je poursuis avec acharnement, que j'aurai, que le Prophète me doit... il est un spectacle dont mes yeux se repaîtraient avec ivresse et qui me sera donné quelque jour, par toi peut-être... eh bien ! pour satisfaire ce désir, pour jouir de ce spectacle, je ferais plus que de rendre la liberté à des esclaves, je les ferais opulents, puissants et fiers ; je sacrifierais à mon tour une part des trésors amassés dans cent batailles... ce que je veux voir de mes yeux, c'est un chrétien marchant sur la croix, ce que je veux entendre, c'est un fidèle reniant son Dieu !

— Il y a ici des vaincus et non point des Judas, répondit Compian.

— Tu es sans famille ?

— Non, j'ai une femme que j'aime, un fils brave et beau, une fille charmante, un petit enfant qui me couvre de caresses... et ces êtres chéris sont ma joie et ma vie... Mais dès qu'il s'agit d'acheter à un prix pareil le bonheur de les revoir, je ne leur donne plus rendez-vous que dans l'éternité.

— Et toi ? demanda Ben-Sadoc à Goëland.

— Moi ! Eh ! par ma foi, j'en pense autant que le capitaine, si je suis incapable de si bien dire... J'ai une mère vieille, infirme et pauvre, mais du jour où madame Madeleine, que Dieu conserve ! apprendra que le *Centaure* s'est abîmé dans la mer et que les marsouins de bord sont sur les côtes barbaresques, elle ne manquera jamais, la chère sainte, d'aller consoler la mère de Goëland et de lui porter du pain.

— Bien, mon matelot ! dit Nicolas à voix basse.

— Et vous ? reprit Ben-Sadoc en jetant sur les prisonniers un regard circulaire.

Quelques-uns haussèrent légèrement les épaules sans daigner répondre au pirate ; les autres se rangèrent énergiquement du côté du capitaine.

— Ah ça ! demanda le plus jeune, n'as-tu pas vu que nous nous battions en hommes ? Le courage est-il seulement dans les bras ? Ce que tu veux entendre et voir, tu peux le chercher ailleurs qu'au milieu des débris de l'équipage du *Centaure !*

— Et puis, ajouta Goëland ; nous sommes bien aises de te montrer à toi qui n'as jamais commandé qu'à des lâches, à des voleurs et des pillards, des hommes une fois dans ta vie.

— Chiens de giaours ! s'écria Ben-Sadoc, nous verrons si votre énergie ne s'usera pas pendant la traversée.

— Notre énergie est une question de conviction, et non pas une question de nerfs et de muscles, répondit Compian. Nous ne pouvons guère plus souffrir que nous ne faisons ; mais si tu augmentes nos tortures, nous les subirons avec courage, et notre constance forcera ton front à rougir !

— Rougir, moi ! Moi, être vaincu !

— Ta force brutale sera battue par la force morale!

Ben-Sadoc prit un sifflet d'argent dont il tira un son aigu.

Quatre noirs parurent.

Ils étaient grands, découplés, alertes. Leurs figures bestiales exprimaient l'abaissement de la servitude.

On pouvait en faire des bourreaux aussi bien que des soldats.

Ben-Sadoc leur désigna les captifs.

— Les ténèbres, dit-il, et pas de pitié!

Éclairé par des torches que soutenaient deux esclaves, Ben-Sadoc était bien réellement effrayant. Ses yeux noirs flamboyaient, sa bouche gardait une expression cruelle, un léger tremblement agitait ses lèvres, entre lesquelles luisaient des dents blanches, incisives comme celles des tigres.

Les captifs ne comprirent pas la signification de l'ordre donné aux quatre noirs, mais ils devinèrent qu'il devait être terrible.

Quant aux esclaves, ils n'avaient pas plus bougé que des statues.

Ben Sadoc disparut.

Avec lui s'éteignirent dans l'éloignement les flambeaux dissipant l'obscurité de la cale, et grâce auxquels il avait été donné aux malheureux de se voir, mais aussi de constater leur dépérissement et leurs souffrances.

A l'heure où la ration ordinaire de pain et d'eau leur était distribuée, ils jouissaient chaque jour de cette fugitive douceur. Nicolas Compian en profitait pour panser rapidement le bras mutilé de son matelot, et pour laver quelques blessures.

Lorsque Ben-Sadoc fut parti, l'indignation des compagnons du capitaine se fit jour d'une manière énergique. Rien ne les révoltait plus que la pensée d'avoir été pris pour des lâches.

— Nous lui ferons voir ce que nous sommes, dit Goëland, en secouant ses bras enchaînés.

— Ce que nous sommes, dit Compian d'une voix grave des hommes faibles, placés en face de la plus terrible des tentations... Il ne s'agit pas de manier nos sabres et de faire tonner nos caronades. Les matelots ont disparu... il reste ici, dans ce cachot, de pauvres gens destinés peut-être au martyre, et les plus fiers hier doivent se montrer les plus humbles aujourd'hui.

Ces mots de Compian apaisèrent subitement les âmes. Les rudes marins se recueillirent.

Le silence qui plana dans cette prison de planches battues par le flot, emprunta une grandeur sublime aux sentiments qui se partageaient l'âme des loups de mer.

Une minute après, les cadenas grincèrent, on tira les verrous, la porte s'ouvrit.

Mais le filet lumineux qu'elle laissa passer ne tarda pas à s'éteindre ; cette clarté disparut. La cale fut de nouveau hermétiquement fermée, seulement les quatre esclaves y étaient restés.

Alors dans l'ombre qui doublait l'horreur du supplice, les cordes sifflèrent, puis tombèrent sur des membres enchaînés. La nuit noire augmentait cette torture. Nul moyen de tenter de se dérober à la flagellation épouvantable. Le sang jaillissait des corps couchés à terre, les coups sourds tombaient sur les épaules nues, c'était une exécution privée de tout secours moral, car aucun des suppliciés ne pouvait être soutenu par l'idée de garder sa dignité, puisqu'il devenait impossible de nommer ceux qui avaient le plus souffert.

Pas un cri ne s'échappa de ces bouches héroïques ; un souffle pressé, haletant, et des soupirs comprimés, voilà tout ce que distinguèrent les bourreaux.

Quand leurs bras lassés se refusèrent à continuer ce supplice, ils se retirèrent, laissant les prisonniers plongés

4.

dans la nuit, sans eau, sans vivres, à demi morts.

Le lendemain, Ben-Sadoc revint.

Après son départ recommença la scène de la veille.

L'air de la cale devenait si méphitique et si étouffant que deux matelots moururent ; le pirate, bien que la cruauté lui procurât de grandes jouissances et qu'un fanatisme ardent dominât son esprit, ne renonçait pas pour cela à la vente productive de ses captifs. Ne pouvant les vaincre, il voulait au moins en tirer quelque profit. Dans son intérêt personnel, il dut leur permettre de prendre l'air sur le pont et augmenter leur ration de vivres. Mais, raffiné dans toutes ses cruautés, il les fit monter séparément, leur enviant la consolation de se voir et de se reconnaître.

Hélas ! ces malheureux n'étaient plus que l'ombre d'eux-mêmes. Le soir, aux heures qui précèdent le sommeil, leur entretien prenait presque toujours une teinte plus intime : les souvenirs du pays revivaient ; des noms chers étaient prononcés. Compian, les voyant s'attendrir, fut plus d'une fois obligé de lutter contre la puissance des images qui se présentaient à leur esprit.

Les promesses de Ben-Sadoc leur revenaient à la mémoire, des visions passaient devant eux. Comme dans le désert, on croit apercevoir tout à coup des lacs azurés, des bosquets ombreux, des villes nouvelles ; de même, du fond de cette cale immonde surgissaient à leurs yeux la maison où ils étaient nés, le village paternel, les figures aimées, et à leurs oreilles vibrait la voix aiguë de la tentation répétant :

— L'or et la liberté pour un mot insultant à votre croyance.

Compian seul ne sentit pas un instant son âme ébranlée.

Qui plus que lui, cependant, perdait à ce malheur ? Famille, fortune, situation, tout lui manquait à la fois.

Mais son âme demeura ferme. Ses conseils gardèrent leur éloquence, son autorité continua d'être respectée.

Enfin, le bâtiment entra dans un port.

Les prisonniers furent extraits de la cale, entassés dans un canot, puis conduits, toujours enchaînés, dans une vaste demeure.

Elle présentait l'aspect d'un immense caravansérail. Des serviteurs passaient et repassaient dans les salles aérées, dans les cours entourées de galeries. Ils portaient les parts de prises dans des magasins immenses, où les marchands les venaient choisir et acheter.

Depuis les diamants jusqu'à la soie brute, on était sûr de trouver dans cette maison les produits de tous les climats, le fruit de toutes les industries.

Ben-Sadoc ignorait le chiffre de ses richesses.

Les connaître lui était parfaitement indifférent.

Après une campagne, le butin partagé entre ses hommes, il jetait l'or ramassé dans des tonnes, faisait argent des marchandises, dissipait rapidement le produit de cette vente, oubliait dans l'orgie les émotions de la bataille, et ne sortait de cette existence de mollesse et de luxe qu'à l'heure où l'or menaçait de faire défaut.

Ben-Sadoc vendait alors les esclaves, et ne tardait pas à reprendre la mer.

Une fois arrivés dans la maison de Ben-Sadoc, Compian et ses compagnons se virent traités d'une façon bien différente.

A bord, ils étaient des hommes ; à terre ils devenaient une marchandise.

Le Turc fanatique restait négociant en chair humaine. Or, une marchandise avariée se payant moins cher qu'une marchandise saine et belle, l'intérêt du pirate exigeait qu'il rendît les esclaves présentables pour la vente publique.

N'ayant rien pu gagner sur l'âme, il s'agissait au moins de livrer le corps avantageusement.

Les chaînes furent allégées.

On laissa aux captifs la liberté de se promener dans un jardin immense où ils trouvèrent souvent d'autres prisonniers destinés comme eux au marché. Une nourriture abondante répara leurs forces; des bains et le massage firent disparaître les traces effrayantes de la brutalité de leurs bourreaux dans la cale de l'*Arasfiel*. Si léger est le caractère de l'homme, et si promptement il renaît à l'espérance, qu'on les entendit plus d'une fois parler de liberté.

Et pourtant quelle apparence qu'elle leur fût rendue? A cette époque, il est vrai, les pères de la Merci ne cessaient d'aller d'Espagne et de France sur les côtes barbaresques, mendiant, récoltant, payant la rançon des captifs ; mais on en prenait un si grand nombre ! que malgré leur zèle, les fils de Jean Matha atteignaient des chiffres trop insuffisants !

Compian proposa à Ben-Sadoc de payer sa rançon ; mais ce pirate éprouvait trop de haine contre lui pour se prêter à un accommodement, il se réjouissait de voir esclave, courbé sous la haine et le bâton, cet homme qu'il n'avait pu plier sous sa volonté de fer.

Nicolas Compian gardait une attitude digne et fière; son visage respirait un calme profond et plus d'une fois Ben-Sadoc ne put soutenir l'éclat de son regard. C'est que le regard d'un honnête homme est empreint d'une suprême puissance ; quelque chose de divin s'y révèle, l'âme s'y montre, elle y étincelle; elle devient visible pour celui-là même qui refuse obstinément de croire à son existence.

Ben-Sadoc aurait accepté le prix du rachat du moindre des compagnons de Nicolas Compian ; mais, quelque élevé que fût celui du négociant marseillais, il l'aurait refusé ; aucune somme ne pouvant lui procurer les sauvages et cruelles jouissances qu'il éprouvait à la pensée de voir son prisonnier misérable et humilié.

Il ne pouvait comprendre le mot que Compian lui avait dit. La liberté pour Ben-Sadoc se bornait à la faculté de mouvement et au changement de lieu volontaire.

Jamais il n'eût admis que l'âme pût rester libre dans un corps enchaîné.

Compian ne pouvait songer à Madeleine, à Marthe, à ses deux frères, à Julien, qui devait augmenter sa famille, sans qu'un sanglot amer lui gonflât le cœur. Il était père, époux, dans toute l'acception de ce mot. Il aimait, s'il se pouvait, les chers anges de sa famille, mille fois plus depuis qu'il les avait perdus ; mais il était de la race privilégiée de ceux parmi lesquels Dieu recrute les héros que l'on désigne plus tard comme la gloire de l'humanité.

A ceux qui chercheraient à prouver que l'héroïsme est la vertu des stoïques antiques, l'histoire apprend des dévoûments, des grandeurs, des magnanimités, que rien n'égale. En regard des Spartiates des Thermopyles, elle montrerait la légion Thébaine massacrée ; Scipion pâlirait devant Louis IX ; les vierges chrétiennes rejettent loin Lucrèce et sa fausse chasteté ; la philosophie égoïste de Caton fond comme la neige devant les abnégations présentées par le catholicisme, et les stoïciens perdent leur faux prestige quand s'ouvrent les hypogées mystérieuses de l'Egypte dans lesquelles se retirèrent les premiers solitaires. A la religion seule il appartient de réaliser l'héroïsme complet, et Compian allait lui devoir d'être appelé le *Régulus Moderne*.

Les compagnons du capitaine, et surtout Goëland, ne supportaient pas leur malheur avec une patience aussi admirable. Le vieux matelot ne cessait de vouer Ben-

Sadoc à la vengeance céleste, et s'il l'eût trouvé seul dans un des appartements de sa maison, il est certain que le pirate fût tombé sous ses coups. Mais le corsaire feignait de ne plus songer à ses captifs.

Un mois se passa de la sorte.

Ce laps de temps avait suffi pour réparer complétement leurs forces, et leur rendre l'apparence d'une santé robuste.

Un matin, on fit prendre un bain à chacun, on les revêtit d'habits neufs ; le soin le plus minutieux présida à leur toilette, et, quand leurs fers eurent été visités, un des noirs commis à leur garde leur dit brusquement :
« Suivez-moi, Ben-Sadoc vend aujourd'hui ses esclaves.»

Ben-Sadoc commettait un double crime de déprédation et de politique en s'attaquant à des marins de Marseille. De tout temps, la fille de Phocée avait joui de libertés et de franchises plus grandes que les autres villes du littoral. Elle était la riche, la féconde Marseille ; au temps des croisades elle aidait à fonder des empires ; et les nouveaux souverains lui témoignaient leur reconnaissance en doublant les avantages commerciaux de ceux qui transportaient en Orient les tissus et les produits de leur patrie. Foulques, comte d'Anjou, ayant été élu roi après la mort de Beaudoin II, accorda en 1150 aux négociants de Marseille une décharge et franchise perpétuelle de toutes sortes de droits et d'impositions dans ses États. Beaudoin III son fils lui succéda ; les Marseillais le secoururent activement et lui firent présent de 3,000 besans sarrasins pour empêcher que les ennemis se rendissent maîtres des villes d'Ascalon et de Jaffa. Beaudouin III leur donna en récompense une grande maison à Jérusalem, appelée *Rame*, et les meubles qu'elle contenait. Les lettres patentes de donation, de 1152, mentionnaient « que *les Marseillais avaient secouru les rois ses prédécessseurs de leurs biens et de leurs personnes par terre*

et par mer, en la conquête de Jérusalem et de Tripoli. »
A ce don ne se bornèrent pas les bienfaits de ce prince.
Grâce à lui, dans chaque ville maritime soumise à sa
domination, les Marseillais eurent une église, une rue,
un four et se trouvèrent affranchis de tous droits. De
cette époque, data, dans le Levant, l'origine des quartiers
exclusivement réservés aux Francs.

Afin de rendre plus solennelles et plus utiles encore
ces lettres patentes Beaudoin III les fit signer par Almaric
son frère, Rodolphe, chancelier du royaume, Raymond,
comte de Tripoli ; Roardus, Beaudoin de Lisle, Raymond
de Sidon et par un grand nombre d'autres princes et
seigneurs. Enfin, la troisième année de son pontificat,
Clément III, alors à Viterbe, et plus tard Innocent IV, à
Lyon, les confirmèrent dans toute leur valeur.

En 1163, Rodulphe, évêque de Bethléem, emprunta,
du consentement de son chapitre, aux négociants de
Marseille établis à Jérusalem, 2208 besans sarrasins ;
comme garantie, il leur abandonna son château de Ro-
modet et les maisons possédées par lui et son chapitre
dans la ville de Saint-Jean d'Acre.

En 1187, le comte de Tyr, autorisa par lettres patentes
les Marseillais à négocier dans la ville de Tyr sans payer
aucun droit et à y établir un consul pour rendre la
justice.

En 1190, Guy de Lusignan, roi de Chypre, par ses
lettres patentes données au siége d'Acre, accorda aux
Marseillais qui habiteraient Acre, et à une lieue autour,
l'exemption des droits d'entrée et de sortie, les modé-
rant à un pour cent sur chaque 100 pesant, pour ce qui
viendrait par la voie de mer seulement, leur permettant
de construire, radouber et conduire leurs vaisseaux, dans
tous les pays de sa navigation, sans rien payer.

En 1197, Ayméric de Lusignan confirma tous les précédents avantages, et leur fit cadeau du château de *Flocei*

avec ses meubles et ses dépendances. En 1212, Jean de Brienne, roi de Jérusalem, en 1223, Jean Ibellin, seigneur de Bérithe-Baruth en Syrie, exemptèrent les Marseillais des droits d'entrée et de sortie.

Les croisades avaient doublé l'importance de Marseille en donnant une grande extension à son commerce ; elle joua un grand et noble rôle dans ces expéditions, et sut tirer parti de tous les avantages de la position qu'elle s'était faite.

Les fameuses *lois Barcelonnaises* furent en partie l'œuvre de Marseille.

Pendant tout le temps des croisades, Marseille fit avec d'énormes profits le commerce des épiceries ; Alexandrie les tirait des Indes et les revendait à Marseille, le système des échanges prévalant sur tous les autres. A Tyr, à Antioche, à Tripoli, les Marseillais, au temps des guerres lointaines, faisaient un énorme commerce; ce commerce continua après les croisades, mais sans qu'il fût possible à Marseille de dépasser la richesse de Gênes et celle de Venise.

Plus tard, il se trouva entravé par la piraterie

C'est dans cette ville de Tripoli, naguère si hospitalièrement ouverte aux Marsaillais, que Ben-Sadoc avait amené Compian et ses compagnons, afin de les vendre comme esclaves.

VII

MARCHÉ D'ESCLAVES.

La place est vaste et gaie d'aspect. Tout autour, des cafés, dans lesquels on savoure le moka et l'on fait nonchalamment le kief cher aux Orientaux, présentent leur ornementation légère, mêlée de tentes aux couleurs vives, de fontaines jaillissantes et de fleurs magnifiques.

A la porte de chacun d'eux, ou plutôt placé au centre du groupe des preneurs de café et des fumeurs d'opium, se trouve le commensal obligé, l'acteur nécessaire, celui dont les Turcs ne sauraient pas plus se passer que les grands seigneurs ne pouvaient, au moyen âge, se priver de la présence d'un ménestrel. Le conteur arabe, le chanteur de rêveries, accroupi sur un tapis, commence ses interminables histoires dans lesquelles pachas et chrétiens jouent des rôles étranges. Le sentiment de la nationalité n'abandonnant jamais les Turcs, le conteur ne manque pas de faire jouer au giaour un rôle perpétuellement odieux et de le montrer puni d'une façon exemplaire de son peu de respect pour Mahomet et le Coran.

Lorsque le conteur a recueilli dans une soucoupe les offrandes des assistants, une danseuse, à la physionomie plus bizarre que belle et tirant des sons plaintifs d'un instrument en forme de guitare, commence, non pas précisément une danse, mais des poses lentes, plastiques, en accord avec la nonchalance de ceux qui la regardent, les yeux à demi fermés.

Sur la place, passent des femmes du peuple pieds nus et pauvrement vêtues ; leur voile les enveloppe à peine ; les rudes labeurs auxquels elles sont obligées, ne leur permettant pas d'observer sur ce point la rigueur avec laquelle les cadines se conforment aux usages.

Des marchands de sorbets, de fruits savoureux crient leur marchandise ; des onagres chargés de jarres, des chevaux tenus par la bride, des dromadaires prêts pour une longue course, la traversent de temps en temps.

Dans l'un des angles, un groupe compact se forme.

Des ouvriers travaillent à élever une estrade, et les questions s'échangent entre eux et les flâneurs.

« C'est une vente d'esclaves, dit un homme à mauvais visage.

— Une vente de giaours, ajoute un autre.

— Ces giaours ! s'écrie un enfant, ah ! je veux les voir, on les dit plus féroces que les lions du désert, et plus hideux que les reptiles. »

En ce moment, un Turc bien connu par ses immenses richesses, aimé de tous et béni par le pauvre, s'arrête près de l'enfant.

» Ne crois-tu donc pas tous les hommes faits à l'image de Dieu ? lui demande-t-il. »

L'enfant se retourne, regarde celui qui lui parle et le salue avec respect.

« Pas les giaours, répondit-il. »

Osmanli réplique doucement :

« Ils ne connaissent pas la loi du prophète, mais ils sont néanmoins hommes, capables de souffrir, et sans doute susceptibles de dévouement. A qui appartiennent ceux qu'on doit vendre ?

— A Ben-Sadoc, répond un des ouvriers.
— Ah ! ce sont les matelots du *Centaure* ?
— La dernière prise faite par l'invincible *Arasfiel*. »
Osmanli jette un regard autour de lui, et marche lentement vers le café le plus proche où il s'installe.

La vente des captifs de Ben-Sadoc occupait ce matin-là toutes les conversations. Il est vrai que celles des Orientaux ont une lenteur, une placidité bien éloignée de la nôtre. Entre deux bouffées de tabac et deux gorgées de café, ils s'adressaient une question dont la solution se donnait avec une gravité semblable.

Les enfants seuls, bien qu'ils participassent déjà à cette lenteur habituelle, s'abandonnaient pourtant à leur instinct curieux.

Les ouvriers achevaient de disposer l'estrade et quelques-uns déjà serraient leurs outils.

Ben-Sadoc, autant par cruauté que par orgueil, faisait toujours publiquement la vente de ses prisonniers.

S'il les avait réunis dans une des vastes salles de sa maison, les acheteurs seuls fussent venus les voir.

Or Ben-Sadoc voulait que ce marché contentât tout ensemble sa soif d'argent et ses instincts de vengeance.

Il transformait en pilori l'estrade d'exposition. Non-seulement les hommes riches venaient étudier, juger la marchandise et en débattre le prix, mais le peuple prenait sa part du spectacle, et ne pouvant se donner le luxe d'acheter un de ces malheureux, il satisfaisait du moins sa cruauté stupide en injuriant, outrageant des chrétiens, pour se venger d'avoir eu pendant plusieurs siècles des chrétiens pour rois et pour vainqueurs.

Les prisonniers de l'*Arasfiel* étaient prévenus.

La dernière nuit qu'ils passèrent dans la maison de Ben-Sadoc fut affreuse. Il ne s'agissait plus seulement pour eux d'être enfermés dans un cachot. On s'habitue à la solitude, on finit par l'aimer. Mais devenir la propriété, la chose d'un homme qui peut, à son gré vous surcharger de travail, vous accabler d'injures, torturer votre corps et tenter d'ébranler et d'affaiblir votre âme ! Accomplir une tâche fatigante au milieu d'esclaves abrutis par les chaînes, animalisés par l'hébétement progressif amené par les humiliations et les coups ! Ne plus pouvoir parler avec son cœur dans le recueillement et redemander à sa mémoire les noms aimés et les visages chéris ? Se trouver écrasé, pressuré, martyrisé dans tout son être, et n'avoir pas même une heure pour pleurer !

Ben-Sadoc connaissait bien son métier de bourreau ! aussi ne manquait-il jamais de visiter ses captifs la veille de la vente publique, afin de se repaître de leurs secrètes angoisses.

Pour la première fois, il fut complétement déçu quand il entra dans la salle où se trouvaient les prisonniers.

Les malheureux avaient entendu les consolations de Compian, et voulaient soutenir en face du pirate l'honneur et le courage marseillais.

Mais que de nuances dans ce calme silencieux !

Goëland assis à terre, les coudes sur les genoux, les poignets enchaînés, fixait sur Ben-Sadoc des regards farouches.

Trois marins du *Centaure* : Alison, Gargaillou et Bouchafer se tenaient immobiles, les yeux fermés et couchés sur le dos. Ils dédaignaient de regarder leur bourreau.

Deux amis, deux matelots, Mistral et Josse, appuyés sur l'épaule l'un de l'autre, semblaient puiser dans leur affection une force nouvelle.

Ollioules, le plus jeune, était aussi le plus faible.

Accroupi à terre, la tête ensevelie dans ses mains, il songeait que jamais il ne reverrait, sous les oliviers au feuillage pâle, Marie sa fiancée tressant des guirlandes d'immortelles ! Si jeune, si vaillante, au milieu de ces trophées du souvenir préparés pour les tombes.

Puis, ballottée par les vagues, passait devant lui l'épave à laquelle s'accrochait Feu-Saint-Elme, son frère, se dévouant héroïquement pour tenter de sauver Jacques-Tonnerre ou périr avec le vieux matelot.

La baie de Marseille magnifique et bleue se déroulait devant lui, comme à l'heure ou pour la dernière fois le *Centaure* mit à la voile; il embrassait du regard le groupe formé par la famille Compian, et il se disait que jamais sa belle ville natale, fille de la mer comme Venise et Gênes, ne le reverrait sur ce port où il avait grandi. Ses rêves de jeunesse, d'espérance, de fortune et d'affection se brisaient tout d'un coup. Du haut des plus beaux, des plus doux espoirs, il retombait sanglant et meurtri dans cette salle basse qu'il quitterait bientôt pour le marché des esclaves.

Son esprit, lucide et ferme quand il s'agissait de danger, se troublait en présence de la honte de l'esclavage ; il sentait la sueur perler à son front et ses yeux se remplir de larmes.

Pendant la dernière veillée, sous l'empire d'un sombre désespoir, il avait dit à Compian :

« Capitaine, vous savez si je me suis bien battu à bord ?

— Oui, Ollioules, et je rends justice à votre courage.

— Ainsi, jamais vous ne me croirez coupable d'une lâcheté ?

— Jamais.

— Et si je commettais un acte réputé pour tel ?

— Je penserais que vous êtes devenu fou.

— Je ne suis pas fou, Compian, non, vrai ! Et c'est parce que je possède toute ma raison que je m'épouvante... Si je puis recevoir une balle sans me plaindre, me laisser amputer un membre sans crier, je ne me résigne pas à tourner une meule ou à bêcher la terre pour un chien de Turc. Dieu nous abandonne aux infidèles, mourons !

— Dieu nous abandonne... répéta lentement Nicolas, est-ce une raison pour abandonner Dieu ? »

Puis il ajouta après un moment de silence.

« Qui ose dire cette parole : Dieu m'abandonne ; non, non, elle est impie et blasphématoire ! Vous êtes comme les pêcheurs de Galilée, des hommes de peu de foi ! — Le Christ dort, et vous vous écriez éperdus, parce que la mer monte et vous menace : — Seigneur ! nous périssons ! — Dieu se réveillera ! Je le sais, je vous le promets ! A quelle heure ? Je ne puis sonder les desseins de sa providence. L'épreuve est lourde, et cependant j'accepte l'épreuve... Oui, vous souffrez, Ollioules, et vous avez sujet de souffrir... Vous pensez à la sœur de Feu-Saint-Elme, le pauvre mousse... et vous avez raison de la regretter. Mais oseriez-vous faillir au souvenir de cette enfant, quand je demeure ferme devant celui de Madeleine ? Pouvez-vous comparer votre affection naissante pour Marie, à mon attachement pour ma femme ?... Depuis six mois vous rêvez d'en faire la compagne de votre vie, mais Madeleine est ma confidente et mon amie depuis vingt ans ! Et d'ailleurs, Ollioules, que sont tous les sentiments possibles en face de ce sentiment que vous ignorez : La paternité ! Marthe, Victor, et Lazare le plus petit, celui de mes enfants qui a davantage besoin d'appui et de caresses... J'ai perdu tout cela... De ma fortune, je n'en parle pas, je ne saurais la regretter ; Gaspard sauvé par moi n'abandonnera pas ma famille. Mais cette famille, mon sang et ma chair, mon cœur et mes larmes ! Ces êtres adorés que je ne verrai plus ! Ces créatures chéries qui me pleureront désormais sans m'attendre... Eh bien ! quelque malheureux que je sois, et bien que ma douleur ne puisse augmenter d'intensité, Ollioules, je respecte les décrets d'en haut, et je ne dis pas : Dieu m'abandonne!

— Je veux mourir, dit Ollioules d'une voix sourde.

— Vous mourrez, répondit Compian avec mélancolie, vous mourrez, cela est certain, et de douleur peut-être. Mais, nous n'avons pas le droit de demander à Dieu pourquoi il nous donne à garder un poste plus ou moins périlleux et difficile ; sentinelles obéissantes, nous restons où il nous place, et nous ne faisons que notre devoir.

— La nature humaine a des forces limitées.

— Y en a-t-il à la nature morale ?

— Je lui en trouve aujourd'hui.

— Vous ne priez pas, Ollioules.

— Non ! dit le second, je ne suis ni un prêtre ni un martyr.

— Vous êtes chrétien et cela doit suffire ?

— Non ! non ! Compian, je vous le jure, et puisque avant de me voir vendu comme un bétail, mes mains ont encore assez de liberté pour me donner l'aide et le repos du trépas, je veux en finir...

— Soit, dit Compian en abaissant les mains qu'Ollioules portait déjà à sa gorge, vous allez mourir... mais avant, vous vous soumettrez à entendre l'avis de chacun de nous. Autrefois, à bord, j'étais votre capitaine, j'exige dans cette prison, qu'en mémoire de l'obéissance passée, mon lieutenant m'écoute encore.

— J'écoute.

— Nous sommes dix ici ; dix, aussi ou plus malheureux que vous ; chacun exposera ses motifs de regretter la liberté, et nous jugerons après. Parlez, Goëland.

— J'ai une vieille mère, capitaine, une pauvre femme qui restera sans délègue et sans pain, et à qui je comptais faire une douce vieillesse.

— Et toi, Mistral ?

— Trois frères enfants à qui je servais de père.
— Et toi, Alison ?
— Une jeune femme que j'épousai l'an dernier à l'église des Accoules.
— Et toi, Gargaillou ?
— Un père paralytique, une mère aveugle.
— Et toi, Josse ?
— Vingt ans, capitaine, dit-il avec l'expression d'un regret railleur.
— Et toi, Bouchafer ?
— Mon bienfaiteur, le vieux Barbanson, me prendra pour un ingrat si je l'abandonne.
— Et vous, Martin.
— Deux petits enfants, capitaine et la tombe de Louise.
— Ollioules, ces hommes tiennent tous à la vie pour des raisons sacrées; l'un subvient aux besoins de sa famille, l'autre a sa femme, celui-ci un bienfaiteur, celui-là des enfants... Vous avez, vous, une tendresse lointaine... Quant à moi, je n'ajoute rien à ce que j'ai dit, et cependant au sein de leur détresse quel est celui de ces braves gens qui songe à devancer l'heure de Dieu? Que celui-là se nomme !
Personne ne parla.
— Vous vous taisez, mes amis, quelle est donc votre idée sur le suicide, même au milieu de la situation la plus désespérée.
— C'est une lâcheté, dit Goëland.
— Une désertion, s'écria Mistral.
— Un crime, ajouta Josse.
— Une impiété, fit Bouchafer.
— Et vous ne voulez être ni des lâches, ni des déserteurs, ni des impies, ni des criminels ?
— Non ! non ! répondirent toutes les voix.
— Et maintenant, poursuivit Compian, maintenant

que tu as entendu notre opinion à tous, nous te laissons libre, Ollioules.

Le jeune homme cacha son front dans ses mains crispées.

Compian s'approcha plus près.

— Tu me trouves sévère, mon ami? ne m'en veux pas. J'ai dû te montrer la route austère du devoir, puisque tu semblais ne pas être disposé à la suivre. Mais crois-le, à l'heure où je te vois souffrant, accablé ; à l'heure où tu trembles d'angoisse et où tu subis ton agonie mortelle, j'éprouve pour toi une pitié profonde. Tu ne m'as guère quitté, et je devais confier mon fils à tes soins. Je t'aime et je t'estime ; chacun de nous peut éprouver ce que tu ressens ; nous sommes faibles et nous succombons aux terreurs comme les enfants reculent devant des fantômes. Allons, reprends ta sérénité. Dis-toi que nous endurons tous la même épreuve ignominieuse. Si tu avais un père, il te tiendrait le même langage.

Ollioules pressa silencieusement la main de Compian.

Tout le temps qu'il la garda dans les siennes, le capitaine la sentit tressaillir comme celle d'un homme en qui se livre un combat intérieur: des spasmes l'agitaient, ses doigts se crispaient comme s'ils eussent subi une torture. Puis, lentement, ils se desserrèrent, se détendirent ; le calme se fit dans le cœur du jeune homme, et il leva sur Compian ses yeux, que jusque-là il avait tenus fermés.

— Merci, dit-il, merci, ami et père.

A partir de ce moment, il montra une résignation paisible.

Aussi, quand Ben-Sadoc entra dans la chambre des captifs, était-il impossible de désigner celui qui s'était un moment rebellé sous la main de Dieu.

Une dernière fois, le corsaire offrit la liberté aux captifs.

Aucun d'eux ne daigna répondre, et ce fut Ollioules qui lui lança le regard le plus fier.

Les dix malheureux faisaient honneur aux soins dont on les entourait depuis leur arrivée à Tripoli. Certes, ils pouvaient tenter les acheteurs. Leurs corps robustes, leurs membres bien proportionnés, l'intelligence étincelant dans leurs yeux, en faisaient une marchandise de choix.

Quand l'heure fut arrivée, on passa une longue chaîne dans les carcans qui liaient leurs poignets, et conduits par un esclave en qui Ben-Sadoc avait toute confiance, ils furent dirigés vers la plus grande place de Tripoli.

Dès qu'ils parurent, la foule se porta à leur rencontre.

L'insulte ne les épargnait pas.

On y aurait joint les coups et les pierres, si ces misérables n'eussent été la propriété d'un individu, propriété représentant une somme élevée, et que l'on n'avait pas le droit de détériorer.

L'enfant, à qui l'on avait fait un portrait bizarre des giaours, s'étonnait de son peu de ressemblance, et trouvait Ollioules infiniment moins laid que son vieux maître d'école.

Quelques femmes jetaient à travers les trous de leurs voiles des regards de compassion sur le groupe des captifs.

Les fumeurs et les preneurs de café quittèrent leurs places.

Le conteur s'avança, dans l'espoir d'emprunter à la scène dont il allait être témoin le sujet d'un récit nouveau.

Les esclaves, alignés sur l'estrade, furent bientôt choisis séparément par celui qui avait charge de les vendre.

Il désignait chacun d'eux avec une baguette; il lui faisait

lever les bras, soulever des poids, montrer ses dents, et terminait l'énumération de ses qualités en disant :

« Celui-là est un chien de chrétien que l'on peut torturer dans son cœur, son esprit et son âme, pour la gloire et le plaisir de Mahomet, le prophète de Dieu. »

Alison fut vendu le premier.

On l'adjugea à un docteur turc, qui devait en faire le manipulateur de ses drogues, et qui espérait en même temps apprendre de lui quelques secrets sur la médecine d'Europe.

Le jeune homme dit adieu de la main à ses anciens compagnons, et suivit son nouveau maître.

On vendit ensemble Bouchafer et Gargaillou.

L'homme à qui on les adjugea paraissait moins un maître qu'un futur bourreau. Les deux matelots le comprirent.

« Adieu ! capitaine, dit Bouchafer ; celui-là nous fera vite avaler notre gaffe ! »

Compian lui montra le ciel comme le dernier rendez-vous qu'il leur pût assigner.

Mistral et Josse tremblaient de se voir séparer. Élevés ensemble, confidents de leurs peines mutuelles, Josse était le seul qui parvint à faire sourire encore le pauvre Mistral

Un acquéreur s'approcha du groupe.

« Combien celui-là ? dit-il en désignant Josse.

— Achetez-nous ensemble, s'écria Josse ; sans cela vous n'aurez rien qui vaille. Dans mon pays, quand on sépare les couples de bœufs, ils meurent de consomption. Nous sommes accoutumés à tirer le câble ensemble, et nous ferons de la besogne pour quatre. »

Le Turc ne paraissait pas décidé.

« La somme est forte, dit-il.

— Et l'acquisition bonne.

— Non ! dit le Turc, je ne puis pas; celui-ci seulement, et il désigna Josse.

— J'achète les deux, dit une voix. »

Un homme s'avança.

« Souviens-toi, dit-il à Mistral, que Josse sera battu quand tu auras fait quelque chose de mal, et que Mistral paiera les fautes de Josse sur ses épaules ! »

Et la foule applaudit.

L'amitié des deux matelots assurait à Ali, le renégat, les deux meilleurs esclaves de Tripoli.

Goëland fouillait les groupes pour chercher à deviner quel homme il lui faudrait suivre.

Ce fut un négociant qui paya en besans d'or le rude matelot.

« Je ne quitterai pas la mer, dit-il à Compian, Dieu en soit béni ! »

Et le marin descendit de l'estrade pour prendre le chemin du port.

Le tour d'Ollioules était venu.

On avait vendu d'abord les simples matelots, puis le vieux contre-maître ; le second touché par la baguette du vendeur fut désigné avec plus de soin encore.

« Instruit dans les langues d'Orient et d'Europe, jeune et vigoureux, fanatique, mais adroit ; propre au commerce, pouvant servir d'interprète, ayant grade de second à bord du *Centaure*. »

Ollioules frémissait d'indignation.

« Courage ! lui dit Compian. »

Ollioules répondit :

« J'en ai. »

Les enchères montèrent rapidement.

Ollioules était beau, souple, musculeux ; il atteignit un prix énorme.

Un moment après il quittait l'estrade sur laquelle Compian restait seul.

Depuis le commencement de la vente, Osmanli se tenait debout en face du capitaine.

Le Turc n'avait pu saisir sur le visage de l'esclave d'autre expression que celle d'une pitié tendre pour ses amis, et d'un complet oubli de ses propres douleurs.

Ce calme le frappait et l'impressionnait.

Par un phénomène de magnétisme incontestable, phénomène qui rend attractif tout regard obstinément fixé sur nous, les yeux de Compian rencontrèrent ceux d'Osmanli.

La physionomie de celui-ci était douce, grave sans austérité. Elle plut au capitaine. Sur toutes celles des hommes avides, envieux et cruels qui l'environnaient, elle tranchait vivement par son expression compatissante.

Osmanli parut dire dans un regard :

« Me souhaites-tu pour maître ? »

Et les yeux de Compian répondirent :

« Achète-moi. »

Quand le capitaine eut été mis à l'enchère, la voix d'Osmanli couvrit le bruit de la foule; par respect, aucun des acheteurs ne mit de surenchère, et Nicolas Compian fut rapidement adjugé.

« Je t'aurais choisi, dit le capitaine à son maître, tout en marchant aussi vite derrière lui que ses chaînes le lui permettaient. »

VIII

OSMANLI.

L'acquéreur de Nicolas Comptan était un homme âgé de quarante ans.

Sa bonté, citée parmi les pauvres, ne s'était jamais démentie. Il jouissait d'une grande fortune héréditaire, augmentée encore par le négoce, et que ses bienfaits ne parvenaient pas à diminuer. Ses caravanes et ses vaisseaux doublaient chaque année la prospérité de sa maison, et cependant chaque année des sommes énormes soulageaient la détresse des pauvres.

Ayant beaucoup vu, il possédait une grande indulgence. Les hommes ne lui semblaient pas naturellement bons et vertueux, mais il se repliait sur lui-même et se disait avec un sentiment de reconnaissance envers Dieu : « Mes instincts sont pervertis ; si j'y cédais, je deviendrais un misérable ; béni soit Dieu qui m'assiste et me soutient lorsque je suis prêt de mal faire. »

Au frottement perpétuel des hommes de toutes les nations, il avait gagné une grande indépendance d'idées. Musulman fidèle et même zélé, il admettait cependant Jésus au rang des prophètes, et ayant eu souvent avec des chrétiens des relations d'affaires dont il se louait, il faisait d'eux un cas spécial.

Instruit sans orgueil, bon sans faiblesse, il était digne d'estime et d'amitié. Le regard de Compian le devina, et jamais l'époux de Madeleine n'eut à se repentir d'avoir en quelque sorte sollicité le suffrage d'Osmanli.

La maison qu'habitait celui-ci, se trouvait isolée au milieu d'un immense jardin.

Elle était basse, surmontée d'une terrasse pliant sous les caisses de lauriers roses.

Tout le luxe qu'elle renfermait était intelligent et poétique. Les faïences finement émaillées dallant les salles d'été, les grands bains de marbre, les étoffes des divans et des tentures indiquaient un goût particulier.

Mais le grand, le suprême luxe de cette maison, celui qui régnait des vestibules jusqu'aux toits, c'était le luxe des fleurs. On aurait dit que cette demeure renfermait une créature moitié hourri, moitié femme, se nourrissant de parfums comme certains oiseaux.

Certes, ce n'était point pour les Éthiopiennes qui passaient dans les parterres ou les salles basses, une buire sur l'épaule, que cette maison, ces kiosques, ces massifs étalaient aux regards tant de merveilles épanouies. A peine y jetaient-elles un regard distrait, en traversant les longues allées couvertes d'un sable fin parsemé de coquilles roses et nacrées.

La maison avait une âme ; la cage au treillis d'or possédait un oiseau.

Osmanli reportait sa joie, son orgueil et son amour sur Fatmé, sa fille unique.

Il avait perdu Gulnaï, quand l'enfant était encore au berceau. Depuis ce moment, soit désespoir, soit dédain, il vivait seul, n'existant, ne respirant que pour cette créature adorée.

Fatmé était digne de cette affection.

Un visage ovale, éclairé par des yeux de Circassienne, des pieds d'une petitesse extrême, jouant dans des babouches de soie, une voix fraîche et pure, une candeur naïve, en formaient un être accompli et charmant.

Bien qu'il respectât les usages de l'Orient, son père ne la tourmentait pas au point de la forcer à cacher toujours ses traits sous un voile.

Dans la maison et dans l'enceinte du jardin immense, Fatmé courait, les cheveux au vent, jouissant dans la jeunesse de tous les priviléges de l'enfance.

Son éducation se bornait à savoir broder en or des vestes de soie, à tresser des perles opalines dans ses longs cheveux, à jouer d'instruments primitifs, accompagnant sa voix pure d'une façon bizarre, mais pleine de charme, et à répéter, en roulant dans ses doigts un chapelet d'ambre, quelques versets du Coran.

Fatmé n'avait jamais pleuré.

Ses esclaves l'aimaient et prévenaient tous ses désirs.

Son plus grand chagrin jusque-là avait été la perte d'un oiseau des îles au merveilleux plumage, et la mort d'un arbuste apporté pour elle d'un climat lointain.

Elle n'avait pas connu sa mère.

Accoutumée à être le seul objet de l'affection d'Osmanli, elle eût prodigieusement souffert de la partager avec qui que ce fût, et la jalousie presque maladive de cette enfant gâtée détermina Osmanli à se consacrer tout à elle.

Le matin du jour où son père quitta la maison pour se rendre à la vente des esclaves de Ben-Sadoc, Fatmé dit en embrassant son père :

« Le jardinier qui soignait si bien nos roses est mort...

— Et tu souhaites que je le remplace.

— Si tu le veux. »

En achetant Nicolas Compian, Osmanli pensait:

« Voilà un homme qui, du moins, ne sera pas condamné à un rude labeur. Ma fille aura un jardinier intelligent, et tout autre maître rendrait plus malheureux le capitaine du *Centaure*.

— Voilà la maison, » dit Osmanli à Compian.

Celui-ci la regarda, et éprouva un soulagement d'esprit à voir partout de belles plantes ligneuses, dérobant la hauteur des murs; des arbustes fleuris groupés en massifs, et de fraîches corolles étendues dans les plates-bandes comme un tapis odorant.

« Qu'en penses-tu ? demanda le sage.

— Tu es un homme doux et bon, répondit Compian.

— Es-tu sûr de ne point te tromper ?

— Très-sûr. L'homme qui aime la nature honore son Créateur et respecte l'infortune de son semblable.

— J'honore Dieu et je te plains.

— Puisque je dois porter des chaînes, Osmanli, je me réjouis d'avoir à te servir. »

Ils entrèrent dans la maison.

Un noir accourut, débarrassa son maître de ses lourds vêtements, ôta ses chaussures et lui lava les pieds.

« Enlève les chaînes des bras de cet homme, dit Osmanli.

— Ne crains-tu pas d'être imprudent? demanda le capitaine.

— Moi ! du moment que je me fie en toi, tu es obligé de te montrer loyal. Demain, je te dirai ce que tu devras faire. »

Compian quitta le vestibule et pénétra dans le parterre.

Le jour était sur le point de finir, et au moment de quitter la terre, la lumière dorée du soleil doublait ses clartés et ses rouges splendeurs. Le sentiment de l'esclavage s'évanouit dans l'âme de Compian. Il se trouvait seul dans ce jardin immense; il n'apercevait ni gardien ni tourmenteur. Son âme éprouvée et meurtrie monta vers le ciel avec une sensation de reconnaissance profonde.

Puis sa pensée lentement redescendit, et les noms de Madeleine, de Victor, de Marthe et de Lazare revinrent sur ses lèvres.

Alors, et comme pour lui faire sentir davantage ce qui manquait et manquerait éternellement désormais à son cœur, la voix timbrée de Fatmé s'éleva, accompagnée des légers arpéges, qu'elle tirait de sa guzla, et elle fit entendre une mélodie plaintive, d'accord avec l'émotion du prisonnier.

Cette jeune voix qui lui rappelait celle de Marthe fondit subitement toute sa force.

Ses bras s'élevèrent vers le ciel, un sanglot sortit de sa poitrine, et il cria avec un indéfinissable accent:

« Madeleine, Victor, Lazare ! »

La nuit tomba.

Enveloppé de ténèbres douces et presque transparentes, Compian erra dans le parterre, jusqu'à ce que le noir, Tuhou, le tirât de sa rêverie douloureuse en lui mettant la main sur l'épaule.

« J'oubliais, dit vivement Compian... Ai-je mal fait? Ai-je offensé le maître?

— Le maître est bon, viens manger. »

Compian le suivit.

Il toucha à peine aux mets qu'on lui servait et cependant il s'assura que les repas des esclaves se composaient de choses saines, de fruits savoureux.

« Tu as du chagrin, dit Tuhou, ça se passera.

— Mon chagrin ne se passera pas, mais je le cacherai.»

Après le repas, le noir désigna à Compian une chambre étroite dans laquelle il devait rester seul.

« Les autres esclaves couchent dans la salle commune, dit le nègre. »

Compian une fois de plus bénit la délicate bonté d'Osmanli.

Cependant, quelque tranquillité qu'il pût goûter dans cette chambre, sa pensée veilla.

Désormais, sa destinée était fixée.

Jusqu'au jour de la vente publique, il espéra qu'un père de la Merci, chargé des dons des chrétiens d'Europe, rachèterait les prisonniers de Ben-Sadoc. Plus d'une fois, Compian avait donné des sommes importantes aux rédempteurs de captifs et l'aumône bénie pouvait se centupler dans les mains des moines et payer sa propre rançon.

Le corsaire avait attendu deux mois avant de procéder à la vente ; la maison d'Osmanli venait de se refermer sur le prisonnier ; celui-ci ne pouvait plus attendre de consolation que de Dieu, et sans doute aucun espoir terrestre ne lui était permis.

Il vit le jour se lever, il entendit se succéder les bruits de la vaste maison et se tint prêt afin de remplir les ordres du maître.

Celui-ci l'envoya chercher.

Osmanli se tenait non loin d'une fenêtre sur laquelle retombait une jalousie.

Derrière la jalousie, Fatmé regardait.

Elle n'avait jamais vu de giaours, et s'imaginait comme l'enfant qu'ils devaient ressembler à des monstres.

« Chrétien, dit Osmanli à Nicolas Compian, tu n'auras d'autre occupation ici que le soin de ce jardin.

Ma fille aime par-dessus tout les fleurs, tu veilleras à ses rosiers autant qu'aux plus précieux trésors. Greffer, arroser et cueillir ces fleurs, tel sera ton labeur unique.

Remplis-le avec plaisir et tu le trouveras moins lourd.

— Compte sur moi, dit Compian, comme tu compterais sur un ami.

Je ne puis prendre ce titre vis-à-vis de toi, car la condition d'esclave, bien qu'elle ne dégrade pas un homme, lui enlève du moins le privilége de l'égalité, mais j'en garde le sentiment au fond du cœur. »

Compian avait toujours aimé les fleurs.

Entre ses longs voyages, quand il venait à terre, il prenait plaisir à en remplir les salons et les escaliers de Madeleine. Ce cadre convenait aux doux visages sur lesquels se reposaient ses yeux.

Et maintenant qu'il devait arroser et soigner le parterre de la fille d'Osmanli, ce travail le rapprochait par le souvenir de la compagne dont il était séparé.

Au bout de quelques semaines, le jardin prit un nouvel aspect.

Jusqu'à ce jour, les esclaves qui le soignaient faisaient le moins de labeur possible; ce travail se faisait sans goût, sans zèle, et plus d'une fois Fatmé se demanda ce qui manquait à son parterre, sans parvenir à le deviner.

Mais bientôt de grandes volières s'élevèrent du milieu des arbres, des cascades jaillirent du sein des corbeilles, des colonnades s'entourèrent d'une acanthe vivante et variée.

Fatmé ravie ne cessait de louer l'habileté de l'esclave.

Les rares visiteurs qui franchissaient le seuil de la maison d'Osmanli le félicitaient de ces changements heureux. L'un d'eux offrit de Compian le double du prix qu'il avait coûté, mais Osmanli n'eut pas un seul instant la tentation de s'en défaire. Il tenait à Nicolas, non pas seulement à cause de sa fille, mais il se souvenait des paroles du prisonnier, et pensait :

« Il disait la vérité, en m'affirmant qu'il serait mon ami. »

Osmanli n'avait jamais eu d'ami.

Sans doute, des convives nombreux entouraient sa table, il recevait de chacun des protestations de dévoûment; si une somme importante lui eût fait défaut, il l'aurait trouvée dans leur bourse, mais seulement parce qu'il était solvable, et non point parce qu'on le chérissait.

Il se montrait bon pour ses esclaves, et cependant ces hommes l'aimaient-ils?

Non.

Il devait trop vite en acquérir la preuve.

L'un d'eux, Abyssinien d'une force herculéenne, monstre noir sans âme, obéissant avec servilité aux ordres de son maître, lui portait au fond du cœur une haine farouche. Ce n'était pas Osmanli qui l'avait réduit en esclavage; il trouvait en son maître une justice et une bonté inappréciables, et pourtant Octoï résolut d'acheter sa liberté au prix d'un crime.

Le complot se forma dans l'ombre.

Octoï possédait sur ses camarades l'autorité de la force brutale.

Ce taureau à face noire épouvantait ceux que pouvait broyer son poing énorme.

D'ailleurs les mêmes ferments de haine couvaient au fond de toutes ces lâches âmes.

Il ne fut pas difficile à Octoï de s'adjoindre comme complices la presque totalité des esclaves d'Osmanli.

Quant aux femmes, servantes de Fatmé, on n'y songea point.

Octoï devait prendre pour sa part de butin la fille du maître et une dot de 500 besans d'or, les autres partageraient ce qui resterait des richesses du marchand de Tripoli.

Leur haine se trouverait complétement satisfaite.

La douce et délicate fille d'Osmanli deviendrait moins épouse qu'esclave, et les dédains dont elle serait accablée vengeraient le misérable, dont les nuits se remplissaient de visions de sang et de larmes.

Pendant que s'agitaient autour du maître de la *Maison des Roses*, ces sentiments tumultueux et féroces, Osmanli s'occupait de l'amélioration du sort de ses esclaves, et parfois il se demandait si dans les terres libres où l'homme est l'égal de l'homme, la divinité n'est pas honorée d'une façon plus digne. Osmanli était un de ces hommes de biens dont chaque raisonnement se traduit en pratique, et dont le cœur, dépassant encore l'intelligence, réalise des prodiges par la seule force qu'il puise en soi. Aucun de ceux qui l'entouraient ne l'eût compris. Le secret témoignage de sa conscience lui suffisait.

Quant à Fatmé, sa fille chérie, ignorante de ce qui se passait hors de l'enceinte de son jardin, incapable de sentir, faute de comparaison, la différence existant entre les esclaves qui l'entouraient et les hommes plus ou moins pauvres, mais libres, habitant d'autres contrées, elle se bornait à se montrer d'une bonté extrême pour tous ceux qu'elle occupait à son service.

Depuis l'arrivée de Compian à la Maison des Roses, Octoï paraissait préoccupé.

Le maître ne se bornait plus à laisser l'esclave dans le jardin, libre de bêcher, d'arroser, de soigner les parterres, il allait souvent s'entretenir avec lui. La raison calme de Compian, ses vues droites, sa patience, le grand respect de soi qu'il gardait dans une condition infime, excitaient l'admiration d'Osmanli. Avec ce chrétien, il faisait mieux qu'échanger des idées : les pensées d'Osmanli ne tardaient pas à prendre, sans qu'il s'en doutât, un vol plus élevé. Jamais le mot religion ne venait sur leurs lèvres, mais ils discutaient les grandes lois de la morale, les préceptes de la vertu.

Osmanli se rapprochait donc de son esclave.

Compian répondait à ses avances sans les rechercher. Dans toute autre situation peut-être, la différence des caractères propres à chaque nation aurait rendu impossibles ces rapports journaliers.

La conversation jadis vive et joyeuse du Marseillais aurait contrasté avec la gravité musulmane, mais la vente des siens, les scènes terribles de la capture du *Centaure* pesaient de tout leur poids sur l'esprit de Compian. La douleur calmait cette fougueuse et exubérante nature, vers laquelle Osmanli se trouvait de jour en jour plus attiré.

L'esclave assistait donc souvent aux repas du maître.

La nuit, il occupait un cabinet voisin de l'endroit où il couchait ; pour arriver à Osmanli, il fallait s'entendre avec Compian.

Était-ce difficile ?

Quelle apparence que ce giaour refusât de reconquérir une liberté achetée seulement par son silence ?

Un soir que Compian ayant fini sa tâche dans les jardins rangeait les instruments aratoires, il vit soudainement la grande taille d'Octoï se dessiner dans la baie de la porte d'un petit pavillon retiré.

« Que veux-tu, » lui demanda-t-il ?

Sans se rendre compte de l'antipathie qu'il éprouvait pour cet homme, il l'approchait avec une extrême répugnance, et n'échangeait avec lui que les mots indispensables.

« La journée a été chaude, dit le noir.

— Mais la nuit sera belle, ajouta Compian.

— Sous le poids de la chaleur, il t'a fallu bêcher la terre.

— La terre n'est pas ingrate, elle donnera des roses en échange de mes sueurs.

— Tu n'as pas toujours été esclave ?

— J'apprends à servir.

— Sans te révolter ?

— La révolte n'allége pas le malheur.

— Elle nous venge de ceux qui le causent.

— Tu n'es pas chrétien, dit Compian, et tu ne comprendrais pas ce mot : — la volonté de Dieu !

— Je crois à ce qui est écrit; mais l'esclave peut changer sa destinée.

— Comment ?

— En devenant maître à son tour.

— Tu pourrais te racheter ?

— Oui.

— A quel prix ?

— Au prix du sang.

— Quel sang ? dit Compian en fixant un regard clair sur Octoï.

— Le sang d'un oppresseur qui m'a payé comme un bétail, me fait travailler nuit et jour, et se repaît de mes tortures. Le sang d'un homme qui est pétri de la même chair que moi, reste mon égal devant le prophète.

— Pourquoi me fais-tu semblable confidence ?

— Afin que tu aies ta part de délivrance et de richesse.

— Appelle cela ma part de crime.

— N'es-tu pas né libre ?

— Sans doute.

— Qui t'a donné des chaînes ?

— Ben-Sadoc le pirate.

— Osmanli a participé à cette barbarie, en t'achetant.

— Je remercie Dieu de lui appartenir, je pouvais tomber dans les mains d'un homme cruel.

— Tu refuses de nous seconder ?

— Je refuse.

— Sais-tu à quoi tu t'exposes ?

— Je m'en doute.

— Il ne faut pas d'obstacles à nos projets !

— Et l'on doit être votre victime ou votre complice...
— Comme tu le dis.
— Soit, répondit Compian, de même que vis-à-vis d'Osmanli, je me conduis en esclave fidèle, vis-à-vis des révoltés, j'agirai en homme de cœur.
— Tu n'en auras pas le temps ! » s'écria Octoï en s'é lançant sur Compian et en lui portant un furieux coup de couteau.

Le capitaine fit un bond en arrière, para avec son bras le coup qui menaçait sa poitrine et l'arme s'enfonça dans l'épaule.

De la main restée libre, il l'arrache, la jette loin de lui et trouvant dans sa douleur même une nouvelle énergie, il enlace Octoï dont les larges mains cherchent à l'étrangler, le renverse sur le sol, et, un genou sur sa poitrine, il lève au-dessus de sa tête un instrument de jardinage.

« — Grâce ! murmura l'esclave.
— Si je te faisais grâce, tu poursuivrais ton misérable projet.
— Je ne frapperai pas Osmanli.
— Tu le jures !
— Je le jure.
— Sur quoi ?
— Sur ma vie !
— J'accepte ton serment, mais souviens-toi que si tu y manques, tu es perdu. »

Octoï se releva.

Ce n'était point le sentiment de l'humilité et de la reconnaissance qui brillait dans ses yeux ; si Compian avait pu y lire, il serait resté épouvanté.

Mais le capitaine du *Centaure* ne croyait pas au mensonge !

Pendant plusieurs semaines, rien ne parut changé dans la Maison des Roses. Le père de Fatmé s'attachait de plus en plus à son esclave, et jamais le jardin merveilleux n'avait été si beau. Les compagnons de Nicolas Compian l'évitaient. Le capitaine voyait dans leur conduite une suite logique de ce qui s'était passé entre Octoï et lui.

Un jour, Compian, traversant un salon d'été, aperçut sur une table de nacre, un plateau chargé de conserves. C'était lui qui, d'habitude, avait le soin de placer à portée d'Osmanli les confitures de feuilles de roses et les boissons glacées.

Il s'étonna d'abord, puis un soupçon lui vint.

Il n'était pas tellement convaincu de la parole de l'Éthiopien qu'il ne fût aise d'en vérifier la valeur.

La boîte de conserves fut changée, et la boisson remplacée ; mais la carafe fut mise en lieu sûr.

Le soir, un lévrier d'une belle race, auquel Osmanli tenait beaucoup, mourut dans d'atroces convulsions après avoir goûté aux fruits confits.

Compian échoua dans toutes les recherches qu'il fit pour arriver à connaître quel esclave avait porté le plateau.

Mais il se trouva plus que jamais obligé de veiller au salut de son maître, et ce ne fut pas un esclave qui resta jour et nuit dans la Maison des Roses, prêt à courir au moindre signal, et à deviner le moindre danger, mais un gardien affectueux dont Osmanli ne devinait pas encore toute la grandeur d'âme.

IX

RÉVOLTE.

La journée était chaude, un brillant soleil dardait ses rayons du haut d'un ciel sans nuage ; les fleurs, en dépit de l'eau des cascades, baissaient la tête, et leurs pétales se pâmaient de fatigue et de langueur.

Les cigognes se cachaient dans les massifs.

De l'intérieur des appartements, Fatmé, couchée sur une ottomane, s'endormait aux sons vagues d'une guzla, tandis que des négresses agitaient au-dessus de son front des éventails de plumes.

Les esclaves allongés sur les dalles, comme des sphinx noirs, s'abandonnaient à la paresse.

Seul, Compian, courbé sur les plates-bandes du parterre, ou occupé à rattacher les rosiers, à enlever les insectes de leurs tiges, à détacher les fleurs fanées, poursuivait sa tâche quotidienne.

Il remplissait son devoir : cette pensée suffisait pour soutenir ses forces, mais celui qui aurait pu lire dans son âme, serait resté effrayé en voyant de quel désespoir elle était remplie.

Le temps usait-il donc cette patience sereine. Sa foi s'épuisait-elle sous l'étreinte de la souffrance ? La meule, qui broyait le cœur de cet homme, avait-elle extrait toutes les gouttes de son sang ?

Il travaillait, arrosait, bêchait, mais sa pensée était loin de lui ; son front se penchait vers le sol, des larmes gonflaient ses yeux ; il poussait un profond soupir et paraissait incapable de poursuivre sa tâche.

Osmanli le surprit pendant un de ces moments d'angoisse.

En apercevant son maître, Nicolas releva vivement l'instrument de jardinage qu'il venait de laisser tomber.

Osmanli lui dit avec douceur :

« Tu n'as point abandonné ce travail par paresse, ta pensée voyageait loin, bien loin...

— Elle allait en France, Maître.

— Et l'on dit la France belle.

— Oui, toute la France est belle ! et Marseille, la ville du soleil et des vagues, la bien-aimée fille de la Grèce, est la perle de ma patrie.

— Depuis que tu es dans cette maison, reprit le maître, j'ai tâché de te rendre l'esclavage facile.

— Je le sais et je t'en remercie.

— Tu restes triste, cependant.

— J'ai tenté de cacher ma douleur à tes yeux.

— Et tu laisses tes pleurs couler dans la solitude.

— Hélas ! murmura Compian.

— Trouves-tu le service des jardins trop pénible ?

— Non, maître.

— Préfères-tu rester dans l'intérieur de la maison ?

— Je suis accoutumé à ce travail et je l'aime. Si quelque chose adoucit mes souffrances, c'est la vue du ciel, des fleurs et des merveilles de Dieu. Je n'ai point vécu enfermé dans une maison, comme la plupart des hommes ; ma tente, à moi, c'était le firmament, et ma route la mer. Aussi la liberté relative dont je jouis m'est-elle infiniment précieuse.

— Conserve-la, dit Osmanli d'une voix douce ; mais le labeur en lui-même...

— Le métier de marin est rude. Pour commander habilement, il est nécessaire d'avoir servi. Pendant de longues années, j'ai suffi à des tâches énormes, et celle-ci me semble un jeu. Ne m'as-tu pas dit que ta fille se montrait satisfaite de la façon dont je cultive ses fleurs ?

— Très-satisfaite, et tu sais si j'aime Fatmé.

— Oh ! je le comprends ! s'écria Compian avec un geste désespéré, j'aime tant Marthe et ses frères !

— Quoi, demanda Osmanli, tu as une famille ?

— Je me suis trahi malgré moi, je voulais te cacher l'excès d'une douleur que tu ne saurais guérir... J'ai une compagne, une fille et deux fils... Juge maintenant si la consolation peut visiter mon âme.

— Ton épouse est bonne ?

— Bonne et tendrement aimée.

— Et ta fille ?

— Ton enfant elle-même ne saurait être plus charmante.

— Tu étais riche ?

— Fort riche ; nos goûts cependant demeuraient simples ; et, satisfaits de ce que nous possédions, il venait d'être résolu entre ma femme et moi que je cesserais de naviguer, pour me consacrer entièrement à Madeleine, à mes fils, à Marthe... Jamais autant de bonheur ne nous avait à tous inondé l'âme... Nous nous dédommagions d'avance à la pensée des années d'absence dévorées par ces voyages, quand, brusquement, ces projets ont été détruits.

— Peux-tu m'apprendre comment ?

— Un ami vint me dire : je suis perdu d'honneur, si l'on ne vient à mon secours...

— Tu l'as sauvé ?

— C'était mon devoir.

— Ainsi, tu es parti pour rétablir une fortune compromise par tes bienfaits.

— Oui, répondit Compian. »

Le Turc garda un moment le silence.

Puis, saisissant la main du Marseillais :

« Cela est bien ! cela est réellement bien !

— Pouvais-je agir autrement, quand l'homme à qui je pouvais être utile m'avait lui-même rendu des services ?

— Non.

— Alors pourquoi me louer d'avoir accompli mon devoir.

— Tant d'hommes négligent ou méprisent les leurs.

— Ils en sont punis, répondit Compian.

— Hélas ! souvent la prospérité les accompagne.

— Si tu places le bonheur dans les honneurs et la fortune, oui, sans doute, ils semblent heureux, car les apparences trompent nos yeux de chair. Si la félicité s'abrite dans l'âme, la tranquillité vraie est la paix donnée par une bonne conscience. Cela est si réel, Osmanli, que moi, du sein de ma misère et d'une souffrance arrivant parfois au désespoir, je goûte cependant une paix que rien ne me ravira. Captif, pouvant demain être revendu et passer dans les mains d'un maître féroce, je n'en reste pas moins paisible. Si, méprisant les lois de la reconnaissance, j'avais laissé mon ami se suicider pour échapper à la honte de ne point payer ses créanciers, je ne goûterais plus une seule heure de sommeil, et son image se présenterait à mon esprit, comme un éternel remords.

— Tous les hommes de ta nation raisonnent-ils comme toi ?

— Il en est beaucoup, et ceux qui pensent autrement se trouvent en désaccord, non-seulement avec l'imprescriptible code de justice gravé en dedans de nous-mêmes par la main du Créateur, mais encore avec les lois qu'il nous a données.

— Que disent ces lois ?

— Aimez votre prochain comme vous-même.

— Cela n'est que juste, et je pense ainsi.

— Oui, mais voici qui est divin et manque peut-être à vos préceptes : Faites du bien à ceux qui vous haïssent.

— Je ne te hais point, dit Osmanli, mais la nature de nos situations fait que tu es autorisé à me regarder comme un ennemi.

— Je le sais.

— A quoi es-tu obligé à mon égard, non comme esclave, mais comme homme ? Comprends-moi, chrétien, je ne veux pas une réponse banale. L'Éthiopien à qui j'adresserais cette question ne manquerait pas de me dire : « Je te dois obéissance jusqu'à la mort, » je veux une solution différente. Tu me sembles sage, et je souhaite apprécier la sagesse des tiens ; aucun préjugé n'entre dans mon esprit.

— Je suis ta propriété par droit d'achat, je le sais, je le reconnais. La liberté étant le premier des biens, toi, qui dispose de la mienne, tu es en effet mon ennemi, si je consulte le mouvement naturel, brutal, qui nous fait repousser avec force ce qui nous nuit et nous afflige. Mais je me souviens des paroles de ma loi, dont je te parlais tout à l'heure ; ses préceptes sont si fortement gravés dans mon cœur, que si je te voyais attaqué, toi mon maître, toi qui me donnes ou qui peux me donner des chaînes aussi lourdes que ta volonté ou ton caprice, je me croirais obligé à te défendre et à sacrifier ma vie pour ton salut, quand bien même ta mort me devrait rendre la liberté et tous les biens qui l'accompagnent.

— Ceci est plus qu'humain, dit Osmanli.

— Je n'ai pas dit que je puisais ma force en moi.

— A quelle source alors ?

— En Dieu, » répondit Compian.

Osmanli demeura rêveur.

L'esclave, le front haut, l'air étincelant, paraissait à cette heure dominer le maître.

Osmanli quitta Compian sans rien ajouter.

Retiré dans son appartement il se mit à repasser dans son esprit le discours entendu. Cette charité, cette résignation grandie par la pensée de Dieu, lui paraissaient bien autrement grandes que le fanatisme musulman. La froideur indifférente indiquée par le : *c'était écrit* des Orientaux, tombait devant le raisonnement de Compian. Osmanli possédait une intelligence trop grande pour ne point en être frappé. Tout, dans l'esclave acheté à Ben-Sadoc, bouleversait ses idées. Cet homme, riche dans son pays, portait un vêtement pauvre sans rien perdre de sa noblesse native. Son âme ne faiblissait point sous l'étreinte du malheur. Il parlait librement, fièrement et gardait assez conscience de sa dignité pour ne pas s'humilier et ramper devant celui qui disposait de lui sans que personne eût le droit de demander compte de sa vie.

Une seule chose paraissait impossible à Osmanli. Certes, il avait confiance dans son esclave, mais celui-ci mentait ou du moins préjugeait trop bien de sa vertu, quand il osait dire qu'il était prêt à sacrifier sa vie pour son maître. Exagération née de l'exaltation d'un esprit droit, vertueux, mais qui s'éteindrait sans nul doute, si jamais Compian se trouvait placé dans une semblable alternative.

Osmanli ouvrit le Coran, et commença à lire.

En dépit de ses efforts, il ne put arriver à fixer sa pensée, et dut fermer ce livre dans lequel il cherchait une force d'âme égale à celle de Compian, ou une philosophie religieuse d'une assez haute portée.

Il se leva et se rendit à l'appartement de Fatmé.

En l'apercevant, la jeune fille bondit du sopha sur lequel elle était couchée et se suspendit à son cou.

« Que tu es bon d'être venu, dit-elle, les heures me semblent si longues !

— Les heures longues... et depuis quand, Fatmé ?

— Je ne sais pas... Je m'ennuie...

— Veux-tu des parures nouvelles ? T'enverrai-je le marchand juif à qui tu as acheté tes dernières perles ?

— J'ai trop de bijoux, répondit Fatmé.

— On a rapporté des Indes des oiseaux rares, et Octoï a reçu ordre d'en faire venir, afin que tu choisisses ceux qui te sembleront avoir le plus beau plumage.

— Les oiseaux m'attristent, mon père.

— Pourquoi, ma fille chérie?

— Si je les écoute dans les cages dorées où nous les enfermons, il me semble qu'ils redemandent le pays où ils bâtirent leur nid, où leurs petits les appellent... Si je les observe quand ils volent en liberté, comme les cigognes de bon augure et les colombes que j'aime, je pense alors que c'est moi qui suis captive .. Ma cage est précieuse, on l'a formée d'un treillis d'or et entourée de fleurs magnifiques ; mais enfin c'est une prison !

— Ne vas-tu pas au bain quand tu le désires

— Sans doute.

— Veux-tu faire un pélerinage à la Mecque ?

— A quoi bon ?

— Tu aurais devant toi l'espace...

— L'espace ! murmura Fatmé en secouant la tête. Qu'on ne nous parle ni bonheur, ni liberté, à nous autres femmes d'Orient, qui sommes traitées en esclaves, et dont quatre murailles, jour et nuit gardées, forment l'étroit univers.

— Tu n'as jamais raisonné ainsi, Fatmé.

— C'est vrai, répondit-elle avec abattement.

— Alors qu'inventer pour te distraire ?

— Rien.

— Misiboë ne sait-elle plus de chansons ?

— Je les ai apprises par cœur.

— As-tu fini de broder de perles tes vestes de soie ?

— Je les déchire de dépit.

— Et que fais-tu depuis ce matin ?

— J'ai pleuré et j'ai tâché de dormir. »

Osmanli attira sa fille dans ses bras.

« Voyons, dit-il, tu sais si je t'aime ! parle, que veux-tu ? Pour te rendre heureuse, je suis capable de tous les sacrifices.

— T'exposerais-tu à un blâme ?

— Tu ne saurais rien me demander de coupable.

— De coupable, non ; d'étrange oui.

— Parle, alors.

— Tu consentiras ?

— Je te le promets.

— Eh bien ! si les jours me semblent longs, c'est que les mêmes entretiens reviennent sans cesse, sans que le moindre incident les varie. J'ai cru longtemps que mon sort était celui de toutes les femmes ; maintenant, je sais qu'en Occident leur vie est toute différente. Permets que j'apprenne quelques détails sur les mœurs de cette France dont tu parles souvent. Compian, ton esclave, ne semble pas un homme vulgaire. Il a beaucoup vu, beaucoup appris ; il sait peindre ce qui frappe son esprit et ses yeux. Il me semble qu'à l'entendre faire ses récits, ma tristesse mortelle se dissiperait.

— Je ne te refuserai pas, répondit Osmanli ; Compian est un homme d'une grande sagesse ; et, bien qu'admettre un esclave dans son intimité soit complétement contraire à mes usages, je cède ; il mérite que l'on fasse une exception en sa faveur. »

En ce moment, Octoï frappa à la porte.

« Le marchand des Indes apporte ses oiseaux, dit-il. »

Une heure auparavant, Fatmé aurait reçu ce nouveau

présent de son père avec indifférence; mais en ce moment elle battit des mains.

C'était, en vérité, une merveille que cette réunion d'oiseaux : plumages d'or et de saphir, gorges chatoyantes, dos veloutés, dalmatiques de pierreries, aigrettes de soie, colliers de pourpre, ailes miroitantes, pattes roses, becs finement aiguisés, chansons strillées, ramages connus, variations brillantes, tout se mêlait pour le plaisir des oreilles et des yeux.

« Choisis ! disait Osmanli, ravi de la joie enfantine de Fatmé.

— J'ai choisi, répondit-elle.

— Eh bien ?

— Je prends tout ! »

Et l'espiègle fille embrassa son père.

Osmanli paya généreusement, et Octoï reçut ordre de placer la cage au centre d'un massif de fleurs, autour duquel s'étendait un divan circulaire.

Fatmé rivalisait de chansons avec ses petits prisonniers; jamais Osmanli ne l'avait vue si joyeuse, aussi passa-t-il le reste de la journée dans l'appartement de sa fille.

Celle-ci l'entourait de tendres gâteries; elle sentait qu'il lui faisait un sacrifice, elle l'en dédommageait avec usure.

La soirée se passa en douces causeries, et il fut convenu que le lendemain, pendant les heures chaudes de la journée, Fatmé entendrait parler de cette France dont elle disait le nom dans ses rêves.

Osmanli se retira, le cœur rempli d'une joie complète. Il se sentait dans cette heureuse disposition où il semble que nul malheur ne peut nous atteindre, où l'affection et la confiance en l'avenir nous forment des boucliers contre lesquels toutes les armes se brisent. Chacun de nous a ressenti cette impression. Alors nous défierions une légion d'ennemis, nous attendons les malheurs inconnus avec une force stoïque, ou plutôt nous ne croyons pas qu'il soit possible au malheur de nous atteindre. Il passera au-dessus de nous comme un oiseau de mauvais augure dont les ailes ne sauraient nous effleurer.

Sainte confiance ! foi heureuse ! C'est pendant ces heures que nous prodiguons le meilleur de notre âme en tendresse compatissante, en sages conseils, en élévations sublimes, en conceptions hardies. Nous devenons parfaits ; une force est en nous, cette force se répand comme un magnétisme attractif et puissant; nous régnons sur tous et sur nous-mêmes, la plus grande et la plus rare des royautés.

Les réflexions qui, le matin, remplissaient l'esprit d'Osmanli, s'effaçaient. Le sentiment paternel envahissait tout. Fatmé se trouvait heureuse, que voulait-il de plus? N'avait-il pas cherché, rêvé, fouillé, demandé à tout ce que l'imagination enfante ce qui était capable de la faire sourire ? Elle avait parlé, elle avait remercié et embrassé son père ! Osmanli rayonnait à son tour.

Le sommeil vint lentement.

Tantôt il entendait par le souvenir les chansons de Fatmé et les gazouillements des oiseaux, tantôt il entendait les graves paroles de Compian.

Lentement la pensée s'éteignit dans son cerveau, lentement les bruits cessèrent dans sa mémoire.

Enfin, il posa son front sur les coussins et perdit la notion de l'heure présente.

Un grand cri le réveille en sursaut.

Il se lève, et, poussé par l'instinct, se dirige vers l'appartement de sa fille.

La porte de son appartement est fermée.

Il cherche à l'ébranler, s'épuise en vains efforts, appelle, sans qu'aucune voix lui réponde, et, à demi fou d'angoisse, il entend retentir un nouveau cri, plus terrible, plus alarmant que le premier.

« Fatmé ! répéta Osmanli, Fatmé ! »

Il déchire ses ongles contre la boiserie de l'une des portes et subitement, par celle qui se trouve en face, et sans qu'il l'ait entendu ouvrir, Octoï paraît.

Un couteau est passé à sa ceinture, il tient à la main un lacet.

« Allons, dit-il à Osmanli, ton heure est venue; je pourrais te condamner à une série de supplices, remercie-moi de te traiter en visir. »

Et il va jeter le lacet autour du cou de son maître.

« Misérable ! s'écrie Osmanli, tu ne te contentes pas d'être un esclave rebelle, tu veux devenir un assassin !

— Il n'y a pas d'esclave dans ta maison... si, je me trompe, une seule, Fatmé, ta fille bien-aimée.

— Tu as osé ?...

— Je l'ai confiée à la garde de deux noirs, en qui tu avais une entière confiance, Nounou et Valmério, ils ont juré sur leurs fétiches de me garder cette part de butin et leur serment est sincère !

— Ma fille ! ma fille ! » s'écria Osmanli, en faisant des efforts désespérés pour se dégager des mains d'Octoï.

Mais l'Ethiopien était d'une force redoutable, les tentatives du négociant ne purent même ébranler le colosse noir.

« Octoï, dit Osmanli, rentre dans le devoir et j'oublierai ton crime.

— Mon crime ! dis mes représailles. Tu m'as traité en brute courbée sur le sillon, en machine obéissant à un servage; je te traite en ennemi et je me fais justice. »

Et cette fois les deux mains du noir pressèrent le lacet de soie autour du cou d'Osmanli.

Ses yeux roulent égarés dans leur orbite, sa bouche s'ouvre pour prononcer des mots qu'il ne peut formuler.

7

Puis, tout devient sanglant et noir à sa vue. Son cerveau tinte violemment, ses mains étreignent les deux bras d'Octoï, ses ongles s'y enfoncent; quelque chose de semblable à une convulsion passe sur sa face violacée.

Octoï se réjouit de l'agonie de sa victime; il insulte Osmanli, le raille et joint aux tourments du corps toutes les tortures de l'âme.

« Libre ! Octoï sera libre ! Et sais-tu quelle femme il choisira pour l'emmener dans les déserts de l'Ethiopie ? Ta fille, ta blanche Fatmé, digne du trône d'un roi ! Dans les sauvages contrées où le lion rugit, elle sera l'esclave de ton esclave, et les coups de fouet qui ont lacéré ma chair marbreront ses épaules. Chien de Musulman ! nos fétiches l'emportent sur le Prophète, et jamais tu ne goûteras dans le paradis des croyants une joie pareille à celle que j'éprouve en te voyant à ma merci ! »

Osmanli se débattait sous l'étreinte de la souffrance arrivée à son paroxysme; il tomba sur le sol comme un arbre déraciné, entraînant Octoï dans sa chute.

Celui-ci tenta vainement de se dégager de l'étreinte des bras de l'agonisant; l'étau qui pressait sa chair devenait plus étroit, à mesure que s'augmentaient les affres du supplice.

Un bruit épouvantable se fait entendre dans la salle voisine, les imprécations se croisent, des appels retentissent, des malédictions éclatent. Nicolas Compian, le visage aveuglé par le sang qui coule d'une blessure reçue au front, les vêtements en lambeaux, bondit dans la salle, saisit par les reins le féroce Octoï, lui appuie un pied sur la poitrine, et coupe, à l'aide d'un poignard, le lacet qui étrangle Osmanli, tandis que l'Éthiopien fait à Compian une morsure qui lui arrache un cri de douleur.

— Lâche ! dit-il, lâche meurtrier ! Je t'avais prévenu. Un jour, tu m'as proposé de participer à tes crimes, et je me suis tû parce que je croyais à ton serment ; une seconde fois, un breuvage empoisonné a été mis à portée de mon maître... je te soupçonnais, mais je restais sans preuves... cette fois, misérable, tu es perdu... Et cependant, si forte est mon horreur du sang, si grand est mon respect pour la volonté de celui à qui tu appartiens, que, t'abandonnant à Dieu, je dédaigne de t'enfoncer ce poignard dans le cœur. »

Osmanli revenait lentement à lui.

Par un geste rapide et avec une dextérité de marin, Compian lia les poignets d'Octoï derrière son dos, sans paraître souffrir des morsures dont celui-ci continuait à lui déchirer les bras comme une bête fauve.

Une fois lié, il le poussa contre le mur, ainsi qu'un objet immonde, et courut vers son maître.

Osmanli ouvrit les yeux.

« Ma fille ! dit-il, ma fille !

— Elle est en sûreté dans le kiosque.

— Qui l'a sauvée ?

— Moi, répondit Compian ; depuis que ce misérable avait tenté de t'empoisonner, je le surveillais. Mes nuits étaient sans sommeil ; car, pour protéger la vie de Fatmé et la tienne, je devais recourir à la ruse, plutôt qu'employer la force. J'avoue cependant que je serais arrivé trop tard pour la sauver, si ce monstre avait attenté à sa vie, mais il rêvait une vengeance plus raffinée. Les cris de Fatmé m'attirèrent... Je suivis Octoï, emportant ta fille vers l'extrémité du jardin, nous luttâmes dans les ténèbres ; pendant ce temps, Fatmé recouvrait sa liberté... Une fois enfermée dans le kiosque, elle en jeta la clef dans le lac. Son ravisseur cesse alors de lutter contre moi, et disparaît dans l'ombre... Il accourt ici... L'émeute grondait... Je parais au milieu des esclaves, résolus à mettre le feu à l'habitation ; je leur parle au nom des lois, je leur promets le pardon s'ils séparent leur cause de celle d'un criminel qui a voulu servir ses vices et sa fortune, j'accours partager tes dangers, je ne puis t'épargner que le trépas... ceux de tes esclaves qui ont entendu ma voix se battent avec acharnement contre les rebelles. Viens maintenaint, ta présence terrifiera les coupables, et tu achèveras ce que j'ai commencé. »

Osmanli appuyé sur Compian se leva et se dirigea en chanchelant vers le péristyle.

Un épouvantable spectacle frappa ses yeux.

Le sang ruisselait sur les dalles ; les mourants et les morts se confondaient.

La soudaine apparition d'Osmanli termina la lutte.

Les esclaves fidèles se rangèrent auprès du maître, les autres gardèrent une attitude haineuse et un visage farouche.

« Pourquoi vous êtes-vous révoltés ? leur demanda Osmanli.

— Nous suivions les conseils d'Octoï.

— Vous vouliez la liberté et la fortune ?

— Oui.

— Ce que vous avez gagné, c'est la mort.

— Nous la subirons sans nous plaindre, et nous savions quelles chances nous courions, dit le plus hardi.

— Voulez-vous être épargnés ? »

Tous se regardèrent, aucun n'osait parler le premier dans la crainte de paraître lâche.

L'esclave qui avait déjà adressé la parole à Osmanli s'avança :

« A quel prix ?

— Vous jugerez le plus coupable d'entre vous.

— Octoï !

— Vous prononcerez sur son sort, et vous exécuterez votre propre sentence. »

Ils se consultèrent d'une façon muette.

« La rébellion étouffée et punie par la rébellion même suffira pour ma satisfaction.

— Soit, dit l'esclave, si vous le voulez ainsi.

— Il nous a séduits, dit l'un.

— Il a guidé notre main, ajouta l'autre.

— Il est l'âme du complot ! »

Osmanli murmura à l'oreille de Compian :

« Révolte intérieure ou révolte générale, n'est-ce pas ainsi que cela se passe... Hier, Octoï était leur sauveur, maintenant il n'est plus que la cause de leur perte. J'ai horreur du sang, mais la répression est nécessaire. Si Octoï vit, demain je serai assassiné. »

Compian savait qu'Osmanli n'exagérait pas.

Octoï écumant de rage, couché à terre, immobile, les yeux convulsés, l'écume aux lèvres, frémit de tous ses membres en entendant des pas se rapprocher de la chambre dans laquelle on l'avait enfermé. L'incertitude où il était du résultat de la révolte lui permettait d'espérer encore. Dès qu'il aperçut Compian, toute idée semblable s'évanouit.

« Le maître nous donne mission de te juger, dit Asran.

— Toi, mon complice !

— Nous te jugeons et nous te condamnons.

— A ce prix vous serez pardonnés, sans doute ! faites donc, lâches esclaves, qui léchez les mains du maître encore teintes de votre propre sang. »

Octoï lui cracha à la face.

Asran ramena les débris du lacet et étrangla rapidement Octoï pendant que Nicolas Compian détournait la tête avec horreur.

X

UNE LÉGENDE.

Le lendemain du jour où s'étaient passées ces scènes épouvantables, Fatmé, pâle de l'effroi de la veille, enveloppée d'un voile de gaze assez léger pour qu'il fût possible de voir son visage, était gracieusement assise sur une ottomane.

Les oiseaux de la volière chantaient, les fleurs embaumaient l'air, des parfums, répandus d'instants en instants par des esclaves spécialement chargés de ce soin, saturaient l'air d'émanations douces.

Osmanli regardait sa fille.

Fatmé jouait avec une perruche verte qu'elle gardait sur son doigt mignon, l'agaçant de la main qui lui restait libre.

Nicolas Compian entra.

Une ligne rouge traversait son front, cicatrice de la blessure reçue la veille. Un sourire errait sur ses lèvres. Il se trouvait heureux d'avoir prouvé par sa conduite ce que la veille il affirmait au maître : j'exposerais ma vie pour sauver la vôtre.

« Osmanli, dit-il, je me rends à vos ordres, que demandez-vous de moi ?

— Dis plutôt ce que souhaite cette enfant ? La fille d'Orient, la femme de harem veut savoir ce que chez toi font les jeunes filles et les jeunes épouses. Nos contes légers ne sauraient la distraire, elle souhaite entendre les chroniques de ton pays. Sans doute tu connais de merveilleuses histoires, auprès desquelles pâlissent celles de nos conteurs... Eh bien ! réjouis Fatmé.

— Des contes, des histoires, des légendes ! dit Compian, vous oubliez que je suis un loup de mer qui n'a jamais guère eu le temps d'ouvrir nos livres de chroniques... Celles que j'en savais autrefois, ma mère me les avait appris.

— Répétes-les moi, dit Fatmé.

— Le pourrais-je ? Elle avait pour me faire ces récits une voix si douce, elle trouvait des mots si heureux, elle m'enchantait par des fantaisies si étranges...

— Cherches dans ta mémoire, oh ! cherches bien, répéta la douce fille voilée.

— Je ne connaissais pas encore l'Orient, et ce pays me semblait à travers mes rêves le plus beau, le plus poétique des pays. En relisant l'histoire de nos guerres saintes, je me sentais dévoré du désir de visiter à mon tour Jérusalem, et d'aborder sur les plages témoins de combats glorieux. Je suis venu en Orient, mais pour y faire le commerce, réaliser des achats, des échanges et des marchés. L'Orient ! je l'étudie à cette heure sur la page tachée de larmes de l'esclavage.. ce que vous voulez, Fatmé, ce n'est donc point ce que je pense, mais ce que rêvait ma fille, quand elle me faisait répéter la légende du *Sultan des fleurs*.

— Le *Sultan des fleurs* ! » murmura Fatmé.

Elle avança vers Compian sa tête pensive, et ses grands yeux noirs brillèrent sous son voile.

Le capitaine commença :

« Une fille d'Orient, pure comme les gouttes de rosée, belle comme les jeunes espérances de la vie, avait une seule et unique passion, elle aimait les fleurs

Perles et diamants n'obtenaient d'elle que des regards distraits ; ses esclaves étaient obligés de la tourmenter pour qu'elle s'occupât du soin de sa parure, mais lui parlait-on d'une plante rare, d'une graine étrangère, d'un feuillage capricieusement découpé, d'un calice pareil à un vase de parfum, elle en rêvait et ne cessait d'envoyer des messagers, de consulter les savants, d'interroger les horticulteurs, afin d'obtenir des merveilles jusqu'alors inconnues.

C'était une fantaisie charmante que celle de la douce Haydé.

Les trésors de son père s'épuisaient à la satisfaire.

Car, si les perles et les diamants ont l'éternité pour durée, les fleurs n'ont qu'un jour de vie et Haydé ne pouvait vivre sans fleurs.

Lianes couvertes de fleurs roses, daturas au puissant parfum, magnolias aux pétales de velours ; fleurs qui ont tour à tour emprunté l'azur au firmament, l'or au soleil, la pourpre au couchant enflammé ; emblèmes de tendresse, signes de deuil, tiges orgueilleusement élancées, fleurettes perdues dans l'herbe, calices bercés par les flots, grappes embaumées s'entrelaçant aux branches, Haydé faisait sa joie de ces merveilles.

Elle n'avait jamais ouvert un livre, mais son ignorance n'était point étrange dans ce pays de soleil et de paresse. Cependant son esprit, plus subtil que celui de ses compagnes, remontait des effets aux causes, et ses rêveries prenaient souvent une teinte sérieuse.

Quand elle observait les étoiles, fleurs célestes d'un paradis éthéré, quand son regard s'égarait sur l'immensité des ondes, quand elle restait des heures entières inclinée sur le calice d'une rose, elle se demandait quel Être puissant sema les soleils dans l'espace, quel Être bon et doux fit germer les fleurs.

Elle admirait la disposition spéciale de chacune, s'identifiait avec leur vie et ressentait la soif de connaître Celui qui les doua d'une vie éphémère.

Un soir, perdue dans ses songeries accoutumées, et penchée sur un bassin embelli par les calices flottants des lotus, elle pria...

Savait-elle prier ? Oui, car la prière est le mouvement qui élève notre âme vers l'objet de notre admiration.

« O vous qui créâtes toutes ces merveilles, murmura la jeune fille, Sultan des fleurs plus puissant que les rois ! vous savez combien je vous rends hommage dans vos œuvres. Nul ne me parle de vous, nul ne semble vous connaître... Manifestez-vous à une âme avide de se remplir à jamais de votre sagesse, de demeurer à jamais votre esclave. »

Fortifiée et consolée par cette invocation, Haydé rentra chez elle.

La nuit est venue ; elle est seule dans l'appartement, le sommeil ferme ses yeux.

Tandis que son corps immobile conserve la grâce de sa pose, les regards de son esprit enveloppent une céleste vision.

Une voix douce frappe son oreille.

« Je viens parce que tu m'as appelé, ô fille de l'Orient, reconnais en moi le Sultan des fleurs. »

Haydé s'étonne.

Ce Sultan des fleurs qu'elle s'imaginait voir couvert d'une pourpre royale, porte une simple robe de laine brune, sur laquelle flotte un manteau d'un azur sombre. Des cheveux blonds bouclés tombent sur ses épaules. Une douce majesté rayonne sur son visage ; la douceur est dans ses yeux, et la grâce sourit sur ses lèvres.

« Seigneur ! dit Haydé radieuse et troublée, Seigneur, vous savez que je vous aime !

— Veux-tu me suivre, Haydé ?

— Me conduirez-vous dans les jardins de votre Père ?
— Tu possèderas la moitié de mon royaume...
— Il me suffira de me voir admise au nombre de vos esclaves.
— Je n'ai point d'esclaves, mais des épouses fidèles.
— Seigneur, reprit Haydé, ô Seigneur ! dites-moi pourquoi vous portez des roses rouges dans vos mains...
— Des roses ! répéta la vision, des roses fleuries sur le Calvaire ! fleurs éternelles teintes dans le sang de l'A-gneau !
— Seigneur, elles attirent par leurs parfums mysté-rieux.
— Ces fleurs, tu les cueilleras toi-même.
— Que dois-je faire pour cela ?
— Quittes ce palais et la maison de ton père ; pars pour l'Europe, là tu apprendras ce que j'exige de toi. »

La vision disparaît dans une nuée lumineuse et Haydé s'éveille.

Il lui semble que la chambre est embaumée du parfum de fleurs inconnues.

Elle se souvient de la vision ; elle retient les dernières paroles du Sultan des fleurs ; sans parler de son projet à personne, hors à une esclave qui l'a nourrie de son lait, et qui donnerait sa vie pour elle, Haydé quitte furtivement la maison, et, enveloppée de ses voiles, elle se dirige vers le port.

On se détourne sur son passage, on la suit d'un œil charmé.

Haydé aperçoit un vieillard vêtu d'une robe de bure. Ce pauvre costume lui rappelle celui du Sultan des fleurs ; elle s'avance vers le moine, avec qui s'entretient un homme couvert d'une armure pesante ; celui-ci s'éloigne pour ne gêner en rien la jeune fille.

« Vous venez d'Europe ? demande Haydé.
— Oui, mon enfant.

— Y retournerez-vous ?

— Le vaisseau que vous voyez dans le port nous y mènera dans dix jours.

— Si vous venez d'Europe, vous connaissez le *Sultan des fleurs*. »

Le moine sourit.

« Je suis l'un de ses plus humbles serviteurs, ma fille.

— Ah ! dit Haydé en joignant les mains, permettez que je monte sur votre navire ; conduisez-moi à lui, réalisez ma vision...

— Quelle vision ? demanda le vieillard. »

Haydé raconte naïvement son amour pour les fleurs, sa prière, la vision dont elle fut favorisée pendant son sommeil ; puis soudain, désignant une médaille que le moine portait sur sa poitrine :

« Oui ! oui ! s'écria-t-elle, vous êtes vraiment un serviteur de celui qui m'appelle ; je le reconnais sur cette image, tel qu'il daigna m'apparaître.

— Bienheureux ceux qui ont le cœur pur, murmura le Père Jérôme. »

Il s'approche du chevalier et le consulte à voix basse.

Un moment après, il revient vers Haydé.

« Nous vous ramènerons en Europe, ma fille, et la femme de ce seigneur vous protégera pendant la traversée. »

Haydé suivit le moine et le chevalier jusqu'à une maison de grande apparence. Elle fut accueillie avec bonté par une femme presque aussi jeune qu'elle, citée à la cour de France pour sa modestie et sa beauté. Dix jours plus tard, suivant la parole du Père Jérôme, le navire mettait à la voile, et Haydé put se réjouir à la pensée qu'elle approchait du pays soumis au Sultan des fleurs.

Le navire aborde à Marseille.

La châtelaine conduit la jeune musulmane en face de la porte close d'un monastère, et lui dit :

« Frappe, chère fille, il te sera ouvert, et tes vœux seront comblés. »

Haydé baise la main de l'épouse du chevalier, heurte au seuil, et bientôt une femme, au visage paisible et illuminé par une joie intérieure, ouvre et demande à la jeune étrangère ce qu'elle désire.

« Connaissez-vous le Sultan des fleurs ? demande Haydé.

La religieuse sourit.

« Nous sommes consacrées à son service, répond-elle.

— Je ne suis pas trompée, alors... et voulez-vous m'ouvrir son harem ? Dans un songe, il m'a dit de m'adresser à vous... »

Haydé est conduite dans une grande salle. Des femmes vêtues comme celle qui vient de l'introduire l'accueillent avec une joie recueillie et une bonté angélique.

Haydé obtient de ne plus quitter l'asile qui lui fut désigné par son céleste Époux.

Lentement on l'initie à la foi chrétienne, mais cette douce créature persistait dans son attente naïve ; le Maître des fleurs lui avait promis de se révéler à elle elle l'attendait avec une impatience croissante.

Si elle s'étonnait et s'affligeait des lenteurs de ce fiancé divin, la supérieure la calmait doucement ; Haydé, née dans le pays où le discours emprunte le plus souvent la forme de la parabole, ne comprenait point le sens mystique des promesses de ce Roi adoré ! Elle obtint seulement qu'on lui confierait le soin des jardins.

Elle seule cultivait les lis destinés à l'autel de la Vierge, c'était elle qui moissonnait les roses rouges devant orner l'autel et embaumer les pieds du crucifix. Elle composait des bouquets mystérieux comme les *selams* de son pays où chaque fleur possède un langage. Ce qu'elle ne réussissait pas à traduire par des paroles au Maître souverain, elle le lui disait dans l'arrangement de ses bouquets symboliques, elle le traduisait en entourant son autel de fleurs élancées aspirant au soleil qui vivifie et qui attire; la vie d'Haydé elle-même n'était-elle pas un symbole ?

Les mois se passèrent.

Un voile de fiancée fut jeté sur les cheveux noirs d'Haydé. Elle prononça des vœux, et son doux nom fut changé pour un nom céleste : sœur Marie-du-Calvaire.

Lentement elle pénétra le sens des promesses du Sauveur et comprit sa révélation mystérieuse.

Si elle cessa de le nommer le Sultan des fleurs il continua d'être pour elle le créateur de ces merveilles de la terre et son culte pour le Christ se manifesta toujours par le soin avec lequel elle para ses autels et effeuilla des roses sous ses pas quand il passait voilé le long des grands cloîtres cachant sa majesté sous la forme la plus humble. Elle croyait lui prouver plus de vénération et plus d'amour en demeurant fidèle à son culte des fleurs, voie mystérieuse qui l'avait conduite à la vérité.

Les religieuses éprouvaient pour sœur Marie-du-Calvaire une amitié tendre approchant de la vénération.

La vierge d'Orient gardait en elle quelque chose de mystérieux et de surhumain auquel peu de personnes résistaient.

Le chapelain la regardait comme une sainte.

Elle ne possédait pourtant que la science des petits et des humbles. Sans manquer d'intelligence, elle apprenait peu de chose. La contemplation prenait toutes ses heures, et nulle religieuse n'avait le courage d'arracher sœur Marie-du-Calvaire au pied des autels pour lui enseigner un lambeau des sciences humaines : Dieu, dans ses mystérieux entretiens, ne lui apprenait-il pas ce que jamais les hommes n'enseignèrent.

Sans cause apparente, sans qu'une maladie se déclarât

on s'aperçut bientôt que la jeune religieuse languissait d'une façon alarmante.

On lui demanda si elle souffrait.

Elle répondit : non, avec un gracieux sourire.

Plus elle s'affaiblissait, plus son amour pour les fleurs semblait croître ; malgré son état de langueur, elle abandonnait le jardin avec peine.

Le médecin répétait vainement que des parfums trop vifs devenaient contraires à cette nature nerveuse. Haydé ne comprenait pas, et répétait en souriant :

« Le Christ me conduira dans les jardins de son Père.»

Bientôt il lui devint impossible de les cultiver, de verser l'eau à leur tige altérée.

Elle se traînait chancelante dans les allées, regardant les fleurs qu'elle avait tant aimées, et songeant à celles qui ne se fanent pas.

Une novice soutenait les pas de la religieuse, et parfois, saintement curieuse, elle la priait de lui répéter la prière qu'elle avait prononcée en Orient auprès du bassin de lotus.

Un soir, à l'heure où le soleil disparaît, où toutes ces senteurs sont plus vives, où s'allument les premières étoiles, sœur Marie-du-Calvaire s'évanouit dans les bras de la jeune fille qui l'accompagnait.

Elle ne devait plus quitter sa cellule.

Mais ses sœurs en religion comprenaient trop son mystique attachement pour les fleurs, pour la priver du bonheur d'en avoir sans cesse autour d'elle. La chambre d'Haydé fut ingénieusement transformée. Des massifs odorants occupèrent les angles, des branches flexibles entourèrent la fenêtre ; chaque matin un feuillage nouveau recouvrait le sol.

Sœur Marie-du-Calvaire n'avait plus que le souffle.

Sur son visage et dans ses yeux se lisait une joie ineffable.

Mourir ! n'était-ce pas arriver au comble de tous ses vœux ?

La cloche tinte lentement, doucement ; ses notes sont pures et cristallines. Elle ne s'afflige pas, la cloche du monastère, car la fille d'Orient qui meurt est une vierge chrétienne, une vierge sage tenant à la main sa lampe allumée, et s'avançant rayonnante vers le royaume éternel.

Le prêtre revêt les habits sacerdotaux. Dans la cellule se pressent les épouses du Christ. Un groupe de novices précède l'aumônier.

Le prêtre tient le saint ciboire.

Les jeunes filles effeuillent des roses.

Haydé, dressée contre les oreillers, les mains jointes, suit les progrès de la cérémonie auguste.

«Ma fille, ma sœur, lui dit le prêtre, voici l'Agneau de Dieu. Celui qui vous a appelée... qui vous a élevée... Votre attente a été longue... pendant dix années vous avez tendu les bras vers la sainte montagne... Mais il vient vous chercher, ce fiancé céleste entrevu dans une vision, l'heure de le suivre est arrivée... vous mourez pour revivre, en vous quittant nous ne vous pleurons pas ! »

Haydé joint les mains ; le prêtre dépose sur ses lèvres le pain mystique, et la jeune fille, croisant ses bras sur son cœur, demeure, absorbée dans une muette extase.

Elle ouvre les yeux...

Son regard fixe un angle de la cellule.

« C'est lui ! s'écrie-t-elle, je le reconnais... c'est le Sultan des fleurs de la vision, le Christ aimé et connu dans ce saint monastère... les plaies de ses mains brillent plus vives, il me présente une couronne... adieu mes sœurs, adieu ! »

Sans pousser un soupir, elle expira.

Alors, on s'aperçut qu'elle portait au doigt une bague formée d'une pierre précieuse inconnue, et que sur sa tête une main invisible avait posé une couronne de roses.

Et ici finit la légende du *Sultan des fleurs*, » ajoute Nicolas Compian en s'adressant à Fatmé.

« Eh bien ! demanda Osmanli en prenant la main de l'enfant, tu voulais un récit d'Europe, en voilà un, beau comme un conte de houri !

— Mon père ! mon père ! » s'écria la jeune fille.

Elle n'en put dire davantage, et tomba tout en pleurs dans ses bras.

Compian se leva.

« Je crois que la scène d'hier a fortement ébranlé cette nature nerveuse et délicate, dit-il. Appelez les femmes de Fatmé. J'ai abusé de sa patience et de la vôtre. »

La tête plongée dans les coussins, Fatmé continuait de pleurer à sanglots.

XI

NOSTALGIE.

A partir de ce jour un voile de deuil s'étendit sur la maison.

En vain, Osmanli multiplia tous les moyens pour distraire sa fille du marasme dans lequel elle tomba. Toutes ses tentatives échouèrent.

Ce que Fatmé avait aimé lui devint insupportable. Elle négligea sa parure, affecta de porter des étoffes sombres et des habits d'une forme sévère. Elle ne mettait ni fleurs ni diamants dans ses cheveux, s'enquérait mystérieusement de la façon dont s'habillaient les femmes d'Europe, et finit par supplier son père de la dispenser de porter un voile.

Osmanli souleva des objections.

« Quel homme te prendra pour épouse, dit-il, s'il apprend que des giaours ont vu ton visage ? »

Fatmé rougit.

« Je ne me marierai jamais, » dit-elle.

Osmanli la regarda avec l'expression du reproche.

Et de nouveau la jeune fille fondit en pleurs et se serra contre la poitrine de son père.

Les fleurs qui faisaient jadis le charme de la Maison des Roses furent non-seulement négligées, mais bannies;

leurs parfums et leur vue irritaient Fatmé ; les oiseaux encoururent aussi sa disgrâce ; quelques-uns moururent faute de soins ; Fatmé donna les autres à ses esclaves.

Les instruments de musique laissaient pendre tristement des cordes brisées ; tout indiquait cette douleur latente, flétrissant tout et tirant de toute chose une note désolée.

Fatmé ne cherchait plus qu'une seule distraction.

Chaque jour elle voulait entendre de la bouche de Compian un récit nouveau, quelque ballade oubliée au fond de sa mémoire.

Un jour elle souhaita apprendre la langue de France, et Compian commença à lui en enseigner les premiers éléments.

Au bout de quinze jours, sans motif apparent, elle déclara qu'elle ne continuerait pas.

Sa santé s'affaiblissait, elle devenait pâle ; couchée tout le jour sur des coussins, elle refusait les promenades à cheval ou les courses dans les caïques légères. Osmanli la questionnait vainement. Une mère aurait deviné ce qui se passait dans son âme, mais Osmanli n'y sut pas lire, et l'âme de la jeune fille dévora une douleur silencieuse, trop lourde pour sa jeunesse.

Le père au désespoir offrait la moitié de sa fortune à qui guérirait sa fille.

Cette maison riante, dans laquelle résonnaient jadis les sons des instruments, les joyeux éclats de rire, s'assombrit comme une tombe.

On manda des médecins renommés.

Les jongleurs, les sorciers, les évocateurs du pays épuisèrent leur vaine science.

Parfois, Osmanli désespéré priait Compian de chanter à sa fille des ballades de Provence, de lui dire quelque récit animé de cette poésie qu'elle avait trop aspirée, le jour où le capitaine lui parla d'Haydé, éprise du Sultan des fleurs. Alors, Fatmé semblait revivre; l'instant d'après quand elle se trouvait seule, le poids de la tristesse l'alourdissait encore.

Le service de la Maison des Roses s'exécutait en silence.

Il semblait que l'âme de cette demeure fût prête à s'exhaler.

Osmanli versait des larmes ; pour retrouver le courage et l'espérance, il se rapprochait de Nicolas, et lui demandait à la fois la consolation et les conseils.

« Que voulez-vous de moi ? lui dit un jour Compian avec amertume. Pourquoi implorez-vous le secours de celui dont l'âme est plus ulcérée que la vôtre ? Fatmé pâlit et s'incline vers la tombe, dites-vous? Mais ma fille, à moi, ma bien-aimée Marthe ; sais-je si elle vit encore !

— Au moins, tu possèdes plusieurs enfants, toi !

— C'est-à-dire que je puis sentir mon cœur plus déchiré que vous. Oui, j'ai trois enfants et une compagne, et par chacun de ces biens s'accroît mon martyre.

« Ce n'est pas tout encore, Marthe devait épouser le fils d'un de mes amis, ce projet d'union est brisé désormais... Si Gaspard perdait la somme que je lui ai prêtée, ma famille serait réduite à la misère... Tout ce qu'un homme peut subir d'épreuves, je l'endure à la fois. Mon cœur de père et d'époux se déchire tellement que mon âme de chrétien reste abattue et broyée. Pendant les heures de la tempête et les jours de captivité à bord de l'*Arasfiel*, je soutenais mes misérables compagnons... La tâche était facile... Il ne fallait supporter que des dangers et des mauvais traitements ; maintenant le fardeau moral m'écrase, et je sens que je m'épuise à le porter.

— Je te plains, dit Osmanli.

— Tu me plains, dis-tu ! que ta pitié devienne efficace

pour obtenir du ciel que ta fille te soit rendue, prends pitié d'un père au désespoir... Je ne demande pas ma liberté comme un don, j'implore le droit de me racheter... Fixe un chiffre, si élevé qu'il soit... Permets-moi de partir afin de recueillir la somme exigée, et si j'échoue, si mes sacrifices et ceux de ma famille demeurent impuissants, je reviendrai prendre mes chaînes.

— Jamais un homme ne fit cela, dit Osmanli.

— Tu te trompes, la foi jurée est la seule garantie exigée par les gens de cœur. En veux-tu un exemple ? Un homme d'origine plébéienne obtint à Rome le consulat, 267 ans avant notre ère, il subjugua les Salentins en Italie, puis suivi de Vulso il porta la guerre en Afrique. L'une des plus grandes batailles navales dont l'histoire fasse mention fut livrée à Ecnôme près d'Agrigente, par les cent quarante et un navires romains, et la flotte carthaginoise, composée de trois cent cinquante navires, montés par cent cinquante mille hommes. De Clupea, où les deux consuls débarquèrent, ils se répandirent dans toute l'Afrique ; plus tard, quand Manlius Vulso ramena en Italie une partie de l'armée expéditionnaire, son collègue continua la guerre avec succès, se rendit maître de Tunis et y passa l'hiver. On entama des négociations pour la paix. Elles échouèrent. Le fier Romain refusa de modifier les conditions hautaines qu'il avait posées. Il exigeait la soumission complète et absolue des Carthaginois, qui devaient en outre abandonner aux vainqueurs la Sicile et la totalité de leur flotte. Les Carthaginois en face de pareilles exigences résolurent de continuer la guerre, et le Spartiate Xantippe à la tête d'une troupe de mercenaires grecs, battit l'armée romaine. Leur chef, fait prisonnier, demeura à Carthage jusqu'à ce qu'une victoire remportée par Cœcilius Métellus décidât les Carthaginois à envoyer le captif à Rome pour y traiter des conditions de la paix. Il s'engagea à revenir si les négociations échouaient. Il avait donc intérêt à les faire aboutir et sa parole gardait assez de poids pour décider la grande question de la paix. Le sénat penchait pour la cessation de la guerre, mais le captif digne d'être Romain, et ne songeant qu'à la gloire de Rome, dissuada ses concitoyens de cesser la guerre, releva le courage de tous, vit adopter son opinion et se rembarqua pour Carthage où il devait subir un horrible supplice. Les larmes de sa famille, les prières du peuple, rien ne put e retenir, et les Carthaginois, sans respect pour cet héroïsme, lui coupèrent les paupières, l'attachèrent en croix, et finirent par l'enfermer dans un tonneau hérissé de pointes de fer, qui, du sommet d'une montage, roula jusqu'en bas, broyant et déchiquetant le corps du héros. On le nommait Régulus.

— Il s'agissait de la patrie, dit Osmanli.

— Soit ! tu n'es pas convaincu encore que le serment est sacré pour l'homme de cœur. Il te faut d'autres preuves, je les chercherai dans des sentiments plus doux. Deux amis, deux sages, appartenant à une secte religieuse antique, celle des Pythagoriciens, semblaient n'avoir entre eux qu'une pensée et qu'une âme : leur vertu et leur amitié faisaient l'admiration de tous et excitaient la jalousie de plusieurs. Ne pouvant les charger d'aucun crime, on les calomnia. Pythias, l'aîné des deux, fut accusé d'avoir conspiré contre Denys le Jeune, roi de Syracuse. Comme ils n'avaient qu'un cœur, les deux amis mettaient en commun des biens dont Pythias gardait l'administration. Sa mort pouvait ruiner Damon. Il supplie Denys de lui permettre de s'absenter le temps nécessaire pour régler les affaires d'intérêts, et un délai de quelques jours lui est accordé à la condition qu'il laissera Damon en ôtage, et que celui-ci subira le trépas à l'heure indiquée, si son ami n'est pas de retour. Damon accepte cette condition. Pythias part. Les courtisans de Denys accablent de railleries l'ami confiant. Quelle apparence que Pythias revienne subir la mort ! L'affection de Damon pour Pythias est si grande qu'il souhaiterait que les calomniateurs eussent raison. Il se réjouit de l'absence prolongée de son ami ; mourir pour lui serait doux à ce héros de l'amitié. Les jours s'écoulent, l'heure sonne, le supplice est prêt. Damon, impatient de mourir, fend la foule des soldats pour arriver plus vite à l'échafaud. Il tremble que le retour de Pythias lui enlève la joie de lui sauver la vie... le glaive est levé... Un cri retentit... c'est Pythias qui revient ! Il réclame la mort à laquelle seul il a droit... Un combat de générosité s'engage... chacun des deux amis demande le trépas comme une grâce, et Denys de Syracuse, vaincu par cette amitié rare, et admirant le respect de la parole donnée, les supplie de vivre, en réclamant une part de leur amitié. L'histoire ajoute que Pythias et Damon ne l'en trouvèrent pas digne.

— Cette fois, objecta Osmanli, si Pythias avait manqué à son serment, un homme mourait à sa place. Ni Régulus ni le philosophe ne sont esclaves d'une simple parole.

— Eh bien ! fais-moi subir cette épreuve. Me crois-tu moins digne de foi que le Romain et le philosophe de Syracuse ? Leur stoïcisme dépréciera-t-il la valeur de mon serment de chrétien. Si tu as aimé ta compagne, si tu souffres de la douleur latente de Fatmé, comprends mes angoisses et laisse-moi partir.

— Tu sauras demain ma réponse, » dit le maître.

Osmanli va trouver Fatmé.

La jeune fille abattue, maladive, essaya de sourire en voyant entrer son père.

« Je viens te consulter, lui dit-il.

— Moi, mon père.

— Il s'agit de Nicolas Compian.

— Je vous écoute, dit-elle, en ouvrant ses grands yeux tristes.

— Il demande à partir.

— A partir ; lui ! y songez-vous, mon père ?

— Dans son pays, sa fortune est immense. Il offre de se racheter.

— Quel prix vaut un pareil esclave, mon père ! Mais que dis-je, Compian n'est pas un esclave, vous le traitez en ami, il m'a sauvée, vous lui devez la vie... Il ne faut pas, il ne faut jamais qu'il parte ! N'êtes-vous point assez riche, et sa rançon est-elle nécessaire à vos coffres! D'ailleurs, il est heureux ici ! La tâche ne lui est point faite trop lourde... Que veut-il de plus, de quoi se plaint-il ? que peut-il regretter ?

— Il veut la liberté, il se plaint de ne plus respirer l'air de sa patrie, il regrette sa compagne et sa fille.

— Ah! il souffre et pleure, s'écria Fatmé dont les yeux étincelèrent, je n'éprouve aucune pitié de ses larmes et de ses tortures, mais, moi aussi, je languis sans que personne me console et veuille me guérir !

— Hélas ! dit Osmanli, n'ai-je point tout tenté.

— Tout! répéta-t-elle avec amertume.

— Que faire encore ?

— Rien ! rien ! mais Compian ne partira pas, je m'y oppose, si vous m'aimez, jurez-moi de refuser ce qu'il demande, jusqu'à ce que j'aie avec lui un entretien. Je lui parlerai, moi, moi seule, et après.., après, s'il veut s'en aller encore, mon père, vous agirez selon votre vouloir.

— Si je te fais cette promesse, seras-tu contente ?

— Je deviendrai paisible. »

Osmanli baisa le front de sa fille et sourit.

Vers la chute du jour, Compian, mandé chez Fatmé, se rendit à ses ordres.

Ce que lui dit la fille du marchand de Tripoli demeura

un mystère pour Osmanli, mais, après que le Marseillais se fut retiré dans la petite salle qu'il habitait, Fatmé annonça d'une voix douce à son père qu'il pouvait permettre à Compian de se rendre dans sa patrie afin d'y chercher le prix de sa rançon.

« Merci, mon enfant, s'écria Osmanli, il m'en coûtait tant de repouser sa prière. »

Le lendemain, Nicolas Compian vit venir à lui le maître et sa fille.

Fatmé était strictement voilée.

« Que tes désirs soient remplis, dit le musulman, il ne sera pas dit qu'Osmanli est ingrat. Rends-toi à Marseille; je t'accorde six mois pour réunir une rançon de deux mille piastres. Si au bout de ce temps elle n'est pas complète, tu reviendras remplir dans cette maison l'office dont tu étais chargé. Je ne puis faire des vœux pour que tu réussisses, car je regretterais vivement de te perdre, mais il m'est impossible de te refuser.

— Je partirai donc, dit Compian, et je te jure sur ma foi de chrétien de revenir dans six mois reprendre mes chaînes, s'il m'est impossible de te restituer le prix que tu as payé à Ben-Sadoc.

— Prends cette bourse, elle suffira pour tes frais de voyage. Un vaisseau met demain à la voile, ta place y est retenue. Le croyant se fie à la parole de l'adorateur de Jésus.

Compian lève la main vers le ciel pour le prendre à témoin de la sainteté de sa promesse.

Puis, cédant à la reconnaissance qui l'anime, il tombe aux pieds de son maître, baigne ses mains de larmes, bénit Fatmé de s'être montrée généreuse, et court sur le port, afin de traiter avec le capitaine.

Fatmé s'enferme chez elle, et défend aux esclaves de la troubler dans sa solitude.

La somme qu'Osmanli lui avait remise suffit amplement à Compian pour payer le prix de sa traversée.

Le lendemain, son maître l'accompagna jusqu'au navire; Fatmé refusa de lui dire adieu. Osmanli tenta de questionner Compian; celui-ci se montra impénétrable; mais ce fut avec une véritable tendresse qu'il posa sur son cœur les mains d'Osmanli.

Compian est sur le pont. La brise se lève, la manœuvre est commandée; Osmanli, debout dans une caïque, suit des yeux le navire prenant le large et salue une dernière fois Compian tendant ses bras vers lui, et lui désignant le ciel.

Que ce navire marche lentement vers le but désiré! jamais les vagues n'ont si mal secondé les efforts du vent.

Le fin voilier qui porte Nicolas Compian, paraît à celui-ci plus lourd que toute une flotte. Il dévore l'espace par la pensée, il donnerait dix années de sa vie pour entendre crier : terre! et pour toucher au port de Marseille.

Il ne fait que de joyeux rêves; son imagination ne lui présente que de joyeux tableaux.

Il voit la grande salle sombre, la table autour de laquelle se groupe la famille... les visages aimés sont couverts d'une pâleur touchante. La douleur plane sur la maison. Les serviteurs portent le deuil comme les maîtres. Rien ne peut égayer cette tristesse; la fortune même ne semble qu'un poids importun; Gaspard ne parvient pas à leur rendre l'espérance; de ses lèvres muettes on voit qu'un seul nom est prêt à jaillir.

Il frappe; un serviteur, vieilli dans sa maison, lui ouvre; Compian, d'un geste, lui ordonne de garder le silence... Il se précipite dans la salle... Quatre cris de joie sortent des cœurs désespérés, quatre têtes chéries s'offrent à ses baisers.

Il a reconquis sa joie, sa félicité, sa richesse.

Qu'est pour lui la somme demandée par Osmanli?

Il doit posséder le centuple dans ses coffres. Gaspard, sans nul doute, a réglé les affaires de son commerce en même temps que celles de sa banque. Victor est intelligent et l'aura secondé. La rançon pourra être expédiée à Osmanli par le prochain départ d'un navire marseillais, et Compian aura reconquis son bonheur.

Depuis son départ, Marthe est embellie encore ; il trouvera Lazare grandi, et Victor sera désormais pour lui un ami et un compagnon.

Si Madeleine a pleuré, si ses joues restent pâlies, si ses yeux gardent la trace des larmes versées, comme elle effacera ces vestiges de la douleur. Elle lui devient deux fois plus chère depuis qu'elle porte son deuil, et prouve, par ses regrets, un amour dont il n'a jamais douté.

Appuyé sur la balustrade du navire, l'œil fixé devant lui, comme s'il espérait apercevoir, le premier, la plage évoquée, et distinguer déjà la maison chérie, Nicolas Compian demeurait absorbé dans ses rêves de félicité future. Les joies du passé répondaient de l'avenir. Il avait tant souffert qu'il attendait la rémunération de la Providence promise à ceux qui ont beaucoup pleuré !

Il envie les ailes de l'oiseau, la course rapide des nuages, il lui semble que jamais il n'arrivera assez vite !

N'en est-il point toujours ainsi de nous, en dépit de la désillusion qui nous guette au passage, et de la douleur dont les ongles nous déchirent à l'heure où nous attendons les sourires de l'amitié, les effusions de la tendresse, et les bénédictions de ceux que nous fîmes heureux.

XII

L'EX-VOTO.

Lorsque le *Centaure* disparut aux yeux de Madeleine et de ses enfants, qu'il devint impossible de distinguer dans la brume les signaux d'adieu du capitaine, la jeune femme, soutenue jusque-là par son héroïque courage, perdit la fermeté dont elle avait fait preuve et fondit en larmes.

Marthe penchée sur son épaule lui parlait bas et doucement.

« Il a promis de revenir dans trois mois, disait-elle, mère ! ne dois-tu pas attendre sans crainte ?... Mon père a toujours été heureux... Il nous sera rendu... Vois, nous le regrettons aussi, nous étouffons nos larmes, pourtant... tu nous restes, tu le remplaceras... »

Madeleine embrassa sa fille, pressa la main de Victor, et attira Lazare sur sa poitrine.

Julien et Gaspard assis à l'autre extrémité de la barque gardaient un profond silence.

Le vieux banquier se reprochait d'être cause d'une douleur semblable ; le jeune homme eut sacrifié sa vie pour épargner à Marthe et à Madeleine le chagrin qui les brisait.

Pendant un moment son regard rencontra le regard

noyé de la jeune fille ; il exprimait un respect mêlé à une si grande angoisse qu'elle en fut vivement touchée.

« Monsieur Julien, dit-elle, et vous, mon bon ami Gaspard, venez donc répéter à ma mère qu'elle doit être sans crainte. »

Le jeune homme et le banquier se rapprochèrent.

« Le voyage commence sous d'heureux auspices, Madame, la mer est belle et le vent est bon.

— Vos larmes me sont un cruel reproche, dit Gaspard, souvenez-vous que j'ai voulu refuser le sacrifice de Compian.

— Nicolas a rempli un devoir. Vingt fois déjà il est parti, et jamais ma peine n'a été si vive. La secousse est rude, voyez-vous... Ne m'en veuillez pas, monsieur Gaspard... Mon mari serait à terre, dans notre chère maison, que je lui dirais : Va, ton honneur est engagé, tu acquittes une dette... Mais il venait de me dire : Pour jamais je reste près de vous ! Nous avions bâti de beaux projets et je les vois à vau-l'eau... Non ! non ! ajournés seulement... Dans trois mois le bonheur de le revoir compensera toutes ces larmes... Marthe, essuies tes yeux ; mon petit Lazare, cesse de sangloter... Je vous dois à tous l'exemple du courage, j'en ai, ah ! j'en ai ! »

Et la pauvre et vaillante Madeleine fit un effort afin de se roidir contre sa douleur.

Elle réussit à prendre l'apparence de la tranquillité, mais son âme n'en resta pas moins troublée.

Gaspard et Julien la ramenèrent chez elle.

Elle tendit la main au jeune homme.

« Ce soir, dit-elle, tous ceux qui aiment le cher absent vont prier avec nous pour lui. »

Les serviteurs entrèrent.

Il était d'usage dans la famille de Nicolas Compian, de faire en commun la prière ; à l'heure où l'on s'agenouillait devant Dieu, maîtres et serviteurs devenaient égaux.

Le vieux Thomas qui avait vu naître Madeleine s'avançait le premier. Son honnête physionomie, ses cheveux blancs le faisaient tout de suite remarquer ; Maximienne, la servante au geste vif, à l'œil gai, à la bouche riante, venait ensuite, tandis qu'une vieille femme proprette, maigre, soigneusement vêtue, se plaçait dans l'angle le plus obscur de la salle.

Madeleine se prosterna.

Les enfants, Julien et Gaspard l'imitèrent.

« Mon fils, dit Madeleine, votre père en partant vous a chargé de tenir sa place, il vous appartient donc de faire la prière à haute voix. »

Victor se sentit profondément ému.

L'attendrissement brisait son accent ferme d'habitude ; son cœur y faisait vibrer ses palpitations, et cette prière dut être entendue par les anges de la famille, car jamais invocation aussi fervente ne sortit d'âmes plus pures pour arriver au ciel.

Et pourtant, même après cette prière, si Madeleine se sentait plus près de Dieu par la résignation, elle ne renaissait pas à l'espérance et ne sentait diminuer aucune de ses inquiétudes.

Gaspard et Julien se retirèrent.

Madeleine coucha Lazare dans son berceau et l'enfant rêva que son père lui amenait prisonnier l'un des trois rois mages que la tradition fait venir du fond de l'Ethiopie à la bourgade de Bethléem.

Le lendemain, la maison reprit sa marche accoutumée. Le caissier et Victor suffisaient pour la direction des affaires importantes ; de nombreux commis, chargés des écritures, des emmagasinages, continuaient leur tâche accoutumée. Le zèle de chacun redoubla. On tenait à cœur de prouver à Madeleine le dévoûment dont Compian était l'objet. Gaspard venait à la fin de la journée s'informer de ce que l'on avait fait, donner quelques conseils, distribuer des éloges, et rendre un peu de consolation et de joie à Madeleine en lui parlant de son mari.

Un bâtiment étant revenu de Tripoli, Madeleine envoya Victor vers le capitaine, afin de s'informer s'il n'avait point vu le *Centaure*.

On répondit négativement.

Les jours se passaient avec lenteur, le premier mois s'acheva ; il parut interminable.

On ne pouvait cependant attendre encore une lettre de Compian, et il était probable que, pressé d'en finir, il reviendrait à Marseille, sans qu'une missive le précédât.

Six semaines s'écoulèrent ; la tristesse diminuait, Madeleine secouait ses préoccupations douloureuses. Elle multipliait les soins intérieurs, afin de rendre plus courtes les heures de l'attente. Il fallut changer la disposition de l'appartement de Nicolas. Le bureau abandonné à Victor prit un nouvel aspect. Le second étage de la maison fut tendu, peint, doré, réparé ; on le réservait pour Marthe, et la mère songeait au bonheur de sa fille. Julien avait pris une part si vive au chagrin de Madeleine, à celui de Marthe, qu'à partir de l'heure où Nicolas quitta Marseille, il fut véritablement adopté.

Le bonheur paisible qu'elle préparait à sa fille, la tendresse chaste des deux jeunes gens, l'arrachèrent pour trois semaines à ses idées inquiètes. Mais enfin tout s'acheva, même le nid du nouveau ménage. Le trousseau de Marthe remplissait les armoires ; le *Livre de Raison*, relié de velours blanc et clouté du plus fin corail, reposait à côté du livre de prières : l'un devait contenir l'histoire de toute une vie, l'autre parlait du ciel.

Le jour où s'achevèrent les trois mois fixés par Compian pour son retour toute la famille se rendit à Notre-Dame de la Garde.

Le temps était doux, la vague limpide, on distinguait au loin des voiles blanches comme les ailes des mouettes, triste oiseau que balance l'orage.

Quand Madeleine fut arrivée sur la terrasse d'où l'œil embrasse un panorama admirable, il lui sembla qu'elle devait voir bondir sur les vagues l'indomptable *Centaure*, et reconnaître la fière allure du navire de Compian.

Mais elle n'aperçut que l'espace et deux azurs également profonds confondus dans le lointain.

La chapelle était silencieuse.

La madone rayonnait sous les diamants dus à la munificence des reines; Marthe et Madeleine formaient des vœux ardents, Lazare répétait ce qu'il savait de prières, et les pèlerins allaient redescendre la côte ardue, quand un grand mouvement se fit autour d'eux. Des voix montaient d'en bas, tumultueuses, pressées, quoique assourdies par le respect. Une longue procession de marins en vareuse, de femmes et d'enfants, se déroulait sur la route, qui, contournant la montagne, tantôt se déployait majestueusement et tantôt disparaissait.

Madeleine demeura appuyée contre le parapet de la terrasse.

Gaspard et Victor, plus rapprochés de la route, se trouvaient placés de façon à mieux voir les pèlerins dont le nombre grandissait de minute en minute.

Marthe tenait la main de Lazare, et maintenait ce turbulent enfant qui, révolté, pleurant, redoublait d'efforts pour échapper à sa sœur et courir au devant de la procession.

En avant des marins qui suivent la route de Notre-Dame de la Garde, un objet d'une forme gigantesque, disparaît à demi caché par un lambeau de toile grossière.

Des débris de vergues l'environnent

Ce trophée funèbre, preuve d'un miracle de la Vierge, est apporté au pied même de son sanctuaire.

La curiosité de Victor est excitée par le grand concours du peuple. Cet *ex-voto* étrange répand une majesté puissante sur la cérémonie. Il n'a point paru aux naufragés qu'il serait suffisant de venir brûler à l'autel miraculeux quelques livres de cire, ils portent les témoignages de la protection de Madame la Vierge, et suivent pieds nus le radeau de la Providence.

Victor s'avance, regarde...

Il se penche encore. Il a mal vu, sans doute... Cela n'est pas, cela ne peut pas être... Puis, brusquement, enveloppant sa mère de ses bras, il pose une main sur ses yeux.

« Par pitié, lui dit-il, viens, ne regardes pas. »

— Qu'y a-t-il ? demande Madeleine... Quel spectacle veux-tu me cacher... Ces marins vont bénir Dieu d'avoir accompli un prodige, demain ce sera notre tour... »

Victor ne répond rien. Il tente d'entraîner sa mère. La foule compacte, que la petite église ne peut contenir, se presse sur la terrasse, comme le groupe formé par Victor, Marthe, Madeleine, Julien et Gaspard ; Lazare est dans les bras du négociant.

Tout à coup un chant éclate, chant céleste que l'on dirait apporté par les anges ; et au moment où les premières notes de l'*Ave Maris stella* montent vers le ciel, la voile déchirée qui couvrait l'épave tombe aux yeux de la foule.

« Le *Centaure*, la figure du *Centaure*. »

Ces mots frappent Madeleine comme un coup de foudre. Puis le sentiment qui nous porte à vouloir connaître le mot de notre destinée, la pousse en avant, malgré les efforts de son fils et les prières de Gaspard.

Elle fend la presse, elle prie, elle ordonne, elle passe.

Son nom prononcé par quelques-uns lui ouvre un chemin.

Elle voit, elle reconnaît la figure ornant la poupe du navire de Nicolas ; plus de doute, le vaisseau a péri... Mais les marins sont sauvés... ces pèlerins... Oh ! Dieu est bon, il a sauvé son époux... Compian revient au jour dit. Avant de frapper à sa porte, il entre dans la maison de Dieu, Dieu qui le garde à sa famille, à sa fille, à ses fils... Par une Providence spéciale, il les réunit tous sur cette colline, en quittant l'autel, il tombera dans leurs bras.

Elle poursuit sa route, l'image du *Centaure* cesse de l'effrayer ; elle passe en une seconde de l'excès du désespoir à une confiance absolue.

Marthe et Victor la suivent : le peuple qui les connaît et qui les aime, baisse la tête et garde un silence attristé.

Madeleine arrive jusqu'aux femmes prosternées dans l'église.

« Place ! dit-elle, place ! à la femme de Nicolas Compian ! »

Elle approche de l'autel, fixe un œil égaré sur les deux hommes sauvés du naufrage, et ses deux mains se crispent sur le bras de Gaspard.

Les deux pèlerins sont Jacques Tonnerre le mutilé et le pauvre petit Feu-Saint-Elme.

Madeleine laisse achever l'*Ave Maris stella*, mais quand les dernières notes du chant pieux s'éteignent, elle dit d'un accent impossible à rendre :

« Un *De Profundis* pour l'âme de Nicolas Compian. »

La foule qui se levait retombe à genoux.

Et seule, debout, la femme qui se croit veuve, récite ce psaume de la douleur.

Ses forces sont épuisées, elle chancelle, Jacques Tonnerre avance pour la soutenir la seule main qui lui reste, tandis que le mousse répète :

« Maître Compian vit peut-être, par la grâce de Notre-Dame. »

Madeleine secoua la tête.

« Pauvre enfant, dit-elle, tu veux me tromper par pitié pour ma grande douleur.

— Non pas, reprend Jacques Tonnerre, non pas, j'en fais le serment sur l'épave du *Centaure*, nous ignorons quel est à cette heure le sort du capitaine. Voyez ce lambeau, continue l'héroïque marin en déroulant les plis du pavillon qu'il a noués en ceinture ; à l'heure où je crus perdus le navire et l'équipage, je m'en enveloppai pour ne pas le voir déshonoré par les Turcs.

— Les Turcs, murmura Madeleine, vous avez été attaqués par les Turcs ? »

Jacques Tonnerre, Feu-Saint-Elme, et la famille de Nicolas Compian avaient quitté l'enceinte de la chapelle ; ils se trouvaient maintenant sur la terrasse. A droite de la porte de l'église, la gigantesque sculpture du navire dessinait sa forme étrange sur les murs noircis de la citadelle, le peuple qui avait suivi les naufragés moitié par dévotion, moitié par curiosité, se pressait auprès d'eux. Entourée de ses enfants et soutenue de ses amis, Madeleine offrait la plus navrante image de la douleur humaine. C'est à l'heure où elle venait redemander son mari à Dieu qu'elle apprenait sa perte. Quand elle cherchait du regard sa voile à l'horizon, elle découvrait la dernière épave de son navire.

Jacques Tonnerre, monté sur quelques blocs de pierres, dominait la foule avide de détails.

Il appuyait sur Feu-Saint-Elme son bras mutilé.

Tous les regards se fixaient sur lui.

« Pour lors, commença-t-il, nous étions en pleine traversée, quand le vent changea. La brise, de belle qu'elle était, devint forte, puis grande... on sentait l'ouragan, et la manœuvre protégeait le navire... Le capitaine et le second se multipliaient... On faisait son devoir, quoi ! des braves gens ne distinguent pas l'intérêt du maître de leur intérêt propre ; la richesse de l'armateur remplit la ceinture des matelots... On attendait donc la tempête... Si elle était venue seule, nous nous serions crânement tirés d'affaire, et le *Centaure* n'aurait pas seulement mouillé sa croupe dans l'eau... Mais le capitaine suivait des yeux un point noir, et semblait moins inquiet de l'orage que de la coque reconnue de loin pour celle d'un corsaire. Ollioules qui restait sans méfiance fut obligé de reconnaître que maître Compian avait raison, or il fut décidé qu'il valait mieux avoir affaire au bon Dieu qu'au diable, c'est-à-dire à la tempête qu'aux pirates. Une bonne prière, un vœu, quelque chose sorti du cœur, fait souvent taire le vent et redescendre la vague ; mais cherchez donc le mot qui calme un corsaire, et le geste qui attendrit un flibustier. Tant et si bien que le porte-voix du second transmit des ordres auxquels on n'avait rien à contredire, vu l'effet attendu après leur exécution, mais qui présentaient de fiers dangers d'après la nature du vent... Il n'y avait rien à répliquer. Le vaisseau se couvrit de voiles, pas un pouce ne manqua, le *Centaure* filait comme une mouette, mais la bourrasque se logea dans les voiles ; les cordages, les espars et les vergues, déchirés et dispersés, flottaient le long des mâts... La hache en abattit deux... Le *Centaure* pliait et se couchait à bâbord... Allégé et ressuscité, il tenta encore de courir... Mais cette fois le cheval marin refusa tout service ; il sentait la poudre, il appelait la bataille... Le danger devenait grand. Il fallait faire naufrage ou se battre... Le corsaire, auquel on tentait d'échapper, se rapprochait avec une vitesse effrayante. Le combat, qui d'abord eût été funeste, devenait notre unique espérance... Si le flibustier était pris, tout l'équipage du *Centaure* passait à son bord ; on y portait les marchandises les plus précieuses, et le reste était abandonné aux hasards de la mer. Mon tour était venu de me montrer. Tonnerre ! Jacques méritait alors son nom ! Je chargeai Crache-Mitraille ; Feu-Saint-Elme me secondait... Marsupiau, Dieu veuille avoir son âme ! m'aidait de toutes ses forces ; les canons tonnaient ; l'ennemi ne semblait pas y prendre garde et continuait à marcher sur nous... Quand il fut à une distance trop courte pour que la bataille continuât par l'artillerie, les grappins furent jetés... Alors chacun se battit pour son compte et pour celui du capitaine. Le vaisseau à prendre était l'*Arasfiel*, aussi connu dans les ports que le *Voltigeur hollandais* des contes du quart... A coups de sabre, de hache, de pistolet et d'arquebuse, du poing et du couteau, on se bûchait, on se taillait, on s'exterminait. Il n'y avait plus d'enfants... Marsupiau ! je le prie de me pardonner du haut du ciel les taloches qu'il a reçues, ce brave enfant ! Marsupiau eut une belle idée. En voyant que nous serions pris, il voulut faire sombrer l'*Arasfiel*... On l'a massacré sur les tonneaux de poudre de la Sainte-Barbe... Celui-ci, Feu-Saint-Elme, agit en soldat... On cherchait à s'emparer du pavillon... Le *Centaure* faisait eau de toutes parts... On le sentait enfoncer sous les pieds... Il avait fini de vivre, le pauvre *Centaure*... Le mousse et moi, nous voyons ce que veulent les damnés fils du chien de prophète ; nous nous élançons vers le drapeau français, nous le saisissons ; un Turc abat celle de mes mains qui venait de l'arracher de sa hampe... Le mousse relève le drapeau, le met dans sa main valide, se bat avec moi comme un enragé... nous étions couverts de sang... Le capitaine, accablé par le nombre, venait d'être fait prisonnier ; il fallait mourir ou céder le drapeau... le livrer aux musulmans ! pour le voir insulter par leur croissant ! Tonnerres et foudres ! je le serre autour de moi, et, pour empêcher qu'on le prenne, je me jette à la mer... Le *Centaure* était vaincu.

on ne pouvait dire qu'il était déshonoré... Affaibli par la perte de mon sang, criblé de blessures, n'ayant qu'un bras de libre, je coulais à fond et ne devais jamais revoir l'écume des flots, quand une main ferme, ma foi ! m'empoigne par les cheveux et me ramène à la surface... c'est Feu-Saint-Elme.

« Jacques, me dit-il, passez votre bras mutilé autour de mon cou. »

J'obéis d'instinct ; il nage comme un poisson, arrête un espars au passage ; je m'y cramponne d'une main, et nous voilà tous deux à la merci de la mer couverte des débris du naufrage et creusée par le poids du vaisseau qui sombre.

Il craquait, notre navire, comme s'il eût poussé des cris d'agonie...

Les marins étaient tous à bord de l'*Arasfiel*. Les cadavres furent jetés à la mer, et plus vite que les ailes de la frégate ne fendent l'air, le vaisseau pirate disparut.

Nous étions, Feu-Saint-Elme et moi, évanouis sur notre épave.

Quand nous revînmes à nous, une masse blanche flottait à nos côtés.

Le mousse pousse un cri de joie.

«Le cheval marin!» dit-il, et quittant le radeau fragile, il grimpa sur la croupe du *Centaure,* m'attira à lui, et bientôt nous fûmes en sûreté sur cette figure bizarre.

La mer se calmait.

La nuit vint.

Feu-Saint-Elme banda ma blessure avec son mouchoir. Il trouva dans ses poches un morceau de biscuit détrempé d'eau de mer et un peu de saucisson. Nous partageâmes. Les souffrances causées par nos plaies nous empêchèrent de dormir. Le brave enfant ne se plaignait pas, quand il parlait, c'était pour déplorer le sort du capitaine.

Au matin, le soleil se leva magnifique, la mer était douce, et le *Centaure* paraissait courir au milieu de l'écume des vagues, blanches comme lui.

Feu-Saint-Elme me dit alors :

« Il nous faut arborer un signal, vieux Jacques Tonnerre, donnez-moi le pavillon, je l'attacherai au bout de la flèche du chasseur, et si quelque navire chrétien navigue dans nos eaux, il ne manquera pas de nous secourir. »

Et il fit comme il avait pensé.

Hélas ! la triste chose pourtant de voir ce reste de drapeau français noué à la flèche d'or que le *Centaure* gardait fixée à la corde de son arc... Le jour passa, nous ne vîmes rien... L'excès de fatigue nous procura le sommeil.

Quand nous nous éveillâmes, le mousse me dit :

« Tenez, Jacques Tonnerre, je viens d'avoir une fameuse idée ; les navires ne voguent pas sans image à la proue ; d'image qu'il était, ce centaure est devenu navire..., c'est monter en grade... Ma sœur, ma petite Marie, celle qu'ils appelaient à Ollioules la *vierge aux Immortelles*, m'avait mis au cou une médaille bénite ; je viens de la fixer sur la poitrine de notre cheval marin, et voyez comme il marche vite et nous porte bien. Pour sûr, nous signalerons une voile aujourd'hui. Faisons vœu de ne parler à personne, de ne frapper à aucune porte, de ne pas toucher un morceau de pain, une fois arrivés à terre, si nous avons le bonheur d'y aborder, avant d'avoir conduit au sommet de la colline du Fort de la Garde le *Centaure*, notre unique canot. »

Et, trouvant bonne la pensée du petit, je jurai.

Rien ne parut cependant.

Le soir, les claires étoiles brillèrent, mais le bon Dieu paraissait dormir... Au matin, je me sentais démoralisé.

« Ainsi, dis-je à Feu-Saint-Elme, à l'heure où je me suis jeté à la mer, je ne songeais pas à me tuer pour échapper aux Turcs, je pensais seulement à ne pas laisser déshonorer le drapeau de la France. Le bon Dieu ne m'en aurait pas voulu... Tu m'as empêché de me noyer, je le regrette : nous allons mourir de faim.

— Savoir... dit Feu-Saint-Elme, on dit qu'on vit huit jours sans manger.

— Et tu aurais du courage pendant huit jours.

— Bah ! dit l'enfant, ma sœur me contait autrefois que sur un grand fleuve, dans les temps jadis, on exposa un jour un petit enfant dans un panier de jonc... Il fallait parier cent contre un que le fleuve l'emporterait, ou qu'un crocodile le dévorerait, ou encore qu'un gros hippopotame poserait ses pieds de pachyderme dessus. Eh bien ! savez-vous ce qui arriva ? Jacques Tonnerre...

— Non, répondis-je machinalement.

— Eh bien ! la fille du roi passait, elle vit l'enfant dans le panier de fleurs, l'emporta au palais de son père, le fit élever et plus tard il devint un si grand prophète qu'il séparait en deux les flots de la mer Rouge, quand il avait besoin de la traverser sans se mouiller les pieds...

— Est-ce que tu comptes devenir un prophète, moussaille ?

— Non, mais bon capitaine de barque marchande. »

Tout de même, l'histoire de l'enfant me calma. Nous partageâmes le peu de biscuit qui nous restait, et nous n'étions pas trop mal, à vrai dire.

Couchés tous deux sur le dos du cheval marin, nous nous retenions aux bras du centaure, et le drapeau français flottait toujours à la pointe de la flèche.

Le lendemain, la faim se fit sentir. Je souffrais cruellement de mon poignet coupé, et j'appelais de tous mes vœux la fin de cette navigation sans boussole.

Feu-Saint-Elme se taisait et regardait toujours...

Il fixait le même point depuis longtemps, quand, grimpant sur les épaules du *Centaure,* et s'y tenant en équilibre, il me cria :

« Jacques, ouvrez grands vos yeux, il me semble distinguer une voile. »

Je regardais sans croire.

Et pourtant, le mousse avait raison, une voile se trouvait en vue.

Feu-Saint-Elme détache le pavillon, l'agite, appelle à l'aide.

On nous aperçoit, le vaisseau vire de bord, il marche sur nous, et bientôt un canot est mis à la mer pour nous recueillir.

Il était temps ; un jour de plus et nous mourions d'inanition.

Nous étions à bord, et déjà tout le monde nous choyait, nous entourait, quand le mousse, qui ne perdait pas la tête, s'écrie :

« Le sauvetage du *Centaure,* mes amis, pour l'amour de Dieu ! J'ai fait un vœu à la Vierge, remorquez le *Centaure.* »

Et les marins arrimèrent le flanc du monstre au bâtiment.

Pendant la traversée nous avons repris des forces, chacun à l'envi nous a rendu service... Ce matin même, l'*Étoile* est entrée au port... Alors nous avons dit à nos sauveurs :

« Camarades, il en est bien quelques-uns parmi vous qui doivent des cierges, des chaloupes ou quelques images à la vierge du Fort, allons-y tous ensemble ; elle nous entendra mieux quand nous la prierons... Ils ont chargé la figure de poupe de notre pauvre navire sur leurs épaules, et nous voilà nous deux, reste de l'équipage du *Centaure,* et **naufragés de Madame la Vierge**... »

Les marins se découvrirent pieusement.

« Oh! Compian! Compian! murmurait Made.eme.

— Le capitaine est esclave des infidèles, mais les Musulmans sont trop avares pour avoir préféré sa mort, qui ne leur serait utile à rien, à l'appât d'une forte rançon.

— Où se rendait l'*Arasfiel*?

— Dieu le sait, répondit Jacques.

— Ma mère, dit Victor avec l'accent d'une ferme confiance, Dieu qui a multiplié les prodiges pour sauver le matelot de mon père et ce petit mousse, n'oubliera pas le plus probe, le meilleur des hommes.

— Non, non! cria la foule, Dieu doit aide et soutien à Nicolas Compian! »

On entoura la famille désolée dont Jacques Tonnerre et Feu-Saint-Elme semblaient maintenant faire partie. Puis, lentement, comme une marée décroissante, lorsque chacun eut salué ce groupe, rendu auguste par le malheur, le long cortége redescendit la colline pareil à un serpent immense déroulant ses anneaux jusque dans la plaine.

La femme de Nicolas Compian ne paraissait pas songer au départ.

Niobé chrétienne immobilisée au sommet de la montagne, elle regardait sans la voir cette farouche Méditerranée au fond de laquelle sombra le *Centaure*, et qui lui avait pris Nicolas.

XIII

LA MAISON VEUVE.

En traversant le plus populeux et le plus riche quartier de Marseille, les étrangers s'arrêtaient surpris, presque inquiets, en face d'une maison fièrement architecturée, mais dont les fenêtres et les portes closes pouvaient faire croire qu'elle était inhabitée.

Les domestiques ne sortaient pas par le portail ; l'herbe poussait sous les croisées garnies de treillis de fer ; une maladie, la plus incurable de toutes, verrouillait et rongeait cette demeure.

Si l'on demandait :

« Quelle est donc cette maison fermée. »

Il était invariablement répondu :

« C'est la maison veuve ! »

Depuis que le père de famille n'y devait plus rentrer, elle était bien veuve en effet, cette demeure que nous avons vue, au commencement de ce récit, somptueuse et gaie, animée par les jeux de Lazare, remplie de domestiques, encombrée de commis, assiégée par les capitaines de navires, les fréteurs, les négociateurs d'échanges. Maintenant, les visiteurs entraient par une porte s'ouvrant sur une petite rue morne et sombre. Les serviteurs accomplissaient leur tâche en silence. Victor acquérait rapidement la maturité de la douleur. Penchée sur son métier, la blonde Marthe ne souriait plus : sa main devenait souvent inactive. Accablée et languissante, elle songeait aux jours évanouis ; un grand rideau noir interceptait l'avenir qu'elle voyait jadis si beau dans ses rêves. Si le nom de Julien venait à ses lèvres, il lui apportait un regret. Plus d'une fois, se trouvant seule dans la salle de la lingerie, elle ouvrit avec une curiosité douloureuse les vastes armoires dans lesquelles une mère prévoyante entassa mille richesses domestiques : l'argenterie massive, le linge damassé, des reliquaires d'or venus de Gênes, des diamants apportés de Constantinople, des coraux pêchés à Malte, des étoffes brodées dans l'Inde ; et au milieu de ces merveilles de goût, de ces précieuses antiquités, de ces choses utiles, le *Livre de Raison*, futur mémorial de sa vie de jeune femme, reposait avec ses pages blanches, sur lesquelles sans doute elle n'écrirait qu'une date funèbre.

Une longue année s'écoula ; le père de Julien, affaibli, et redoutant une mort prochaine, vint rappeler à Madeleine les promesses de Compian.

Le jeune homme avait respecté le deuil de Marthe et de sa mère, la destinée de la famille semblait fixée, elle devait désormais se soumettre à une perte cruelle. Madeleine laissa toute liberté à sa fille, mais Marthe refusa d'épouser Julien avant le retour de son père, ce retour auquel elle croyait en dépit de l'inutilité des démarches faites jusque-là pour arriver à découvrir ce qu'il était devenu.

« Je comprends le désir de votre père, dit Marthe à son fiancé, il souhaite vous créer une famille avant de mourir... cela est juste... Les circonstances nous séparent... Regardez autour de vous, Julien, et choisissez une autre femme : jamais la fille de Nicolas Compian ne se mariera tant qu'elle saura son père à la merci d'un maître ! Je croirais mériter le courroux du ciel si je songeais à mon bonheur, tandis que mon père, prisonnier, endure de cruels tourments.

— Voulez-vous que j'aille à sa recherche, Marthe ?

— Non, Julien, votre père a besoin de vous ; si vous partiez, qui lui fermerait les yeux ?

— Ainsi, jamais, Marthe, jamais vous ne serez ma femme ?

— Jamais, si mon père ne revient pas.

— Je ferai comme vous, Marthe, j'attendrai...

Les deux jeunes gens se serrèrent la main et se quittèrent.

Un mois après Julien était orphelin.

Sa douleur fut profonde ; il ne trouva de consolation qu'auprès de Marthe et de Madeleine. Dans cette maison désolée, les douleurs s'allégeaient par la compassion. On pouvait y pleurer, sûr de ne pas être raillé de ses larmes. On pouvait parler de ses regrets, ils trouvaient un écho dans d'autres regrets. Entre Marthe et Julien se forma un lien nouveau ; la souffrance souda l'une à l'autre ces deux âmes, plus que le bonheur ne l'aurait jamais fait.

Les chagrins viennent en troupe comme certains oiseaux. On ne saurait nier que l'on traverse dans la vie des périodes pendant lesquelles rien ne réussit, tout périclite ou échoue. Notre âme s'affaiblit sous des coups multipliés ; nous en venons à ne plus attendre que la douleur. En s'éveillant, on se demande avec terreur : « Que m'arrivera-t-il aujourd'hui ? » Les présages deviennent sombres, et les événements justifient les présages. Il faut courber la tête, rassembler ses forces et subir des chocs successifs, comme un athlète se prépare à recevoir les coups de son adversaire ; encore le lutteur pare-t-il l'attaque, et ne pouvons-nous le plus souvent rien opposer comme bouclier à cette avalanche de chagrins.

La perte du *Centaure*, la captivité de Compian furent le prélude de nouveaux désastres.

L'ancien caissier mourut. Il connaissait toutes les affaires de la maison, ses commanditaires, ses expéditionnaires. Il traitait avec autant d'habileté que Compian lui-même les questions les plus difficiles. Commercialement, il avait l'œil sûr. Il devinait une hausse dans certaines marchandises et doublait ses approvisionnements. Jamais une baisse ne le trouva les magasins encombrés. Compian l'aimait et le respectait. Le vieillard aurait pu réaliser une fortune s'il s'était occupé de ses intérêts autant que de ceux de son patron. Mais son ambition était nulle. Élevé dans un bureau de caisse, il y voulait mourir. L'argent lui importait peu. Il trouvait chez le capitaine plus que le nécessaire. L'attachement qu'il éprouvait pour les enfants l'empêchait de se marier.

« J'ai fait ma petite fortune chez les Compian, disait-il, c'est aux Compian qu'elle reviendra. »

Le malheur survenu dans cette famille lui causa une douleur telle qu'elle dégénéra en langueur, puis en maladie. Ses forces déclinaient. L'intelligence survivait encore, le vieux caissier ne pouvait plus écrire, il conseillait seulement, et Victor l'écoutait comme un élève prête l'oreille aux leçons d'un maître habile.

Quant il sentit venir la mort, il écrivit son testament, le confia à l'armateur Gaspard, acheva de régler tous ses comptes avec les hommes et avec Dieu et mourut ayant à son chevet Madeleine et sa fille et leur répétant :

« Je vais là-haut prier Dieu de vous le ramener... Je l'attendrai patiemment si je vous sais heureuses. »

Le cortége de ce vieillard doux et simple fut suivi par presque tous les marchands de Marseille. Il eût été bien surpris, l'honnête homme, si on lui avait dit qu'il était un exemple vivant de probité et d'honneur. La vertu, le travail, semblent naturels et faciles à ceux qui l'aiment.

Cette mort devint fatale aux affaires de la famille Compian.

Victor était bien jeune pour inspirer une grande confiance. Sans doute, il s'appliquait à apprendre le commerce, ses manières étaient affables, il s'exprimait facilement, nul ne mettait sa loyauté en doute ; mais l'initiative, le génie des hommes d'action, lui manquaient encore. Il était né plutôt pour être un savant qu'un négociant. L'astronomie, l'algèbre, les mathématiques l'attiraient plus que les livres de caisse. Il aimait les voyages en voyageur, qui voit, étudie, compare ; et non point comme le marchand qui suppute, multiplie, cherche le moyen de nouer des relations, d'échanger des produits, de fonder un dépôt, d'organiser une banque.

La mer l'attirait, et il aurait fait avec bonheur son apprentissage de marin sous les ordres d'Ollioules ; mais un bureau l'attristait, et il se surprenait à comparer les barreaux de ses hautes fenêtres à ceux d'une prison.

L'amour du devoir le soutenait encore; cet amour lui donna l'ordre, la ponctualité, les qualités sérieuses, mais passives. Le talent lui manqua et la patience ne le remplaça pas.

Faute d'avoir prévu une catastrophe financière, une somme considérable se trouva engloutie. Le bâtiment la *Mouette* se perdit, corps et biens. Un banquier quitta la ville, en emportant des fonds.

La fortune s'évanouissait.

Gaspard tenta d'impossibles efforts pour réédifier la sienne et celle de son ami ; les événements se conjurèrent pour achever d'abattre une maison jadis si florissante.

Quand Julien comprit dans quelle situation allait se trouver la famille de Compian, il rappela son affection, les promesses antérieures; il pria Madeleine de consentir à lui donner Marthe en mariage.

« Elle n'a pas de dot, répondit la femme de Compian.
— M'avez-vous jamais jugé avare?
— Est-ce une raison pour vous ruiner?
— En épousant Marthe, j'acquiers le droit de veiller sur Victor et Lazare.
— Victor est intelligent et jeune.
— Mais Lazare?
— Il travaillera.
— Eh! voulez-vous qu'il apprenne un état manuel, quand, jusqu'à cette heure, le luxe l'a entouré ? Donnez-moi Marthe, et j'accomplirai des prodiges. »

Madeleine comprenait le raisonnement du jeune homme ; Marthe feignit de ne le point entendre.

Julien voulut partir pour un long voyage ; Gaspard le retint.

« Je suis vieux, dit-il, restez. Elles auront besoin de vous. »

Le nombre des domestiques fut diminué ; ces braves gens offrirent de servir sans gages ; on ne voulut pas accepter leur dévoûment.

Une femme suffit dès lors pour le service intérieur ; Jacques Tonnerre, le mutilé, garda la surveillance générale, et Feu-Saint-Elme vit augmenter ses attributions de toute la besogne faite autrefois par les anciens serviteurs.

Le brave mousse ne se plaignait jamais.

Levé avant le jour, on le trouvait à toute heure lavant, brossant, frottant, astiquant ; les dalles brillaient dans les vestibules ; le cuivre luisait comme l'or ; jamais les balais et les éponges n'avaient si bien été leur train.

De temps en temps, pour se rappeler la mer qu'il ne

voyait presque plus, il chantait à mi-voix une chanson de matelot ; alors Lazare accourait, et ces deux enfants jasaient :

« Quand je serai un homme, disait Lazare, je ferai la guerre aux Turcs ! Je ne les aimais pas autrefois, maintenant je les déteste !... Un jour que je voulais fendre la tête de mon plus beau *Sainton*, un roi maure que maman Madeleine m'avait donné, mon père me pria de lui faire grâce... Et j'obéis... Mais, depuis qu'il est prisonnier chez les Turcs, sans le dire à personne, tout seul, j'ai jugé le roi maure, et je l'ai condamné à mourir... Il a eu la tête tranchée... Tu as été chez les Turcs, toi, Feu-Saint-Elme ?

— Oui, monsieur Lazare.

— Et tu les détestes ?

— Foi de chrétien, je ne les aime pas.

— Si tu veux, nous irons leur faire la guerre, et chercher mon père ? »

Ils parlaient ainsi dans une petite cour intérieure, tandis que Feu-Saint-Elme frottait les casseroles de Victoire, la petite servante.

Lazare avait une mine intelligente et martiale ; ses grands yeux étaient pleins de feu ; on devinait qu'il deviendrait un homme énergique, exempt de faiblesse et prêt à tous les sacrifices pour les objets de son affection.

En ce moment la porte s'ouvrit et un moine parut.

Il était grand, maigre, voûté. Ses cheveux formaient sur son front une mince couronne destinée sans doute à rappeler celle qui ensanglanta le front du Christ. Sa robe était de bure blanche ; sur sa poitrine se dessinait une croix mi-partie rouge et bleue ; ses reins étaient ceints d'une corde ; et ses sandales de bois claquetaient sur le pavé sonore.

On le nommait le Père Salvator.

Chaque année, au retour de pénibles voyages, il venait chercher à Marseille les aumônes des fidèles destinées au rachat des captifs dans les États Barbaresques. Depuis le naufrage du *Centaure*, la victoire de l'*Arasfiel*, tout l'argent dont pouvait disposer Madeleine était destiné à cette œuvre. Nous disons : dont elle pouvait disposer, car la gêne se faisait graduellement sentir. Des pertes nombreuses réduisirent le négoce et diminuèrent les profits. Madeleine, qui s'était trouvée riche de 400,000 livres et de six vaisseaux, le soir où elle suppliait Nicolas de vivre désormais pour elle et ses enfants, se vit obligée à la plus stricte économie. Ni elle ni sa fille ne songeaient plus à la parure. Uniformément vêtues de noir, elles annonçaient sur toute leur personne le deuil qu'elles portaient dans l'âme.

Madeleine s'était toujours montrée charitable, elle n'avait jamais passé devant une grande infortune sans la secourir, mais depuis la captivité de Nicolas, elle n'éprouvait plus de pitié que pour une seule souffrance, elle n'écoutait plus qu'une plainte et ne soulageait qu'un malheur. Si on parlait d'une famille pauvre, elle répondait :

« Ils sont unis, pourquoi les plaignez-vous ? » Et tout de suite elle comparait leur sort avec celui des femmes, des enfants, dont les soutiens, les êtres chers se trouvaient accablés par la misère de l'esclavage, l'égoïsme se glissait en elle à son insu. Le mal qu'elle ressentait l'empêchait de s'apitoyer sur un autre genre de douleurs. Aussi, ne pouvant céder à tous ses élans généreux, réservait-elle ses épargnes pour les offrir au Père Salvator, à l'époque régulière de ses quêtes.

Il n'est point de douleur humaine restée stérile au point de vue du dévouement.

L'histoire des Ordres religieux n'est, à vrai dire, que le contrepoids des calamités intimes ou publiques. A peine un fléau désole-t-il un contrée, une guerre éclate-t-elle, une hérésie vient-elle à se glisser dans l'Église; un besoin moral, religieux ou physique se fait-il sentir, que, répondant à l'appel de la souffrance, des hommes dépouillés d'eux-mêmes surgissent tout à coup.

Étudier les différents Ordres, au point de vue de leur utilité pratique, et résumer les motifs de leurs fondations, serait un travail instructif et propre à détruire mille préventions et à mettre en lumière beaucoup de points demeurés obscurs dans l'histoire des peuples.

Ce fut dans une province plus à même que toute autre d'apprécier les douleurs des captifs, et de compter les larmes des mères, des sœurs et des épouses, que prit naissance l'ordre des Trinitaires auquel appartenait le Père Salvator.

Jean de Matha naquit au milieu du xii° siècle à Fanore, sur les frontières de Provence. Il étudia à Aix, y obtint des succès, mais désillusionné d'avance sur les satisfactions de l'orgueil, il supplia son père Euphémius de lui permettre de vivre à l'écart, seul avec lui-même. Les âmes fortes éprouvent moins que les âmes faibles et vides le besoin de communiquer avec leurs intimes, leurs méditations les rapprochent plus vite de Dieu que les entretiens avec leurs amis. *Le désert fleurit comme un lis,* dit l'Écriture. Les nobles résolutions, les grandes œuvres s'enfantent dans le silence.

Jean de Matha, après ses succès théologiques, auxquels applaudirent le pieux Maurice de Sully et les doctes abbés de Saint-Victor et de Sainte-Geneviève, se retira dans une forêt voisine de Meaux, et partagea l'hermitage de Félix et de Valois ; ils partirent de là pour Rome, où Innocent III les reçut avec bonté, et s'émut de la peinture éloquente qu'ils lui firent des misères des prisonniers en Orient.

Les croisades avaient entraîné l'esclavage.

La religion apportait un remède à ce malheur.

Innocent III leur donna l'habit du nouvel Ordre nommé de la Trinité ; les abbés de Saint-Victor et Maurice de Sully en écrivirent la règle, approuvée publiquement par une bulle, en 1198, et à partir de ce moment, Jean de Matha et les Pères rangés sous sa conduite se rendirent régulièrement en Orient, pour y racheter les captifs.

L'enthousiasme des croisades éteint, la sévérité primitive de l'Ordre se relâcha, les courses devinrent moins fréquentes ; un réformateur devint nécessaire ; Jean-Baptiste de la Conception rendit aux premiers statuts leur ancienne vigueur. Les captifs de Tunis, de Tripoli, d'Alexandrette furent secourus efficacement. Un zèle ardent vint en aide, non plus aux croisés vaincus, devenus martyrs de leur amour pour la Terre-Sainte, mais aux prisonniers des pirates barbaresques.

Leurs déprédations excitèrent non-seulement des sentiments de vengeance et l'attente de justes représailles, mais elles conseillèrent aux ministres de paix et de pardon une intervention doublement utile. Sans doute, les sommes recueillies demeuraient insuffisantes pour racheter un grand nombre de captifs, mais ceux qui restaient dans les chaînes se consolaient de voir partir leurs compagnons, en attendant une liberté prochaine. Si le frère de la Trinité ne libérait pas un malheureux, s'il laissait son corps aux fers, il déliait l'âme et lui rendait ses ailes. La religion adoucissait les rigueurs de l'esclavage, et les Trinitaires recueillaient partout les bénédictions des malheureux.

Depuis la prise de Nicolas Compian par le corsaire Ben-Sadoc, le Père Salvator n'avait point reparu à Marseille.

Il arrivait de Tunis, et, mendiant sublime, il allait de seuil en seuil tendre ses mains tremblantes à l'or du riche comme à la menue monnaie du pauvre. L'obole n'était pas plus à dédaigner que le talent.

Quand il passa devant la maison de Compian, il s'arrêta devant l'énorme porte-cochère, hésitant à en soulever le marteau de fer rouillé.

« Mon Père, lui dit un passant, depuis le malheur tombé sur la famille, la petite porte de la ruelle est seule ouverte.

— Quel malheur? demanda la Père Salvator.

— Ne le savez-vous pas? Le capitaine Compian a été emmené captif par Ben-Sadoc.

— Je n'ai rien à demander là, dit le moine, mais je puis offrir. »

Saluant humblement l'homme qui lui avait donné le renseignement, le vieillard pénétra dans la cour où Lazare confiait ses projets à Feu-Saint-Elme.

« Tu me suivras? lui demandait-il.

— Jusqu'en enfer, s'il s'agit de ramener le capitaine.

— Tu sais bien que mon père était bon, et qu'il ne peut pas être en enfer.

— Bah ! dit le mousse, entre les diables et les Turcs je ne fais pas grande différence, et vous, monsieur Lazare ?

— Ni moi non plus, répondit résolument l'enfant. Eh bien ! si tu veux, nous partirons dans la petite barque que Jacques Tonnerre a frétée pour me mener promener le dimanche.

— On n'ira pas loin dans cette coquille, objecta Feu-Saint-Elme, et nous sombrerons à la première vague.

— Je veux pourtant me venger des Turcs !

— Mon enfant, dit une voix grave, sauvez votre père sans vous venger ; je vous viendrai en aide. »

Le Père Salvator passa sa main sur les cheveux de Lazare.

« Votre mère peut-elle me recevoir ? ajouta-t-il.

— Venez, venez, mon Père, elle se réjouira de vous voir. »

Lazare ne se trompait pas.

En apercevant le religieux drapé dans sa longue robe blanche, Madeleine poussa un cri de joie.

« Vous savez tout, demanda-t-elle.

— Tout, ma fille.

— Hélas ! je ne puis vous offrir pour les malheureux dont vous êtes la providence que mes derniers bijoux. Avec mon mari le bonheur s'en est allé... Gaspard est ruiné ; Marthe a refusé d'épouser son fiancé. Nous avons éprouvé malheur sur malheur ; c'est le denier de la veuve que je dépose dans votre aumônière...

— Dieu vous le comptera, ma fille... Tout espoir n'est peut-être pas perdu... Ne vous abandonnez pas à la douleur... Bien d'autres captifs sont revenus ; pourquoi Compian n'aurait-il pas une chance égale ?

— Je ne l'espère plus, mon Père.

— Et moi, ma fille, je vous fais, au nom du Seigneur, la formelle promesse que vous le reverrez. Vous ne pouvez être abandonnée à ce point, vous qui n'avez abandonné personne.

— Hélas ! murmura Madeleine, nous voici presque pauvres.

— Job perdit ses fils, ses filles et ses biens, et le centuple lui fut rendu. »

Madeleine laissa tomber ses mains sur ses genoux.

« Ah ! si vous saviez, dit-elle, à quel point je l'aimais, et combien il méritait cette tendresse... Notre union réalisait ce que l'on rêve d'ordinaire sans arriver à l'atteindre. Bon et dévoué, tendre, intelligent, jamais il ne froissa mon cœur. Son esprit dépassait et dominait le mien ; sa supériorité ne me fit jamais souffrir. L'affection de l'époux, le dévouement de l'ami, l'autorité du père de famille, il avait tout ! Tout ; comprenez-vous ce mot, mon père ? Dieu me l'avait donné, et je n'avais pas besoin d'un ordre pour lui obéir et pour l'aimer. Je me dis maintenant que je suis châtiée pour lui avoir prodigué trop de tendresse... trop ! mais pouvait-on chérir avec excès le bienfaiteur des malheureux, l'honneur du commerce marseillais, le plus honnête et le plus généreux des hommes ?... J'ai tout perdu en le perdant... L'affection de mes enfants ne parvient pas à me consoler... J'ai accusé Dieu de barbarie, et je lui ai plus d'une fois demandé raison de ses rigueurs... Oh ! répétez-moi que vous sauverez mon mari, redites-moi que les premières chaînes brisées par vous seront les siennes !

— Je suis un instrument dans les mains de Dieu ; je tâcherai de devenir l'artisan de votre salut, ne m'en demandez pas davantage ; Dieu voit mon désir, mais nul ne sonde ses desseins éternels !

— Quand partirez-vous ? demanda Madeleine.

— J'achève ma tournée en Provence ; de Tunis je me rends à Tripoli ; là, je m'informerai des prisonniers de l'*Arasfiet*.

— Combien je vais prier, d'ici votre retour... Partout, sans doute, vous êtes regardé comme un messager de la Providence, mais dans la maison veuve, vous semblez une promesse vivante ! »

Le Trinitaire bénit la femme de Compian et s'éloigna. Partout on le reçut avec le même respect, partout il recueillit l'aumône, mais il ne quitta aucune maison en se sentant si péniblement ému.

Les épreuves redoublèrent pour la famille du capitaine. Sa ruine s'accomplissait lentement, à la façon dont l'eau ruine les terrains et gagne les sables au bord de la mer. Encore quelque temps, et de même que du navire monté par le hardi Marseillais, on ne gardait plus que la figure sculptée placée au milieu de la grande cour ; ainsi, de cette fortune qui semblait équilibrée si solidement, quelques épaves restaient seulement à recueillir.

Encore, si ces douleurs, ces privations avaient dû n'atteindre que cette maison marquée pour le deuil, comme celles des premiers-nés d'Égypte ? mais des calamités publiques allaient absorber ce deuil intime et poignant dans un deuil commun.

XIV

DISETTE.

La ville de Marseille semble fatalement destinée à être la proie de deux fléaux.

La famine et la peste se la disputent tour à tour.

Après avoir été la proie du monstre aux bras maigres, à la poitrine sifflante, qui retire le pain, mesure les denrées, affame les populations rurales, elle subit les étreintes mortelles de son second ennemi, dont l'haleine la décime et la tue. Ces deux fléaux s'abattaient sur elle simultanément dès la fin du vi° siècle. La guerre en fut la première cause. Le Nord se rua sur le Midi. L'incendie détruisit ce qu'une fureur aveugle épargna. Les moissons, les vignes, les oliviers, furent arrachés. Le peuple, occupé à défendre son territoire, négligea la culture des terres.

Privés d'aliments nourrissants, les habitants de la Provence se rejetèrent sur tout ce qui fut capable de tromper plutôt que d'apaiser la faim. La pêche, qui soutint quelque temps les Marseillais, devint insuffisante. La lèpre se déclara, la lèpre, qui précédait de si près la peste. Celle de 1346, apportée par des vaisseaux italiens, causa d'effroyables ravages. Le commerce fut abandonné, les affaires suspendues. Les malades et ceux qui tremblaient d'être atteints se hâtaient de se déposséder de leurs richesses en faveur des monastères. En 1450, la peste s'abattit sur l'Europe, elle reparut au milieu du XVI° siècle ; celle de 1628 compta plus de victimes encore.

Marseille vit diminuer ses approvisionnements. Progressivement le pain atteignit un prix excessif, le riz augmenta ; les bestiaux manquèrent. Les objets de première nécessité centuplant de valeur, on négligea ceux qui rentrent dans les habitudes du luxe.

Les soieries, les bijoux, les tapis, les aromates, les épiceries, tout ce qui faisait l'objet d'un énorme commerce avec le Levant ne tomba pas seulement dans la dépréciation, mais on ne songea ni à remplacer, ni à augmenter la valeur des mobiliers et celle des objets de toilette.

Le haut commerce souffre le premier des grandes catastrophes.

Que la guerre, la peste ou la famine ravagent une ville, et les marchands de superfluités peuvent attendre leur ruine.

Ce fut ce qui arriva.

Les magasins de soieries de Lyon, de tapis de Smyrne, de dentelles de Normandie virent les merveilles qu'ils renfermaient rester entassées sur les rayons et dans les vitrines. Ce que les femmes oublient le moins vite, le soin de leur parure et les recherches de la coquetterie, parut totalement effacé de leur souvenir.

Quelques-unes luttèrent encore ; ce furent les femmes de la grande noblesse, que leur fortune paraissait mettre au-dessus de toute inquiétude.

Mais bientôt, dans les maisons même les plus riches de la Provence, on vit se glisser une sourde inquiétude.

Les paysans cultivaient vainement une terre aride.

Dans une province ravagée par la stérilité et dont le commerce ne renouvelle pas les finances, l'argent ne tarde pas à manquer. Quand le paysan n'a plus d'écus pour solder ses fermages, on peut vendre ses meubles, jusqu'à ses hardes, le jeter à la porte de sa maison, et même l'envoyer en prison ; mais si ces moyens violents sont de quelque utilité pour les paresseux et les gens de mauvaise foi, de quoi servent-ils dans l'occasion présente. Ne faut-il pas nourrir les prisonniers ? C'était bien assez déjà de garder dans les cachots ceux que l'on reconnaissait coupables d'un crime.

Un grand nombre de familles partirent à pied, et prirent le chemin du centre de la France. Hélas ! la plupart périrent de misère et de fatigue au lieu de mourir de faim.

Les ouvriers ne trouvaient pas d'ouvrage.

On eût dit qu'une pluie de sauterelles venait de s'abattre sur la campagne, à voir les arbres dépouillés d'une verdure disputée par les affamés avec un épouvantable acharnement.

On se battait, on se tuait pour un morceau de pain.

Les consuls de la ville tentèrent vainement d'apporter un remède au fléau.

Les lettres et les suppliques adressées à Paris restaient sans réponse.

La Provence se remettait avec peine des troubles de la Ligue, et les autres villes de la province, ruinées elles-mêmes par des armées batailleuses, ne lui pouvaient venir en aide.

Les difficultés de transports, le manque de routes rendaient du reste presque impossible l'envoi de secours immédiats.

Les forêts occupant une partie énorme du territoire de la France, les céréales étaient plus rares. Puis la famine s'abattait sur la Provence comme un fléau régulier, et, il faut l'avouer, la pitié inspirée par ces malheurs s'émoussait à mesure que le malheur répétait ses coups.

Marseille se trouvait abandonnée.

D'ailleurs, la peur est contagieuse.

La stérilité de la terre est la plus terrible des épidémies La famine s'étend, gagne, envahit tout. Les hommes riches, possesseurs de greniers remplis, attendaient que les nécessités devinssent plus grandes, afin de tirer meilleur profit de leurs précédents achats. On criait au pacte de famine, aux accapareurs. De tout temps les hommes spéculèrent, qui sur les denrées, qui sur l'argent. Chacun fait monter les besoins au plus haut degré possible, afin de doubler ses profits.

Donc les hommes, possédant du blé à Marseille, le tinrent à un beau prix, et nièrent même avoir des approvisionnements.

La famine est peut-être le plus égoïste de tous les fléaux.

Jamais l'histoire ne nous montre de tableaux plus hideux que ceux d'une famine provenant d'un siége traînant en longueur.

Quand on nous cite les horreurs commises pendant le blocus de Samarie, le sac de Jérusalem ; les détails horribles de la disette qui désola la France sous Philippe Ier et pendant laquelle la chair humaine s'étala au marché de Turnus ; les scènes du siège de Paris et de la Rochelle, on recule épouvanté, regrettant de ne pouvoir récuser le témoignage de l'histoire, puisque l'histoire nous montre la nature outragée à ce point que Samarie, Jérusalem et Paris virent des mères chercher un aliment horrible dans la chair de leurs propres enfants.

Marseille se débattait sous les étreintes du fléau.

L'argent n'était plus compté pour rien, en comparaison de la valeur d'un sac de riz ou de farine.

Les avares eux-mêmes hésitaient à doubler leur fortune, en se demandant s'ils auraient le temps d'en jouir.

Beaucoup de gens, l'or en main, ne pouvaient même trouver d'aliments.

Les maisons prenaient un morne aspect.

Les visages respiraient le deuil.

Dans les églises se pressait une foule désolée. Les malheurs publics réveillent au plus haut point et avec une rapidité extrême la foi religieuse. Du reste, Marseille n'avait jamais cessé d'être croyante. La route du fort de la Garde devenait impossible par suite de l'immense concours de pèlerins qui se pressaient sur la colline. Ce n'étaient que des ombres, mais ces ombres gardaient grâce à leur confiance le courage de gravir jusqu'à la chapelle. Les prières publiques ne cessaient ni à la Major, ni dans les succursales ; les couvents redoublaient leurs jeûnes et leurs austérités ; le ciel restait d'airain et Dieu semblait sourd.

La maison de Nicolas Compian paraissait désolée entre toutes. Sur celle-là planait un double deuil.

Courbée par la douleur du veuvage et les souffrances de ses enfants, Madeleine ne trouvait ni paroles pour peindre ses angoisses, ni larmes pour épancher son désespoir.

Elle restait seule dans sa chambre dont les rideaux fermés chassaient la lumière. Elle s'engourdissait dans l'amertume de ses regrets. Marthe l'y venait rejoindre. Toutes deux enlacées demeuraient pleurantes et muettes. Si la douce voix de Lazare appelait, elles frissonnaient ; la vue de sa pâleur leur causait une douleur mortelle. Madeleine et Marthe avaient la force de souffrir ; mais ce petit enfant ?

Le vieux Gaspard, Victor et Julien ne se quittaient pas, réalisant des prodiges de dévoûment.

Tantôt ils montaient dans une barque, jetaient un filet ou tuaient un oiseau au vol ; tantôt ils découvraient à prix d'or un aliment nouveau. Chaque chose rapportée semblait une conquête.

Victor s'approchait de Madeleine, lui montrait ce qu'il avait trouvé, tandis que Julien songeait à Marthe.

Au milieu de ces désastres Jacques Tonnerre et Feu-Saint-Elme ne demeuraient pas inactifs.

C'est à eux surtout qu'on devait l'approvisionnement de poisson, le marin plus que Victor et Gaspard, s'entendait à la pêche.

Lorsqu'elle avait été bonne, il en prenait le superflu et parcourait la ville.

Jacques refusait obstinément de l'argent, mais il acceptait volontiers des échanges.

Il ne se passait guère de jours sans que Madeleine vît le matelot et le mousse revenir avec quelques légumes disputés à un terrain desséché, ou munis d'œufs d'oiseaux de mer.

Exercer un métier quelconque leur était impossible, nul n'avait besoin d'ouvriers.

Les médecins n'étaient pas appelés pour soigner cette terrible maladie qu'on appelle la faim.

On pouvait bien encore réclamer le labeur sinistre du menuisier pour confectionner des bières, et l'office du fossoyeur pour enterrer les cadavres, mais le respect pour la mort diminue pendant les grandes calamités. On s'apprivoise avec elle, on la craint moins, on cesse de l'entourer de culte et de mystère.

Le premier de cette phalange dévouée qui succomba à la peine, autant aux épreuves morales qu'à la douleur physique, fut l'armateur Gaspard ; sa ruine complète, le désastre de la famille de Nicolas Compian, la dernière épreuve de la famine achevèrent de le briser.

Quand il souffrait, il s'accusait presque de ne point attirer sur lui les souffrances de ses amis ; l'agonie de Marthe et de Lazare le tuait. Il ne voulut pas recourir au suicide, comme un grand nombre d'infortunés qui cherchaient la fin de leurs maux dans les vagues ; mais quand il sentit que son heure approchait, il en remercia Dieu. Sa dernière pensée fut pour Nicolas ! les mots suprêmes qui sortirent de sa bouche demandaient au Seigneur de lui rendre au centuple ce que sa générosité lui avait fait perdre.

La famille Compian le pleura comme un père.

Bien que ses désastres financiers eussent entraîné la perte de Nicolas et la ruine de sa maison, on ne pouvait s'empêcher d'aimer cet honnête homme.

N'était-ce point, d'ailleurs, d'un sinistre augure de voir mourir l'un des hôtes, presque l'un des membres de cette famille !

Madeleine regarda ses enfants avec une terreur croissante.

Marthe était si pâle ! Lazare respirait à peine.

Quand elle hasardait un regard dans les rues, à travers les barreaux des fenêtres, elle voyait, non pas marcher, mais se traîner des spectres.

Ils se disséminaient le long de la mer, cherchant des coquilles, tondant les rocs de leurs mousses et de leurs lichens. On déterrait les larves impures, on pétrissait de la glaise pour essayer d'en faire un aliment. On broya des os volés dans les cimetières.

Hélas ! chacun de ces aliments devenait un poison. Il déchirait les entrailles, et mettait fin en quelques heures à une épouvantable torture.

L'engourdissement de la douleur gagnait Marthe.

Affaissée dans les bras de sa mère, elle ne cherchait nul secours et dédaignait la plainte. Elle sentait son cerveau brûler, le pouls s'affaiblir ; son cœur s'arrêtait par intermittence comme s'il voulait cesser de battre.

Madeleine, en la voyant ainsi, lui parlait vainement d'espérance; Marthe n'écoutait pas ou ne comprenait plus.

Un soir, cependant, Madeleine elle-même se sentit découragée, Lazare avait faim, il pleurait.

Il prenait à deux mains sa petite poitrine déchirée par la souffrance.

Sa mère eut une inspiration touchant presque à la folie, mais l'amour maternel est une folie sublime : piquant son bras avec une longue aiguille elle présenta sa veine ouverte à l'enfant.

« Bois ! » dit-elle.

Lazare poussa un cri d'épouvante.

« Nous mourrons ensemble, » dit-il.

Et entourant le bras de sa mère d'un mouchoir, à partir de cette minute, l'enfant cessa de se plaindre.

Jacques Tonnerre rentra.

Son filet était vide.

Feu-Saint-Elme avait manqué les oiseaux au vol.

Victor rapportait une orange à peine mûre.

Ce fruit fut partagé entre tous, mais Madeleine garda sa part pour en humecter les lèvres de son fils.

« Eh ! bien, demanda-t-elle d'une voix tremblante, que dit-on dans la ville ?

— On répète que les secours sont attendus d'heure en heure. Des convois sont en route, on signale des navires...

— Oui, dit Jacques Tonnerre, depuis quinze jours, on nourrit les Marseillais de promesses.

— N'est-ce donc rien de leur donner la force d'attendre ? »

Feu-Saint-Elme secoua la tête.

« Ne désespérez pas encore, mes amis, nous sommes sous la main de Dieu.

— Elle est lourde, murmura Victor.

— Mon fils ! dit Madeleine avec l'accent du reproche.

— Elle est bien lourde, répéta Victor, pourquoi, ma mère ne voulez-vous pas reconnaître la vérité ? Est-il une famille plus éprouvée que la nôtre ? Est-ce à vous, mère de douleurs, à nier la rigueur du ciel ?

— Je ne la nie pas, mon fils, je m'y résigne.

— Eh ! bien, moi...

— N'achève pas, tu blasphèmerais.

— Je me révolte, poursuivit Victor, je demande raison au ciel de ces châtiments immérités ! Mon père, le plus intègre des hommes, vous, une sainte, ma sœur Marthe et ce cher petit Lazare ? qu'avez-vous fait ? vous avez partagé vos biens, donné votre tendresse, assuré votre protection à tous... Nous avons le droit de nous plaindre, et de vous demander à quoi sert la générosité folle qui envoya mon père à Tripoli.

— Mon fils ! dit Madeleine, la mort s'approche, respectez-la ; si vous voulez me réduire au désespoir et doubler mes douleurs, continuez à vous plaindre avec cette âpreté... Mon cher enfant, ma fille bien-aimée, Lazare, mon ange, nous devons nous résigner ensemble... Si nous voulons nous retrouver tous... La force nous manque pour prier à haute voix, recueillons-nous, et invoquons Dieu en silence. »

Victor voulut protester par son attitude.

Madeleine, d'une main défaillante, pressa la main du jeune homme, puis elle entoura de ses deux bras le groupe désolé.

La nuit descendit sur la ville.

Il y avait des rassemblements dans les rues.

Les hommes valides se portaient sur la route de Paris afin de voir de loin si les convois attendus n'arrivaient pas...

Une voiture, un galop de cheval étaient signalés.

La crise était tellement épouvantable, qu'elle devait se terminer soit par le salut ou par l'anéantissement de Marseille.

La matinée du lendemain se leva magnifique ; on aurait dit que le ciel narguait les angoisses de la terre.

Cet azur sans un nuage, ce soleil de feu insultant au deuil général, augmentèrent la torpeur dans la ville, la nuit avait été d'une longueur lugubre.

Sur la route, les groupes se couchaient le long des fossés. A peine les yeux mourants se dirigeaient-ils du côté où le secours devait apparaître.

A force de l'attendre on n'y croyait plus.

Un bruit sourd se fit cependant entendre.

On eut dit le galop de solides chevaux activés par des hommes pressés d'arriver au terme d'un voyage.

Un courrier parut sur la route au milieu d'un tourbillon.

« Qu'amenez-vous donc, demanda une voix indistincte.

— Du blé ! cria-t-il en agitant son chapeau, du blé ! »

Ce mot galvanisa les plus faibles.

Les hommes étendus sur le dos pour mourir en reprochant au ciel son indifférence, rassemblèrent leurs forces et se levèrent.

Soudain une crainte les saisit.

Ne les trompait-on pas ?

Dans le lointain les roulements sourds continuaient.

« Le convoi ! le convoi ! » dit un homme.

Et il se mit à courir du côté de Paris.

Le convoi, escorté de soldats, arrivait enfin à Marseille.

Tardif secours dont beaucoup ne devaient point profiter.

En un instant les hommes qui le guettaient redescendirent vers Marseille ; il s'agissait d'arriver les premiers

10.

à l'hôtel de ville, et de recevoir ce prix de la patience et du courage. La nouvelle de l'entrée de la voiture de blé se répandit bientôt. Chaque maison rendit au jour ses spectres décharnés par la famine.

Ils tendaient leurs mains osseuses, et demandaient du grain avec l'accent obstiné des enfants; ou bien ils criaient, hurlaient, vociféraient, n'implorant pas, exigeant et tendant un sac d'une main, tandis que de l'autre ils présentaient un poignard. La folie envahissait les cerveaux.

Julien ne fut pas le dernier à réclamer sa part, les magistrats parvinrent à établir un peu d'ordre, au milieu de cette foule affamée, et le jeune homme ayant reçu en échange de la somme exigée une mesure de grain, reprit sa course vers la maison veuve.

Il arrivait en face du grand portail, quand il aperçut un homme couvert de vêtements orientaux, tenant le lourd marteau de cuivre de la porte cochère et s'apprêtant à le laisser retomber de tout son poids.

« On ne frappe pas au seuil des tombes! lui dit-il. »

L'étranger se retourne, Julien le regarde avec une surprise croissante, effarée, pousse un cri, puis tournant la maison, il s'élance dans la cour, franchit d'un bond l'appartement et s'agenouille devant Madeleine que Nanette tenait évanouie dans ses bras.

XV

RETOUR.

En vue du port de Marseille se trouvait un navire bien gréé, chargé de marchandises, monté par des matelots levantins.

Une fois le bâtiment signalé, un pilote sauta dans une barque qu'il dirigea à toute vitesse de rames.

Sur l'arrière, se tenait un homme, en proie à une émotion violente; sa main fouillait dans sa poitrine; il secouait la tête et aspirait l'air à pleins poumons. On eût dit que la brise de la côte le ressuscitait.

A peine le pilote fut-il à bord, que le passager s'avança vers lui.

« Pilote... murmura-t-il d'une voix étouffée par l'émotion.

— Mais, je ne me trompe pas... Monsieur, dit le nouveau venu, non, par Notre-Dame, vous êtes le capitaine Compian.

— En effet, c'est mon nom.

— Vous m'avez oublié, Monsieur...

— J'avoue que...

— Eustache Gimblou.

— Si je vous connais? Oui, mon brave camarade... Plus

d'une fois vous m'avez sorti du port de Marseille, et pour moi c'était toujours une nouvelle tristesse ; mais aujourd'hui je rentre et tout est bonheur. »

Le pilote secoua la tête.

« Quelles nouvelles ? demanda Compian.

— Mauvaises, capitaine.

— Des affaires suspendues ?

— Plus d'affaires, Monsieur.

— Des faillites, des dépréciations, des inquiétudes politiques.

— Non, Monsieur... ce n'est pas cela... quoique, depuis la mort du Seigneur de Glandèvès-Noiselles, la ville puisse dire qu'elle porte un grand deuil...

Certes nous l'avons vue plus d'une fois éprouvée, mais la guerre, les siéges subis, les troubles dont elle fut le théâtre ne sont rien à côté de ce qui se passe aujourd'hui. Vous êtes brave, capitaine ! aucun danger ne vous a vu pâlir, eh bien ! tout à l'heure vous sentirez s'évanouir votre courage devant le tableau qui frappera vos yeux et dont il nous est impossible de soutenir l'épouvante.

Nicolas Compian saisit la main du pilote, et lui demanda :

— Que se passe-t-il donc ?

— J'ai vu bien des choses, reprit Eustache en secouant la tête, j'ai assisté à l'arrestation de Noiselles, j'ai été témoin des mouvements suscités par l'érection de la citadelle de Saint-Nicolas qui devait à perpétuité menacer Marseille, la grande Marseille, notre Constantinople, à nous ! Dieu le sait, j'ai pleuré ce jour-là, car notre ville avait l'air d'une cité prise d'assaut... car j'aime Marseille comme j'aimais ma mère. Pourtant ! il me semble que je préférerais encore la voir abattue et livrée, et entendre gronder les canons que de prêter l'oreille aux cris, aux sanglots qui sortent aujourd'hui de chacune de ses maisons en deuil...

— Mais parlez donc, Eustache, dit Compian, l'œil plein d'éclairs, parlez!

— Marseille a faim..., dit Eustache d'une voix sombre.

— O mon Dieu !

— Tout nous fait défaut ! Les hommes valides ne trouvent pas à s'employer, la campagne est dépouillée comme si une nuée de sauterelles s'était abattue sur les champs et les arbres.

— Mais les arrivages?

— Ils manquent depuis trois mois.

— Eustache, demanda Compian, as-tu quelque coup nouveau à me porter.

— Non, dit le pilote, vous êtes Marseillais et vous souffrez des inquiétudes de tous...

— Ma femme, mes enfants ?

— Je les ai vus aux Accoules, à la messe.

— Ils vivent donc ?

— Ils vivent, mais vous avez perdu un ami.

— Julien Dumont ?

— Celui-là est orphelin, capitaine.

— Pauvre garçon !

— Ce n'est point de son père que je voulais vous parler.

— Gaspard ! s'écria le voyageur.

— Oui, l'armateur est mort !

— Et...

Le passager n'acheva pas.

— Mort plutôt de douleur que de vieillesse.

— De douleur ! quel chagrin nouveau ?

— Une ruine absolue. »

Compian baissa la tête et une larme brilla dans ses yeux.

« Maintenant, reprit Eustache, permettez-moi de remplir mon devoir de pilote. »

Et il s'éloigna de Compian.

Le capitaine demeura appuyé sur le bord, le front penché, la poitrine oppressée.

Sans doute il allait revoir sa femme, ses enfants, ses amis, mais dans quelle situation ! Cette ville de Marseille, qu'il avait laissée dans l'éclat de son commerce, il la trouvait affamée, morne, ruinée ; sa famille avait vu fondre l'une après l'autre ses dernières ressources, et la pauvreté s'abattait sur une maison qui fut longtemps l'une des premières de la ville. Compian ne s'arrêta cependant pas à l'idée de sa ruine ; le sentiment de la joie l'emporta. Riches ou pauvres, il allait les revoir. Les monceaux d'or entassés ne rendent pas les baisers plus tendres.

Compian surveillait la manœuvre, appelant de tous ses vœux le prompt mouillage du navire.

Enfin, l'ancre fut jetée, les canots s'approchèrent, et l'on vit d'autant plus d'empressement dans les matelots du port, pâles et hâves sous leurs vareuses, qu'ils attendaient des aliments pour salaire.

Compian se jeta dans la première barque venue.

Il s'élança sur le port et marcha rapidement.

Puis, peu à peu, sa course se ralentit ; l'émotion devenait trop forte, le sentiment de ce qui se passait agissait sur son esprit d'une façon trop énergique.

Les maisons closes, les magasins vides, la foule livide se traînant dans les rues, tout lui donnait une preuve palpable de la vérité des paroles d'Eustache.

Il remarqua pourtant que les spectres, s'appuyant le long des murs, se dirigeaient vers un même point, l'hôtel-de-ville.

« Vous venez d'Orient ? » demanda une voix.

Compian se retourna.

« Joseph Millian ! dit-il.

— Apportez-vous du blé ?

— Oui, répondit Compian, malheureusement il ne m'appartient pas.

— N'importe, on pourra en acheter. »

Un groupe passa.

« Je vous répète que le convoi est arrivé..., dit une femme.

— Un convoi de grains...

— On vend du blé à l'hôtel-de-ville ! et tenez, voilà des gens qui en reviennent. »

En effet, des malheureux à qui la joie rendait des forces, couraient dans les rues, qu'ils suivaient en se traînant, il y avait une heure.

L'encombrement commençait.

Les forts heurtaient, poussaient les faibles ; ils marchaient sur eux sans les plaindre ; la faim étouffait la pitié.

Des cris d'angoisse sortaient des groupes. Cette foule en haillons, courant après du pain, aveugle, folle, causait un sentiment mêlé de compassion et d'horreur.

Compian la traversait comme un nageur fend les lames ; enfin il se trouva en face du portail de sa maison.

Les fenêtres demeuraient closes, la pluie avait rouillé le marteau, l'herbe poussait entre les pierres. Le capitaine allait frapper cependant quand la voix de Julien lui dit ces paroles :

« On ne heurte pas au seuil des tombes. »

Puis, reconnaissant Compian et tremblant que l'émotion tuât Madeleine, Julien s'élança comme un fou dans la maison, arriva dans le cabinet où elle se tenait d'habitude avec ses enfants et la chercha du regard. Il vit Marthe en pleurs la soutenant dans ses bras.

— « Oh ! Julien ! Julien ! dit-elle ; ma mère est morte.

— Non ! non ! Marthe, et personne ne mourra dans cette maison, car j'ai du blé pour vous nourrir, et le bon Dieu vous ramène la joie !

— Madeleine, Madeleine, dit-il, en ranimant la pauvre femme, vivez au nom du ciel ! des convois sont arrivés, le pain ne nous fera plus défaut.

— Le pain, murmura Madeleine, le pain pour les enfants.

— Pour vous, le bonheur ! dit lentement Julien en la regardant les yeux dans les yeux.

— Le bonheur, je n'y crois pas...

— Même si...

— N'achevez pas ! murmura-t-elle ; il ne faut point tenter la Providence par un fol espoir.

— L'espérance est une vertu, Madeleine.

— Comme la résignation.

— Non ! l'espérance est plus grande et meilleure, elle glorifie mieux la bonté de Dieu en ne s'appuyant sur rien que sur cette bonté même... Vous souffrez, louez Dieu dans votre souffrance... Vous avez tout perdu, bénissez Dieu dans votre ruine ; votre cœur est brisé du départ de Compian, remerciez Dieu, et votre époux vous sera rendu. »

Marthe se pencha vers son fiancé.

Le jeune homme posa un doigt sur ses lèvres.

La jeune fille se leva.

Elle courut dans l'angle de la salle où Lazare épuisé dormait ; elle le prit dans ses bras affaiblis, et pliant sous son cher fardeau, elle arriva sous le péristyle au moment où Compian le franchissait.

« Marthe ! Lazare ! cria-t-il en les couvrant de baisers. Mes chéris, ma fille adorée... vous enfin... après tant de douleurs...

— Attends, père, attends, dit Marthe, ma mère ne sait rien...

— Et toi ?

— Un regard de Julien, les mots mystérieux dits par lui m'ont tout révélé... Ma mère est plus faible que nous ; elle a plus pâti ; hélas ! elle s'est privée de tout pour nous nourrir. »

Feu-Saint-Elme apparut porteur d'une mouette superbe, Jacques Tonnerre le suivait, traînant un poisson monstre.

En voyant le capitaine, tous deux laissèrent échapper le produit de leur chasse et de leur pêche.

C'est alors qu'ils crurent tous au miracle, car le capitaine qui les avait vu disparaître à la fois durant le combat de l'*Arasfiel* et du *Centaure* ne pouvait croire que la Providence les eût sauvés.

Ils exprimèrent leur joie par leur cri ; Compian, soutenant Marthe, gagna le cabinet en tenant Lazare serré sur son cœur.

Madeleine avait suivi le conseil de Julien.

Agenouillée, ou plutôt prosternée, anéantie, les bras allongés sur l'accoudoir, les genoux ployés sur le prie-Dieu, elle murmurait au pied du Crucifix :

« Seigneur, je vous bénis de toutes vos épreuves : quand vous trouverez que j'ai assez souffert, rappelez mon mari au milieu de mes enfants, que je le voie une fois et que **je meure.**

— Madeleine ! Madeleine ! murmura une voix. »

Cet accent galvanisa la mourante.

Ses yeux se rouvrirent.

Elle les fixa sur Compian, jeta ses bras autour de son cou, et perdit complétement l'usage de ses sens. Cette fois elle revint vite à elle. Le bonheur la ressuscita. Ses regards rencontrèrent le regard du compagnon de sa vie et elle sourit... Pendant longtemps il ne fut possible de distinguer aucune parole échangée entre Compian, sa femme et ses enfants, c'étaient des cris de joie, des soupirs, des larmes, des baisers. On s'étreignait, on se regardait. Il semblait que jamais on ne dut être rassasié de se voir. Le bonheur faisait oublier toutes les privations. On ne songeait plus à la famine ; et comme pour bannir toute lugubre pensée des maux publics ou particuliers, Feu-Saint-Elme annonça gravement que le dîner était servi.

Jacques Tonnerre venait de se surpasser.

Victor arriva au moment où l'on passait dans la salle à manger.

Le matelot et le mousse avaient bien tenté d'entourer de circonlocutions la nouvelle du retour de son père, mais le jeune homme n'avait point eu la patience de les entendre, et il était dans les bras de Compian, avant que Jacques-Tonnerre eut fini de lui raconter qu'un navire venant de Tripoli en avait apporté de récentes nouvelles.

Cette famille éprouvée connut ce jour-là la somme de joie que le cœur peut contenir sans se briser.

Ah ! leurs angoisses se trouvèrent amplement compensées ; de l'amer passé rien ne subsista. Pas un regret de la fortune perdue ne se mêla aux pensées de bonheur. Compians lui-même, Compian, le plus intéressé à retrouver dans l'abondance ceux qu'il aimait plus que lui-même, se livra tout entier à la joie de les revoir.

Madeleine lui devint deux fois plus chère, quand il la vit les yeux cernés par les larmes du veuvage.

En dépit de la douleur, Marthe avait grandi ; elle n'était plus une enfant, mais une jeune fille dans tout l'éclat d'une beauté virginale.

Lazare perdait de sa turbulence ; il restait gravement entre les genoux de son père, prêtant l'oreille à ses récits, et le regardant fixement, pour comprendre mieux la portée de ses paroles.

Victor et Julien, appuyés sur l'épaule l'un de l'autre, se pressaient la main en silence.

Jacques Tonnerre et Feu-Saint-Elme, retirés dans le coin le plus obscur de la salle, ne perdaient pas un mot de la dramatique histoire de Compian.

Leur dévouement pendant la famine, leur désintéressement constant, les avaient fait passer du rang des serviteurs à celui des amis.

N'était-ce pas pour sauver l'honneur du pavillon du *Centaure* que Jacques Tonnerre avait perdu le poignet ? et Feu-Saint-Elme en sauvant le brave marin ne s'était-il pas acquis des droits à l'estime générale ? Aussi, à l'heure où chacun brisé par les émotions allait se retirer, Compian dit-il d'une voix attendrie :

« Mes amis, mes enfants, je suis pauvre ; mais ce que je puis donner je le sacrifie de grand cœur... Julien, tu as adopté les miens dans leur détresse, et tu as prouvé surabondamment la bonté de mon choix ; je t'accorde la main de Marthe... avant deux mois elle sera ta femme. Jacques et toi Feu-Saint-Elme, donnez-moi la main et sachez que je vous tiens pour les deux meilleurs matelots de Marseille.

— Ah ! mon capitaine, balbutia Jacques Tonnerre.

— Matelot ! répéta Feu-Saint-Elme ; souvenez-vous que vous avez dit matelot, capitaine, le jour où vous armerez un navire !

— Sois tranquille, répondit Compian. »

Le mot du mousse amena un nuage sur son front.

Armer un navire ! lui Compian, n'était-il pas ruiné sans ressources, et lui restait-il l'espérance de réparer les désastres de sa maison ?

Marthe et Julien s'inclinèrent sous la bénédiction paternelle. Pendant que Compian adressait au jeune homme d'affectueuses paroles, Madeleine couchait le petit Lazare et l'embrassait, comme s'il venait de lui être rendu.

Le calme descendit sur la maison qui cessait d'être « la maison veuve. »

Pendant plus d'une heure encore, Compian et sa femme épanchèrent cœur à cœur ces confidences qui humectent les yeux et précipitent les battements du cœur.

Quand au matin Compian ouvrit les yeux, il trouva Lazare assis sur son lit, et lui disant avec une moue charmante :

« C'est égal, père, tu m'avais promis de m'apporter un Turc ? »

Ce mot de l'enfant fit passer devant le souvenir du capitaine la figure d'Osmanli.

« Non, cher amour, lui dit-il, ne me parle jamais de rois maures, nous en avons déjà trop vu ! »

Dans la cour il aperçut la gigantesque figure ornant jadis la poupe du *Centaure*.

« Sauvée aussi ! dit Compian.

— C'est-à-dire, capitaine, qu'elle nous a tirés d'affaire, le mousse et moi... nous sommes rentrés au port bravement à cheval sur le *Centaure*; de là nous l'avons porté en triomphe à Notre-Dame de la Garde, et s'il vous plaît, mon capitaine, nous espérons bien le voir orner la coque du prochain vaisseau que vous lancerez. »

Compian ne répondit rien.

A partir du jour où les approvisionnements ne manquèrent plus à la ville, le commerce reprit lentement son cours ordinaire.

Le mouvement du port augmenta à mesure que les manufactures employèrent de nouveau des bras et furent en état de livrer des marchandises.

A cette époque Marseille était, par ses fabriques, l'une des villes les plus importantes de France.

Elle ne contenait pas moins de trente-huit fabriques de savon qui, pour le seul achat de matières et le prix de la main-d'œuvre, formaient un total de quinze millions; a vente du savon s'élevait à une somme bien plus considérable; les dix fabriques de chapeaux occupaient au moins mille ouvriers, hommes et femmes ; l'Espagne et les îles de ses possessions accaparaient ses produits. On y comptait en outre : vingt fabriques de faïence, une de porcelaine ; dix fabriques d'indiennes peintes ; vingt fabriques de bas de soie, douze de toiles à voile; une manufacture d'étoffes tissées or et argent, deux de tapisseries, une de tabac haché, vingt de liqueurs, dix d'amidon, huit de verre; dix tanneries, trois de maroquins de couleur, une papeterie, deux fabriques d'eau-de-vie, six de chandelles, deux de corail façonné ; quatre fabriques de gants, sept de bougies, deux de bonnets de laine, une de vitriol, quatre de soufre ; trois établissements de teinture de coton filé rouge ; quatre fabriques de plomb de chasse et bien d'autres expédiant des draps, des étoffes, des souliers.

Pour importer ces produits ou pour en apporter de nouveaux, quatre mille navires entraient dans le port de Marseille, dont le commerce général atteignait le chiffre de 358 millions de livres tournois.

Smyrne, Constantinople, Salonique, Alexandrie, l'Égypte, Alep par le port d'Alexandrette, Chypre, faisaient de grandes spéculations avec Marseille comme Turin, Alger, Tripoli, et le royaume de Maroc.

Tous les ans, des navires portaient à Cayenne et aux Antilles l'huile, le savon, l'eau-de-vie, les liqueurs, les légumes, les farines, les fruits secs, les sardines, la morue, etc.; depuis la suppression de la compagnie française dans les Indes, le commerce de Marseille s'accroissait. A peine avait-elle subi quelques grands malheurs comme la peste, la disette ou la guerre, que la cité des Phocéens se relevait tout à coup pleine d'énergie, calculait ses chances nouvelles, frêtait et lançait ses navires, envoyant une sorte de défi aux villes qui la croyaient ruinée et la voyaient sans cesse renaître de ses cendres, comme pour prouver que les cités ne sauraient mourir tant que l'esprit de patriotisme anime ses habitants et que l'agrandissement de la fortune de plusieurs est estimé le bonheur de tous.

Mais si les négociants tentèrent de nouveau après les troubles, les surcharges d'impôts et les épreuves de la disette, de reconstruire l'édifice de leur fortune, il résulta de la situation générale que chacun eut besoin de ses fonds disponibles ; l'achat des denrées alimentaires, payées au poids de l'or pendant la famine, avait réuni presque tout l'or dans les mains d'accapareurs avides.

Des avares cachaient leur argent, l'entassaient, l'enfouissaient, se contentant de la jouissance stérile de le regarder, de le compter, de le palper ; les usuriers en augmentant d'une façon exorbitante les intérêts de celui qu'ils prêtaient entravaient les affaires.

Elles reprirent donc lentement, plus que lentement leur essor, les revers multipliés atteignirent les amis de Compian; il regarda la situation qui lui était faite et voyant qu'il lui devenait difficile d'attendre quelque chose des hommes, il espéra seulement en Dieu.

XVI

LE POIDS D'UN SERMENT

Un mouvement inusité depuis l'époque de la ruine de la famille Compian régnait dans la maison.

Les fenêtres s'ouvraient au soleil, le pavé de la cour brillait comme autrefois. Le *Centaure* semblait piaffer d'impatience à la porte intérieure. Les fleurs, cette parure charmante prodiguée par la nature, s'étalaient dans les vases, se massaient dans les angles, descendaient et remontaient le long des croisées.

L'ancien luxe de la maison subsistait, sauf la diminution des domestiques.

Jacques Tonnerre, Feu-Saint-Elme et une servante suffisaient à tout.

En ce moment tous trois réunissaient leur zèle pour achever de rendre ravissante une chambre blanche, parée avec un goût délicat et une harmonieuse simplicité.

« Quel bonheur, disait la servante, mademoiselle Marthe ne quitte pas la maison... D'abord, moi, je n'aurais pu vivre si elle était partie. Elle est si bonne, si douce !

— Bonne ! je crois bien, ajouta Feu-Saint-Elme, ma

sœur est venue la voir hier et elle pleurait... Vous savez, vieux Jacques, rapport au second, M. Ollioules, qui a été pris et vendu..., Marie et lui devaient se marier au retour et peut-être le capitaine aurait permis qu'on fît les deux noces le même jour. Cela aurait été un grand honneur pour nous... Mais le brave garçon n'est pas près de revenir si on ne lui aide ; or, mademoiselle Marthe a dit hier à Marie :

— Ma chère enfant, M. Julien m'a offert des bijoux gardés depuis longtemps à mon intention, prends cette bague ; elle n'est pas d'une grande valeur, mais tu l'ajouteras à tes économies, à celles que je pourrai faire et nous remettrons le tout au père Salvator, afin qu'il rachète Ollioules... J'en ai pleuré, moi, un matelot !

— Oh ! un matelot ! un matelot ! murmura Jacques. »

L'enfant répliqua vivement.

« Oui, un matelot ! le capitaine m'en a donné le titre le jour de son arrivée à Marseille... un matelot qui ne pointera peut-être jamais aussi bien que vous, mais à qui cependant on pourrait confier un canon de petit calibre capable de faire son devoir, tout comme la farouche *Crache-Mitraille*.

— Tu insultes ma pièce ! s'écria Jacques Tonnerre.

— Pas du tout, riposta Feu-Saint-Elme ; mais vous prenez plaisir à m'humilier, rapport à mon âge... quand je me suis jeté à la mer pour essayer de sauver le drapeau, je valais un marin, il me semble ?

— Un marin, oui, mais pas un matelot, dit Jacques Tonnerre, qui s'obstinait dans son idée.

— Là ! là ! dit la camériste en riant, il est bien question de matelotage ! est-ce que vous reprendrez la mer maintenant ? Monsieur reste chez lui et il a bien raison... Assez de courses et de flibuste comme cela ! il en a trop fait, le cher maître ! Qu'on se querelle sur le pont d'un navire, à la bonne heure, mais en attachant les rideaux d'une si jolie chambre, ce n'est guère de saison. D'ailleurs pour ces sortes d'ouvrages, c'est moi qui commande.

— On le sent bien, la fine goëlette, dit Jacques Tonnerre.

— Je m'appelle Marianne, monsieur le matelot.

— Ça se peut, Mademoiselle, il faut même croire que cela est, puisque vous le dites ; mais n'importe, pour moi vous ne serez jamais qu'une goëlette mince, élancée, et courant plus vite que l'oiseau, arrimée et parée, avec un goût ! Jolie marcheuse, et dont le sillage est bon à suivre.

— C'est bon ! c'est bon ! monsieur Jacques Tonnerre, voilà une besogne finie ; il s'agit maintenant de dresser le couvert dans la grande salle, nous n'en finirons jamais, si vous passez de vos disputes avec Feu-Saint-Elme à des compliments dont je n'ai que faire.

— On se taira, répondit le matelot. »

Marianne se tourna vers Jacques en riant, jeta sur ses bras une pile de serviettes damassées et descendit dans la grande salle, où, comme elle l'avait dit, il s'agissait de mettre le couvert.

Autrefois, Compian et Madeleine, en songeant au jour probable de l'union de Marthe avec Julien, se proposaient de réunir dans une fête splendide les amis chers à leur cœur, les hommes avec qui il se trouvait en relations d'affaires, les consuls de Marseille, et toute cette aristocratie marchande qui, comme celle de Gênes, avait droit de s'occuper de négoce, sans déroger.

Alors il possédait six navires croisant sur la mer, quatre cent mille livres, un crédit immense. Un constant bonheur ayant couronné toutes ses entreprises, il en rêvait de nouvelles ; la foi en soi est une puissance énorme ! elle soulève des mondes, se rit des difficultés; elle vaut plus à elle seule que tous les autres moyens d'action.

11.

La foi en soi soutenait Colomb insulté, captif, à la veille d'être mis à mort par son équipage en révolte.

La foi en soi faisait sentir à Galilée l'immense palpitation du sein de la terre.

La foi en soi animait Palissy, jetant dans le brasier ses derniers meubles, afin de trouver le succès de ses émaux.

La foi en soi est la boussole de l'esprit. Malgré les oppositions, les rivalités, les difficultés, elle demeure tournée vers le même point immobile et rayonnant pour elle.

Compian, miraculeusement heureux pendant les quarante premières années de sa vie, possédait une foi naïve dans ses prospérités. Il ne lui semblait pas possible de les voir diminuer ou s'éteindre. En raison même de sa confiance extrême, il trouva doublement douloureux les coups dont il se vit assailli. La perte du *Centaure*, la captivité dans la cale sombre de l'*Arasfiel*, le marché de Tripoli, le service chez Osmanli l'accablèrent. Mais de l'heure où son maître lui permit de rentrer à Marseille pour y chercher sa rançon, le passé lui sembla un cauchemar douloureux. Pendant tout le temps de la traversée, il eût des rêves de bonheur plus beaux que les souvenirs du passé.

Les nouvelles du pilote l'assombrirent ; mais au moment où il serra dans ses bras sa femme et ses trois enfants tout fut oublié. La joie est une accapareuse, une magicienne.

Or, Nicolas s'abandonna sans partage à une félicité plus grande encore qu'il n'avait pu se la figurer.

L'esprit n'atteint jamais les profondeurs parcourues par le sentiment.

Le cœur sent plus que l'imagination ne crée. Ceux qui affirment que la désillusion suit la réalisation de toutes les joies, ceux-là n'ont jamais éprouvé une ivresse profonde, infinie, capable de révéler à l'âme ce que peuvent être les insondables délices de l'éternité.

Compian oublia sa pauvreté, l'angoisse au sein de laquelle il venait de surprendre les êtres aimés ; il regardait sa femme et sa fille sans se rasassier de les voir.

Il multipliait les questions pour s'entendre faire des réponses mêlées d'élans et de larmes ; il s'interrompait pour embrasser Lazare, pour presser la main de Madeleine affaiblie par le mal horrible qui s'appelle la faim.

L'épreuve ayant cessé, il voulut savoir quelles étaient les ressources de sa famille.

Gaspard était mort ruiné, son inutile testament attestait son affection pour la famille de son ami, mais hélas, il ne rendait rien des trois cent mille livres prêtées.

Pendant l'absence de Compian, deux sinistres avaient englouti la *Cérès* et le *Vandale* ; le *Centaure* avait péri, l'on a vu à la suite de quel désastre ; on était sans nouvelles des deux autres navires expédiés aux Indes.

De l'immense fortune de Nicolas Compian, il ne restait donc que des épaves, au moment où la disette s'abattit sur la ville. Elle acheva d'engloutir l'argent et les objets de quelque valeur ; les derniers bijoux furent remis au père Salvator.

Désormais Compian était pauvre.

Une seule chance lui restait, le retour du *Minos* et de la *Toison d'or*, envoyés à Chandernagor.

Et au milieu de cette ruine, il voyait Madeleine, Marthe, Lazare.

Victor pouvait gagner sa vie ; si l'école était rude, elle ne devait pas être inutile. L'infortune est une sage institutrice, et celui qui se prend non pas à la supporter, mais à tenter de la dompter par son énergie, peut s'attendre à recueillir le fruit de ses peines.

Mais Madeleine et Marthe !

Julien se trouvait dans une situation presque aussi précaire que celle de Compian. Cependant, autant par respect pour la parole donnée, que par suite d'une grande confiance dans l'intégrité du caractère du jeune homme, Nicolas n'hésita pas à lui confier l'avenir de sa fille.

Marthe était une enfant charmante, douce, naïve, dont les sentiments, puisés à une source pure et chrétienne, ne pouvaient subir aucune altération.

Elle tenait de son père un grand courage, de Madeleine le besoin de se dévouer.

Sans timidité fausse, sans rougeur conventionnelle, elle mit sa main dans la main de Julien. Elle n'avait jamais songé qu'elle put avoir une autre affection que celle-là.

Ces deux jeunes gens ne s'étaient point aperçus qu'ils s'aimaient; leurs cœurs honnêtes et bons étaient naturellement allés au devant l'un de l'autre comme deux ruisseaux descendant d'une montagne finissent par se réunir et se confondre.

Julien puiserait dans son dévouement, le courage nécessaire pour rétablir sa fortune; Compian n'avait donc plus à se préoccuper de sa fille.

Mais Madeleine, Lazare !

Il vint une heure où l'infortuné capitaine ne garda pas une illusion.

Des tentatives d'emprunt échouèrent, on refusa de lui confier des marchandises, dont la vente eût été sûre à Tripoli. Ses anciens amis s'éclipsaient, il le comprit, et ne songea pas à s'adresser à eux.

Le temps marchait avec une rapidité effrayante.

Chaque jour rendait plus désespérée la situation du capitaine.

Il se débattit sous la main de fer qui l'écrasait, il

multiplia de vains efforts pour réunir une somme de mille sequins, et ne put la trouver.

Alors il se dit non pas : *Dieu m'abandonne !* mais Dieu me voue au martyre !

Et, tandis qu'il songeait avec une angoisse impossible à *décrire*, qu'il faudrait de nouveau abandonner sa chère famille, sa femme, sa fille et Lazare ne cessaient de lui prodiguer les marques de leur tendresse.

Parfois il eut préféré les voir froids ou indifférents pour lui, leur tendresse redoublait ses regrets, et lui faisait mieux sentir l'amertume d'un second départ.

Les abandonner !

Le pourrait-il ?

La vertu a des limites même dans les nobles cœurs.

N'allait-il point exagérer la valeur d'un serment.

Afin de tenir la parole donnée à un homme étranger à sa nation, à ses mœurs, à sa religion, il allait plonger dans le désespoir la femme qu'il avait juré d'aimer et de protéger.

C'est à Madeleine devant le Christ, aux pieds du prêtre, qu'il avait donné l'une : l'autre il l'avait échangée dans une heure de désespoir. L'homme dont il était esclave à Tripoli ne possédait plus de droit sur lui désormais. En avait-il jamais eu ? Depuis quand l'esclave n'est-il pas libre de secouer sa chaîne, et le prisonnier de s'évader ? Ben-Sadoc, en le faisant captif, avait commis un crime de lèse-humanité, se trouvait-il obligé d'en supporter les conséquences ? Ah ! s'il ne se fut agi que d'argent ! Si rentrant à Marseille, dans sa maison prospère il eût suffi de puiser dans ses coffres et d'en tirer mille sequins, hésiter eut été coupable et ingrat ; mais déchirer le cœur de sa femme, de sa fille, les quitter sans espérance de les revoir jamais !...

Compian hésita.

Il pesa toutes les raisons que nous venons d'énumérer. Il se révolta contre ce qu'il tentait d'appeler un faux point d'honneur, il se répéta qu'à sa place Osmanli sourirait de sa crédulité et ne songerait pas une minute à remplir une promesse dont l'exécution dépassait les forces humaines.

Quel cœur n'eut subi les mêmes angoisses?

Celles de Compian furent doublées par l'impossibilité de les épancher.

Il dut concentrer en lui cette douleur immense. Lutter seul, chercher seul la vérité qui s'obscurcissait parfois à ses regards.

Un mois entier se passa de la sorte.

Pendant ce temps Madeleine s'occupait du trousseau de Marthe, rapprochait d'elle sa fille bien-aimée, lui donnait ses instructions maternelles, lui conseillait les vertus intimes et lui faisait comprendre quelle responsabilité accepte une femme qui se charge du bonheur et de l'honneur d'un mari.

Marthe l'écoutait avec recueillement. Elle éprouvait pour sa mère une vénération, une tendresse doublées par l'habitude de tout lui confier ; si la sympathie est une force irrésistible, l'habitude est un indestructible lien.

Lorsque des âmes dévouées, des esprits purs ont, durant de longues années, partagé les mêmes pensées, traversé les mêmes événements, rien ne les séparera dans l'avenir. La rêverie de l'un est la rêverie de l'autre ; ils s'étonnent parfois d'être spontanément frappés de la même idée ; agités du même désir, ils ne sont pas deux mais un. Marthe et Madeleine se complétaient l'une par l'autre. La jeune fille eut refusé un mariage qui l'aurait séparée de sa mère. Elle s'attachait à son fiancé, en raison de la tendresse et du respect qu'il témoignait à Madeleine.

Compian s'occupa des préparatifs du mariage, ils furent simples, autant que le comportait la situation présente.

Madeleine trouva cependant moyen de créer pour Marthe une merveilleuse toilette, grâce à une pièce de satin bleu, conservée dans une armoire de chêne.

Des dentelles d'Alençon et quelques fleurs complétaient la parure de la mariée.

Cette parure était étalée dans un petit boudoir attenant à la chambre où nous avons vu Jacques Tonnerre, Feu-Saint-Elme et Marianne, attacher les dernières draperies.

Tandis qu'on dressait la table dans la salle, que Madeleine, seule avec sa fille, lui montrait le *Livre de raison* que Julien venait d'apporter, Nicolas Compian prenait le chemin du port. Chaque jour il se rendait à la même place, cherchant du regard les navires à l'horizon. Questionnant, regardant et demandant à Dieu pourquoi il n'envoyait pas le *Minos* et la *Toison d'or*.

Cette fois sa course ne devait point se borner à suivre la double ligne bleue du ciel et de la mer.

Un navire était en partance pour Tripoli.

Compian prit une barque qu'il manœuvra lui-même et se rendit à bord de la *Chauve-Souris*.

Le capitaine donnait un coup d'œil aux derniers préparatifs. Il se nommait Loustot.

C'était un brave homme, lourd comme son navire, intéressé mais serviable à sa manière ; on ne pouvait l'accuser d'avoir jamais dit : « Non » à une demande, dès qu'il pouvait y faire droit sans débourser d'argent.

Compian gravit l'échelle et se trouva en face du capitaine. « Que désirez-vous, monsieur Compian ? lui demanda celui-ci.

— Mon passage pour Tripoli.

— C'est facile, cent livres.

— Je vais vous parler comme à un ami...

— Parlez-moi comme à un homme d'affaires.

— Je traiterai de mes affaires avec l'homme d'affaires, et je prierai monsieur Loustot de me rendre un service.

— Nous mettons demain soir à la voile.

— Je le sais, il faut que je parte par votre navire et je manque d'argent ; j'offre mes services à bord, en échange de mon passage ; n'exigez rien de plus et ne me refusez pas.

— Diable ! » fit Loustot.

Un moment après il ajouta :

« Mon équipage est complet... Vraiment, je regrette... Mais vos conditions... »

En ce moment un marin présenta respectueusement une lettre à Loustot.

D'un regard et d'un geste il demanda l'autorisation de l'ouvrir.

Compian s'inclina.

« Ma foi, vous avez Dieu pour vous, monsieur Compian, mon second vient de perdre son père d'une chute de cheval, et m'annonce qu'il lui devient impossible de partir. Vous demandez une place, prenez la sienne.

— Bien, répondit Compian. Monsieur, je vous remercie. »

Sa voix s'altéra.

La faiblesse humaine parlait une dernière fois en lui.

Si Loustot lui avait refusé le passage en échange de ses services, il n'aurait pu arriver à Tripoli à la date fixée par Osmanli. Une fois ce délai passé, jamais le chrétien qui aurait manqué de parole au musulman n'aurait osé se présenter devant lui. Compian pensa durant l'espace rapide d'une seconde :

« J'ai fait ce que j'ai pu. »

Dieu demandait plus ; l'honneur exigeait davantage.

Cet honneur sans pactisation, sans compromis, qui reste debout inattaquable, inattaqué.

Pourtant, ce premier moment passé, Compian se retrouva lui-même.

Il quitta la *Chauve-Souris*, remonta en canot, et rentra chez lui pâle, mais parfaitement calme.

« Cher père, lui dit Marthe, nous t'attendions avec impatience, tout est prêt ; je viens d'essayer ma robe de mariée, Julien et mon frère sont allés à la Mayor ; d'où viens-tu ?

— Du port, ma fille.

— Aucune nouvelle de tes navires ?

— Aucune.

— C'est ce qui te rend si triste ?

— Oui, chère enfant.

— Je serai heureuse quoique pauvre, va ! ma mère est si bonne et Julien si dévoué ! puis, tu nous restes, toi... ah ! si je t'avais perdu, ce serait bien différent ; je ne possède d'autres qualités que les tiennes : en dehors de toi je n'apprécie et n'aime rien. Les exemples que je te dois sont si complets, si élevés...

— Et pourtant, Marthe, si je n'étais pas revenu.

— J'aurais moins aimé Dieu.

— Ce que tu dis là est mal, chère enfant.

— La plus grande preuve de bonté que Dieu m'ait donnée c'est de m'avoir gardé mon père.

— Je mourrai un jour, Marthe.

— Oh ! ne dis pas cela, murmura la jeune fille, en mettant une main caressante sur la bouche de Nicolas.

— Je mourrai, ma fille, et le ciel nous réunira... cette mort peut arriver dans un an, un mois, à la fin de cette journée. »

Marthe leva sur son père des yeux gonflés de pleurs.

« L'orpheline cesserait-elle d'être chrétienne ? Ne parlons plus de mourir, mon enfant, quoique la mort soit la conséquence de la vie... L'absence est semblable à la mort puisqu'elle sépare aussi...

— Tu ne nous quitteras plus, dit Marthe vivement.

— S'il dépend de moi, sans doute.

— Pour aucune raison, sous aucun prétexte, sans cela, tu ne nous aimerais pas... Je ne le croirais plus, du moins, ni moi, ni ma mère, ni mon cher Lazare... Julien ne te pardonnerait jamais de me causer une peine pareille.

— Tu t'en consolerais, ma fille, répliqua Compian avec mélancolie.

— Rien ne m'en consolerait, j'en mourrais... La douleur m'a mûrie, et de l'enfant elle a fait une femme... La femme cette fois resterait foudroyée par le désespoir... Ou plutôt, devant toi, père, il n'y a jamais, jamais qu'une fille, une fille aimante, une fille aimée. La veille de son mariage au lieu de redoubler de caresses, et de lui bien répéter qu'elle t'est chère, cette petite Marthe, et que son bonheur doublera le tien, tu la fais pleurer.

— Tu es donc heureuse ?

— Oui, » répondit-elle, en levant un clair regard vers son père.

Compian pressa dans ses bras sa fille, dont une larme mouillait encore les yeux ; puis il s'échappa comme si le courage lui manquait.

Marthe demeura immobile à sa place, regardant son père avec l'expression de l'inquiétude.

« Eh ! bien, demanda Madeleine en survenant, tu sembles triste.

— Je ne l'étais pas, je le deviens.

— Pour quelle cause ?

— Je l'ignore.

— Mais enfin ?

— Un pressentiment, dit Marthe.

— Ce pressentiment, est né d'une raison.

— Mon père semble affligé.

— Chère enfant, murmura Madeleine, il regrette de
te perdre. »

La jeune fille secoua la tête.

« Il y a autre chose.

— Des regrets de ne pouvoir faire davantage.

Pardonne-lui, chère ; songe à la façon dont les choses
se fussent passées, il y a seulement une année... Toutes
les cloches de la Mayor eussent sonné pour le mariage
de ma fille, les consuls nous eussent fait l'honneur d'y
assister, et les plus beaux diamants de Marseille t'auraient parée... Aujourd'hui, du satin et quelques dentelles, pas un bijou, et dans l'obscure chapelle où l'on
t'unira à Julien, les rares amis de la famille...

— Vous avez toujours raison sans doute ; en effet, ces
pensées attristent mon père. »

L'arrivée de Julien et de Victor, que suivait le turbulent Lazare mis en joie par les apprêts de Marianne, de
Jacques Tonnerre et de Feu-Saint-Elme, interrompit cet
entretien, et à l'heure du dîner, Nicolas avait reconquis
toute sa liberté d'esprit.

XVII

PENDANT LA FÊTE.

Le souper venait de finir.

Marthe, fraîche et rose sous son diadème de fleurs, était plus charmante que jamais; Madeleine paraissait attendrie, la gaîté de Compian éclatait comme une fanfare; si on l'eut observé de près, on aurait pu la trouver exagérée.

Madeleine l'interrogea; il montra Marthe.

« Elle ne nous quitte pas, » dit Madeleine en lui serrant la main.

Compian poussa un soupir.

« Que dirai-je donc, moi ? demanda la mère.

— Mon père, vint dire Marthe, mes jeunes amies demandent si tu permets les violons...

— Volontiers, » répondit Compian avec vivacité.

En un instant, un ami prit un violon dont il jouait parfois, et la jeunesse, enchantée, prit place en s'essayant à faire le plus gravement du monde de belles révérences, que leur naïve gaucherie rendait irrésistibles.

Julien dansa le premier avec Marthe.

Victor lui faisait face, avec la meilleure et la plus charmante amie de la fille de Compian.

Quand il eut fini, Compian quitta la place qu'il occudait auprès de Marthe, il se leva et se dirigea vers son fils.

« Victor, dit-il d'une voix grave, j'ai à vous parler. »

Le jeune homme demeura frappé de l'accent de son père. Compian s'en aperçut, et donnant à sa voix les inflexions les plus douces:

« Oui, mon ami, j'ai à te parler.

— Tout de suite ?

— Tout de suite.

— Où ?

— Dans mon cabinet, amène Julien avec toi. »

Madeleine suivait son mari d'un regard plein de sollicitude.

Un air de Lulli résonna sur l'archet du musicien et de nouveau les danseurs se mirent en place.

A la faveur de ce léger tumulte, Victor prévint Julien; les deux jeunes gens quittèrent la salle du bal.

Compian les avait devancés.

Les bras croisés en face d'un crucifix, il semblait puiser dans cette contemplation une force surhumaine. Son fils et son gendre respectèrent sa méditation.

Compian, en se tournant vers eux, était calme comme durant ses meilleurs jours.

« Mes fils, leur dit-il, asseyez-vous. »

Tous deux prirent place auprès de Compian.

« J'ai un récit à vous faire, reprit le négociant.

— Nous écoutons, dirent-ils.

— Dans le pays d'où j'arrive, un homme, un Français, un chrétien, était prisonnier d'un musulman.

— Comme vous, dit Victor.

— Comme moi, mon fils... il regrettait dans les fers plus que la liberté, il pleurait sa femme, ses enfants !... le sang de ses veines, l'âme de son âme ! son maître était humain, il fut touché des pleurs de l'esclave et lui demanda un jour:

« Que souhaites-tu ?

« — Revoir ma patrie,
« — Y possèdes-tu des biens ?
« — De très-grands.
« — Si je te permettais de partir, ferais-tu le serment
« de m'envoyer le prix de ta rançon ou de revenir te
« constituer prisonnier ?
« — Je le ferais.
« — Qui m'en répondrait ?
« — Ma parole. »
— Cela était fièrement répondu, dit Julien.
— Alors, reprit Compian, le musulman tendit la main à l'esclave :
« — Prends cette bourse pour ton passage sur un
« navire ; embrasse ta femme et tes enfants ; tente de
« rassembler mille sequins ou trouves-toi ici avant la fin
« du sixième mois... »
— Puisqu'il était riche, fit observer Victor, il pouvait promettre.
— Il était riche au moment du départ, en touchant au sol de sa patrie, il apprit sa ruine complète...
— Manquait-il d'amis ?
— Les malheureux n'en ont jamais.
— N'avait-il obligé personne ?
— Il comptait beaucoup d'ingrats.
— Eh ! bien, dit Victor, que fit-il ?
— Il épuisa inutilement tous les moyens de salut.
— Et après ?
— Après, c'est moi qui vous le demande, que devait-il faire ?
— Partir, reprit Victor.
— Est-ce aussi votre avis, Julien ?
— Oui, mon père.
— Devant moi et devant votre conscience, devant les hommes et devant Dieu, vous jugez qu'il ne pouvait agir autrement...

— Non ! sans se déshonorer.

— Bien ! bien ! répéta Nicolas, j'attendais cette réponse.

— N'aviez-vous point déjà résolu cette question ?

— Oui, mais je voulais, pour consolation suprême, avoir la certitude d'être approuvé par vous.

— Que voulez-vous dire ? demanda Julien.

— Mon père ! mon père ! s'écria Victor, que se passe-t-il ?

— Mes fils, je suis cet esclave libéré sur parole et enchaîné par un serment...

— Vous ?

— Hélas !

— Et vous partiriez ?

— Ne m'avez-vous point dit qu'un homme d'honneur n'aurait d'autre moyen pour garder le droit de s'estimer.

— Qui douterait de vous ? ne vous connaît-on pas ? n'êtes-vous point le modèle des pères, l'honneur du négoce. Avez-vous besoin de fournir d'autres preuves, non vous ne pouvez nous quitter et repartir, ce serait...

— Ce serait me montrer honnête homme... Mon équité passée, cette équité sur laquelle Osmanli fonda sa confiance, me permet-elle de déchoir. De ce que j'ai été loyal, s'ensuit-il que j'aie le droit d'être infidèle à mon serment. Porteriez-vous encore avec orgueil un nom flétri par une bassesse, admettez que nul ne sache à quelles conditions j'obtins de quitter Tripoli ; ni moi, ni vous à cette heure ne pourrons l'ignorer. Cette pensée nous suivra comme un remords, elle nous obsédera comme un crime, et si jamais je surprenais l'un de vous à mentir, à tromper, aurais-je conservé assez intacte l'autorité paternelle pour lui adresser des reproches. Mon cœur se déchire en vous quittant... Vous le connaissez et l'absence, les regrets, l'esclavage l'ont encore mieux rempli de votre pensée... Vous êtes plus que mes enfants, s'il se peut, vous êtes toute ma vie... Victor, Julien, vous le voyez, l'homme stoïque est vaincu, le Régulus moderne sanglote et faiblit, à vous de le soutenir, à vous de me dire: Partez, mon père; partez, notre voix est d'accord avec celle de l'honneur.

— Mon père, objecta Victor, vous avez parlé de rançon.

— Ne sommes-nous point devenus pauvres!

— Mais, dit Julien, nous sommes jeunes, courageux. Nous vous aimons! et c'est à nous qu'il appartient de vous racheter. Désormais au moins nous saurons quelle est votre demeure, il nous sera facile de correspondre avec vous, et dans deux ans, soutenus par l'espérance, mon frère et moi nous réaliserons des prodiges.

— Oui, quittez-nous, mon père, continua Victor, remplissez jusqu'au bout votre devoir, nous ne serons pas indignes du nôtre. »

Compian les pressa dans ses bras.

« Et maintenant, leur dit-il, rentrons dans la salle du bal, afin que nul ne s'inquiète de vous.

— Quand partez-vous, mon père ?

— Cette nuit.

— Sur quel navire ?

— La *Chauve-Souris*, capitaine Loustot.

— Nous vous accompagnerons, ajouta Julien.

— Non mes enfants ; je vous lègue deux faibles créatures à garder : à toi, Victor, ta mère ; à vous, Julien, Marthe, votre femme. »

Le jeune homme porta la main de Compian à ses lèvres.

« Écoutez, leur dit-il, cette heure est solennelle ; il se pourrait, nous devons tout prévoir, il se pourrait que je ne revinsse pas... Recevez donc, tous deux, ma bénédiction paternelle, mes baisers les meilleurs, mes vœux les plus ardents... Soyez heureux, bénis, aimés ; heureux dans vos enfants, comme vous m'avez fait heureux père! »

La voix de Compian s'altéra.

Ses forces s'épuisaient.

« Je vous suivrai tout à l'heure, dit-il ; rentrez au bal. »

Les deux jeunes gens, pâles, désolés, chancelants, sortirent en s'appuyant l'un sur l'autre.

Nicolas porta les deux mains à son cœur, comme s'il voulait en étouffer les battements.

Puis il se dirigea lentement vers l'endroit où Madeleine renfermait le *Livre de raison*.

Quelques lignes affectueuses, terminées par une citation de Psaumes, terminaient une page ; ces lignes relataient l'heureux retour de Nicolas au sein de sa famille.

Le capitaine prit une plume et traça en gros caractères :

« *Au moment d'abandonner Marseille, afin de me montrer fidèle observateur de ma parole, je remercie ma chère femme de tout le bonheur qu'elle m'a donné. — Mes enfants seront heureux et sages, s'ils suivent ses leçons. Je les confonds dans une seule étreinte. Lorsque ces lignes frapperont leurs yeux, je serai depuis longtemps déjà à bord du navire qui me ramènera esclave chez Osmanli, à Tripoli.*

« *Adieu ! Bénédiction et tendresse sur vous tous !*

« Nicolas Compian. »

Il laissa le livre ouvert sur la table.

Un moment après, le sourire aux lèvres, il grondait doucement sa fille de se fatiguer à la danse.

L'heure s'avançait, les amis se retirèrent.

Bientôt il ne resta plus dans la salle que les membres de la famille.

Nicolas semblait fort ému.

Marthe, suspendue au cou de sa mère, lui faisait quelque naïve confidence.

Victor et Julien, les doigts crispés, l'œil voilé de tristesse, évitaient de rencontrer le regard de leur père.

« Allons, Marthe, dit Nicolas, toutes tes caresses sont pour ta mère, et tu me rends jaloux... Viens m'embrasser, chère enfant ! Reste digne de nous, montre-toi une femme sage et une bonne chrétienne : ne t'imagine point que la vie est facile et la vertu aisée à pratiquer. Non, mon enfant ; j'ajoute qu'elle n'est pas toujours récompensée... et pourtant, elle seule fait notre cœur paisible... Adieu, Marthe, ma fille aimée, adieu !

— Adieu, murmura Marthe, à demain ? »

Compian l'attira à lui et l'embrassa.

La famille se sépara.

L'émotion de Compian se trouvait suffisamment justifiée par le mariage de Marthe. Jamais un père et une mère ne demeurent sans inquiétude devant la grande énigme du bonheur dans un mariage. Ceux qui ont choisi l'époux de leur fille avec le plus de prudence sentent néanmoins leur cœur serré.

« Va, dit Madeleine, ils seront heureux comme nous. »

Une heure après, un silence profond régnait dans la maison.

Nicolas ayant entendu tous les bruits s'éteindre quitta la chambre et descendit.

Il passa devant celle où dormait Lazare.

Pauvre ange ! il était loin de se douter que le père, retrouvé depuis si peu de temps, allait de nouveau repartir.

La pensée de le voir encore une fois s'empara du cœur de Nicolas avec une telle force qu'il tourna, avec mille précautions, le bouton de la porte et entra sur la pointe des pieds.

L'enfant dormait.

La lumière d'une veilleuse tombait sur son joli visage,

il souriait vaguement, une main passée sous sa petite tête, de l'autre attirant encore à lui le Sarrasin menacé tant de fois d'avoir la tête tranchée.

« Adieu ! dit Compian, quand je te vois, il me semble que je te préfère à tous les autres. »

Il effleura le front de l'enfant, de ses lèvres, et quitta la chambre.

Comme il descendait l'escalier, il crut voir filtrer de la lumière dans le réduit partagé par Jacques Tonnerre et Feu Saint-Elme. Il se pencha vivement ; mais soit qu'il se fût trompé, soit qu'on l'eût rapidement soufflée, il lui fut impossible de rien distinguer.

Un moment après, il était dans la cour.

Sous les rayons de la lune, la figure du *Centaure* ressemblait à un gigantesque fantôme.

Compian s'était muni de la clef de la porte.

Il l'ouvrit sans difficulté, la tira doucement et se trouva dans la rue.

Peu après, deux ombres s'allongèrent derrière lui.

Il marchait vite, et gagna le port en peu de minutes. De batelier, il n'en voyait point.

Mais soudain les deux ombres qui le suivaient disparurent et se perdirent dans le fond d'une barque.

« Descendez, capitaine, dit une voix bien connue.

— Jacques Tonnerre ! » murmura Compian.

Un homme, assis dans la barque, se leva.

« Mon fils ! mon Victor !

— Je savais seul votre secret, je pouvais seul vous accompagner.

— Qui est dans l'ombre, là, parmi les cordages ?

— Feu-Saint-Elme, votre nouveau matelot.

— Ah ! il est bon d'être aimé... » pensa Compian.

Le mousse et Jacques, qui ramait malgré son infirmité, dégagèrent le canot du milieu des autres embarcations, et la mer le poussa vers la *Chauve-Souris,* balancée mo.-lement sur ses ancres.

Le père et le fils gardaient le silence.

Jacques et Feu-Saint-Elme feignaient de porter la plus grande attention à leur manœuvre.

Enfin, la barque accosta le navire.

« Ne montez pas à bord, dit Nicolas à Victor et à ses matelots. Je vous remercie du fond du cœur de m'avoir conduit jusqu'à ce vaisseau. Vous allez rentrer dans la maison, bien veuve cette fois, et vous y attendrez l'accomplissement des décrets de la Providence. »

Une dernière étreinte rapprocha le fils du père, et Nicolas s'élança sur l'échelle flottante.

Le capitaine Loustot l'attendait.

Un moment après, la barque portant Victor s'éloigna du navire.

Quand il eut mis pied à terre, le jeune homme se tourna vers ses compagnons.

« Vous connaissiez donc le secret de mon père?

— Pardon, monsieur Victor, répondit Feu-Saint-Elme, sans le vouloir j'en ai entendu quelques mots... Je passais avec des rafraîchissements, Marianne m'a un moment arrêté ; et, devinant qu'il s'agissait encore d'un voyage, j'ai consulté mon supérieur d'âge, afin de savoir si nous ne devions pas demander à être embarqués. Il m'en a dissuadé, me répondant que madame Madeleine et mademoiselle Marthe... madame Marthe avaient besoin de nous... Pour lors je me suis borné à implorer la faveur de faire la conduite au capitaine, et Jacques Tonnerre y a consenti.

— Vos mains, mes amis, vos mains ! s'écria Victor.

— Oh ! Monsieur, dit Jacques en avançant puis reculant la sienne, comme si le respect qu'il portait à son jeune maître l'empêchât de répondre à un tel honneur.

— Voilà les deux miennes ! s'écria Feu-Saint-Elme et

merci à vous, monsieur Victor, de ne point vous montrer fier et d'aimer ceux qui vous aiment.

— Que dira madame Madeleine demain? » murmura Jacques.

Victor n'osa répondre.

Rentré chez lui, il ne put fermer les yeux.

Au matin, il lui sembla entendre pousser un cri dans la chambre de sa mère.

Il y courut et vit Madeleine pâle, l'œil égaré, un doigt roidi posé sur la page d'adieu de Nicolas.

Marthe et Julien entrèrent en même temps que Victor. Madeleine les regarda anxieuse, à demi-folle.

« Est-ce vrai ? demanda-t-elle.

— C'est vrai, » répondit Victor en se jetant à genoux devant elle.

Marthe fondit en larmes, jeta un regard de reproche à Julien, comme pour le punir d'avoir eu un secret pour elle ; on entendit dans cette chambre un bruit de sanglots, toutes les mains s'étreignirent, et la commune douleur s'épancha sans s'alléger.

Ce fut deux jours plus tard seulement que Madeleine eut la force de demander à ses fils quelles raisons rendaient obligatoire le départ de leur père.

Elle les écouta avec une sorte de stupeur, puis la résignation descendit en elle, et comme ses fils elle murmura :

« Il le fallait ! »

XVIII

LEGS D'ABDALLAH.

Abdallah à Osmanli.

De l'oasis du grand désert

Allah ! Allah !
Il n'y a d'autre Dieu que Dieu et Mahomet est son prophète.
Qu'il te tienne en joie ! ce Dieu puissant.
Depuis le jour où nous nous sommes quittés, tous les malheurs ont fondu sur moi.
Cependant, je méditais alors l'accomplissement d'un devoir cher à tout Musulman, et dont la négligence le priverait à jamais de la possession des joies suprêmes réservées aux vrais croyants.
Je voulais coller mes lèvres sur la pierre sacrée du temple de Caaba, afin de mériter le repos sous l'ombrage de l'arbre du bonheur, le tuba, dont chaque feuille est douée d'une âme, et d'entendre la voix mélodieuse de l'ange Arasfiel.
— Allah ! Allah !
C'était écrit.

Je quittai Tunis par la force de ma volonté, car je sentais défaillir mon cœur à la pensée de laisser seule Ayesha, ma fille unique.

Tu le sais comme moi, les objets de notre affection nous ont subitement manqué. Le vide s'est fait autour de nous. De même que tu portes le deuil de Gusla, je ne suis pas consolé de la mort de Dulzania, et j'ai préféré la solitude qui me rendait son image, à une vie de plaisirs propres à me distraire de ma rêverie. En apprenant mon projet de départ, Ayesha, que j'ai nommée ainsi par respect pour la compagne du prophète, ne put se défendre de verser un torrent de larmes. Elle se jeta dans mes bras, et me supplia au nom de sa tendresse de demeurer près d'elle.

En vain lui parlai-je de l'exigence de nos lois, elle me répondit : le Coran est un livre, et je suis ta fille !

Elle prononça le nom de Dulzania, afin de m'attendrir, et je sentis toutes les terreurs de mon enfant passer dans mon sein.

Pourtant le premier moment donné à la faiblesse paternelle, je me retrouvai moi-même, je confiai Ayesha aux soins d'un esclave digne du titre d'ami, puisqu'il a sauvé jadis ma vie et ma fortune, et une nuit, après avoir fait disposer les bagages, les provisions, les armes, et désigné les serviteurs qui m'accompagneraient dans cette expédition, je quittai ma demeure, laissant pour ma fille une longue lettre couverte de larmes et de baisers.

Je te l'ai dit, je ne partais point avec un saint enthousiasme.

Le feu de mes jeunes années est éteint.

Nous avons fait tour à tour ensemble le commerce et la guerre, plus d'une fois nous avons dû mettre le sabre au poing pour défendre nos marchandises ou notre vie, on a volé les unes, menacé l'autre ; tour à tour opprimés et vainqueurs, dépouillés de nos biens et riches de nos prises, nous épuisâmes en quelques années la force de toute une vie. Le désir du repos nous vint. L'amour de la famille, peu compris en Orient, s'augmenta en raison de nos relations et de nos connaissances.

Nous adorions Allah, nous vénérions le prophète, mais ni Allah ni le prophète ne défendent de chercher 'e bonheur dans une affection profonde.

A peine l'avions-nous trouvée qu'elle s'évanouit.

C'était écrit !

Peut-être sans le savoir, faisions-nous injure aux coutumes de nos pays en adoptant une partie des mœurs des giaours.

Tu te retiras dans la maison des Roses de Tripoli; je me fixai à Tunis, dans un palais clos à tout regard, où comme un maître indulgent et un père tendre, je me vouai à l'instruction d'Ayesha.

Tu ne connais pas ma fille.

Elle a la taille d'un jeune palmier, des yeux de gazelle veloutés et doux, des cils longs et recourbés, une bouche rose et discrète, des mains qui tirent de nos guitares des accords enchanteurs, des pieds faits pour la danse, et sous cette enveloppe, reflet des houris divines, un cœur généreux et compatissant.

Je me suis complu à développer en elle tous les sentiments tendres et bons. Jamais elle n'a infligé de châtiments à un esclave, jamais la colère n'a brillé dans son regard et altéré le son de sa voix. Ayesha ressemble à Dulzania, et Dulzania ne pouvait être comparée à personne.

Je me suis souvent dit que Fatmé devait être la sœur jumelle d'Ayesha.

J'aurais voulu les voir grandir ensemble, et s'aimer de toute l'affection qui nous lie.

Entre nous il exista plus d'un pacte.
Celui de l'amitié, d'abord.
Celui des intérêts, ensuite.
Enfin, celui du sang.

Tout enfant, tu t'en souviens, Osmanli, nous nous défendions mutuellement ; si l'un avait commis une faute, son ami s'en avouait coupable.

Plus d'une fois, notre obstination à attirer sur nous un châtiment mérité par un seul fit qu'on se montra également sévère.

Ces punitions, supportées pour l'amour l'un de l'autre, nous paraissaient légères.

Nos parents se montraient rigides envers nous, mais au fond ils admiraient ce dévoûment enfantin, cette affection fortifiée par des actes.

Plus tard, lorsque la mort de mon père et celle de Mouraliz nous eurent faits orphelins, nous nous demandâmes ce que nous allions faire.

« Qu'aimes tu ? demandai-je.
— Le commerce.
— Et toi ? ajoutas-tu en me regardant.
— La guerre.
— Faisons l'un et l'autre.
— Comment ?
— Tu me concéderas de t'occuper de commerce par amitié, et en reconnaissance, je me battrai à l'occasion pour t'obliger.
— Tu te battras.
— Tu te livreras au négoce.
— Ce que je ne conçois pas, repris-tu, c'est la façon dont nous concilierons ces deux choses.
— Rien de plus simple, au contraire.
— Que serai-je ?
— Marchand et soldat.
— Et toi ?

— Soldat et marchand

— Je ne saisis plus.

— Nous ne faisons de commerce qu'en caravane ; or, les caravanes sont attaquées. Nous ne voyagerons qu'armés, et nous guerroierons, à loisir.

— J'accepte, me dis-tu.

— Merci.

— A quand le premier départ ?

— Aussitôt que les marchandises seront réunies.

— Que faut-il pour cela ?

— De l'argent.

— En as-tu ?

— Peu et toi ?

— Nous mettrons tout en commun. »

Et tirant un sac énorme de tes coffres, tu comptas cinq mille piastres.

« Il faudra changer quelque chose à nos conventions, te dis-je.

— Pourquoi ?

— Quand on commence une affaire, il est juste que chacun apporte une somme égale.

— Et...

— Je ne possède que deux mille piastres.

— Tu as raison, me répondis-tu froidement ; il est impossible que nous puissions confondre nos intérêts.

— Nous le pouvons, en basant les profits de chacun sur la somme apportée.

— C'est inutile.

— Pourquoi ?

— Je croyais pouvoir m'entendre avec vous, mais vous ne vous entendrez pas avec moi.

— Qui te le fait supposer ?

— Vos paroles.

— Qu'ai-je dit ?

— Plus qu'il n'en fallait pour outrager l'amitié.

— Moi ! je jure.

— Ne jurez pas, Osmanli, vous feriez un faux serment.. Voici vos propres paroles · « Je ne puis m'associer avec vous dans une mesure égale, ma fortune étant moindre. » Or, celui qui a fait entrer dans l'amitié une question d'intérêt est indigne de comprendre l'amitié l'une des vertus du cœur de l'homme. Si c'était vous qui eussiez possédé les cinq mille piastres, vous m'eussiez donc éloigné d'un partage égal.

— Abdallah !

— Alors, pourquoi n'agirais-je point ainsi que vous eussiez fait vous-même ? Me croyez-vous moins dévoué ? Ou vous accepterez ma proposition première, ou nous nous séparerons pour la vie. »

Et tu tombas dans mes bras, Osmanli...

T'en souviens-tu, nous pleurâmes...

Rosée sainte du cœur, rosée bénie qui fait épanouir tant de fleurs dans l'âme de l'honnête homme.

Un mois après, la caravane se mettait en marche.

Nos marchandises étaient de bon aloi, nous les faisions escorter par vingt esclaves, et nous suivions nous-mêmes, montés sur des chevaux du pays vrais buveurs d'air, dignes du prophète lui-même.

Pendant les trois premiers jours, la route s'allongea tranquille.

Nous parlions rarement.

La grandeur de l'horizon, la sérénité du ciel, la majesté des nuits, la pensée que nous devenions des hommes et que désormais il nous fallait prendre rang parmi ceux qui travaillent et qui luttent, nous rendaient graves.

De temps en temps, l'un des esclaves chantait une chanson sur un mode traînant et mélancolique.

A la fin de la sixième journée, nous atteignîmes un caravansérail rempli déjà de voyageurs, et dans les environs duquel on voyait dressées des tentes faciles à transporter ; puis s'élever les pieux auquel on attachait les montures.

Nous laissâmes aux esclaves le soin des bagages, des vivres et des ballots et nous entrâmes dans la grande salle.

Le jour finissait.

Quelques voyageurs reposaient.

Un groupe composé de cinq ou six personnes se tenait dans un angle, trois fumeurs d'opium aspiraient une mort lente et une latente folie dans le suc mortel du pavot.

Notre regard embrassa la salle.

Nous nous assîmes sur des tapis et nous savourâmes une tasse de café. Les esclaves préparèrent notre repas.

Nous le prîmes en silence, respectant le sommeil des uns, la paresse ou les rêveries des autres.

La nuit arriva.

A mesure que s'épaississaient les ténèbres, les voyageurs endormis s'éveillaient.

On eut dit de nocturnes oiseaux ouvrant dans la profondeur de la nuit leurs yeux que le jour blesse.

Je te pressai la main.

Tu compris mon geste.

Nous observions.

Les six voyageurs suspects restèrent un instant immobiles, pour se bien assurer que leurs mouvements et leur changement d'attitude, ne troublaient le repos de personne ; puis, croyant que nul ne les observait, ils rampèrent le long de la muraille.

Un homme endormi, qu'ils heurtèrent du pied malgré leurs précautions, adressa une question à peine intelligible ; les voyageurs restèrent immobiles et ne reprirent leur marche lente vers la porte, qu'après avoir acquis la certitude que personne ne s'occupait d'eux.

Un moment après, le seuil était franchi.

Alors nous nous levâmes.

L'instinct nous fit porter la main à nos armes. Elles étaient assujetties à notre côté.

« Viens, te dis-je. »

Et nous sortîmes.

Il nous fut facile de distinguer les prétendus dormeurs.

La lune écarta brusquement les nuages qui l'enveloppaient, et nous les montra s'avançant avec des précautions infinies du côté des tentes destinées à protéger nos marchandises.

Nos esclaves au nombre de vingt les gardaient.

Mais les esclaves sont des esclaves.

Chose vendue est facile à revendre.

Rien ne nous répondait de leur fidélité.

Le plus sûr était de protéger nous-même notre fortune.

Et tandis que les voleurs pénétraient dans une tente voisine de la nôtre, nous nous glissâmes rapidement et sans bruit près de nos dromadaires.

« Éveillons-les, te dis-je en montrant les esclaves. »

Tu te couchas à terre, et approchant ta bouche de l'oreille de l'un des serviteurs, tu l'avertis de l'attaque prochaine, en lui faisant signe de transmettre l'avis à ses camarades.

En une minute nos hommes furent armés.

Couchés sur le flanc, la tête paisiblement posée sur un ballot, un poignard dans chaque main, ils se tenaient sur la défensive.

Pour les encourager, nous nous plaçâmes en avant.

Les voleurs quittèrent la tente dans laquelle ils venaient de pénétrer, poussèrent un cri aigu, semblable à celui d'un oiseau de proie, et un homme tenant un cheval par la bride s'avança.

On jeta sur le coursier la prise faite, et le guide et le cheval s'éloignèrent lentement.

On eût dit un honnête marchand quittant le caravan sérail avant l'aube.

Ce fut de notre côté qu'ils se dirigèren

L'entrée de la tente paraissait facile.

Les deux esclaves postés à l'entrée gardaient une immobilité de bon augure.

Les voleurs pénètrent dans la tente, en font une inspection rapide, et s'indiquent du doigt ce qu'il faut emporter.

Nous survenons alors.

Chacun de nous fond sur un des aventuriers.

Bien que pris à l'improviste, ils se mettent en un instant sur la défensive.

Leur habileté à se servir de leurs armes est de beaucoup supérieure à la nôtre, ils joignent l'adresse à la force.

Les esclaves qui nous suivent nous sont d'un faible secours, deux sont blessés, trois fuient ; les voleurs, comprenant que l'alarme va être donnée et qu'on leur coupera la retraite, tentent de se débarrasser de nous au plus vite afin de se sauver dans la direction prise par le cheval chargé du butin.

L'un d'eux lève le bras, me saisit à la gorge, m'étreint à me faire perdre la respiration et je crois déjà sentir son couteau dans ma poitrine, quand il chancelle et tombe, des gouttes de sang rejaillissent sur moi, et je vois sur tes vêtements une place rouge.

Ma fureur redouble, je frappe en forcené de la lame d'une main, du fourreau de l'autre.

Un mouvement tumultueux s'opère dans le camp des voyageurs.

A mon tour, je détourne un coup qui allait t'atteindre et nous roulons enlacés, dans une mare de sang.

Deux des voleurs gisaient morts à nos pieds.

Trois avaient reçu des blessures auxquelles ils ne pouvaient survivre, le dernier venait de s'évader quand on arriva à notre secours.

Nous indiquâmes le chemin suivi par les fugitifs, et, montés sur nos chevaux, nous les poursuivîmes si bien en dépit des douleurs causées par nos blessures, que nous les atteignîmes.

Cette fois, vaincus d'avance par le nombre, ils se laissèrent garrotter et nous les ramenâmes au caravansérail.

Chacun de nous pansa la blessure de son ami.

Je souffrais de la tienne.

Et tu ne songeais qu'à me plaindre.

L'un et l'autre, nous avions fraternellement versé notre sang.

Ce fut le sceau de notre pacte intime. Ce souvenir ne me revient jamais à la mémoire sans m'arracher de douces larmes, nous n'avons eu qu'un cœur à deux, une pensée à deux, une bourse à deux.

Pendant quinze ans a duré cette vie d'aventures, tantôt à travers la mer de sable, tantôt sur les vagues furieuses. Nous avons supporté ensemble le fléau du simoun et les trombes de vent; et quand, riches, lassés, aspirant au repos, nous avons cessé cette existence active d'autres affections n'ont en rien altéré notre amitié.

Toi à Tripoli, moi à Tunis, nous avons mené la même vie. Nos esclaves nous respectent, comme nous respectons le Coran. Tout nous réussit et nous aurions connu le bonheur parfait, si nous n'avions dû creuser deux tombes.

De ces tombes avaient jailli deux fleurs.

Ayesha et Fatmé !

Noms aimés et chers ! ils me ramènent au commencement de cettre lettre, qui s'allonge à mesure que les souvenirs assiégent ma mémoire.

Ces souvenirs, d'ailleurs, rendent la transition plus facile. J'ai à te faire une proposition étrange, à te confier un legs que tu accepteras au nom d'Allah !

Quand j'ai quitté Tunis, ma maison close à tous les regards, mes jardins remplis de fontaines jaillissantes et ma fille Ayeska, je l'ai fait pour obéir à une loi dont nul n'a le pouvoir d'éluder les préceptes, mais sous l'empire d'une terreur dont je ne me rendais aucun compte.

Je tentais de repousser ce pressentiment, comme l'on fait la nuit quand de funèbres images vous oppressent : impossible.

Les larmes d'Ayesha doublèrent mon angoisse.

Et je partis malgré cela.

La pensée de la mort me harcelait.

Celle de quitter Ayesha, de ne la revoir jamais, me torturait l'âme.

Si je ne partais pas, je serais retranché de la vie future.

La foi du musulman et la tendresse du père se livrèrent un rude combat.

La croyance triompha.

Avant mon départ, je réglai toute chose de telle sorte que si mes pressentiments ne me trompaient point, les biens d'Ayesha, mes papiers et quelques objets précieux, dans mes souvenirs, pussent être trouvés et gardés ou remis à des amis chers, désignés dans une lettre écrite avant mon départ et enfermée dans un coffre de nacre.

Cette clef, Ayesha la garde suspendue à son collier de perles de Dharfar.

Je crois que, pendant la nuit, la pensée de l'homme, mise en communication avec celle des génies, voit plus loin que le présent, et se rit de la matière ; c'est pourquoi, sur la foi de mes visions, je préparais tout ainsi.

Je me suis mis en marche.

Inutile aussi de te raconter les fatigues de ce voyage,

tu connais ce qu'est une traversée dans le désert, tu as vu passer comme moi la *Caravane de la Mecque.*

Je visitai la Mecque, je baisai cette pierre mystérieuse, noire à l'extérieur, blanche au dedans, symbole de l'âme éternelle, pure, ailée, enfermée dans une prison moins digne d'elle. Je pouvais mourir, j'avais vu la Caaba.

Le prophète récompensa le sacrifice fait en quittant ma fille, je pus remplir mon devoir de croyant ; et comme si je n'avais plus rien à attendre, une fièvre violente me saisit.

Malgré les conseils de tous, je quittai la Mecque.

Peut-être aurais-je le temps de revoir Ayesha avant de mourir.

Épuisé, souffrant d'horribles tortures, je ne voulus pas que la marche de mon dromadaire fût ralentie.

Nous épuisâmes l'une après l'autre toutes les épreuves: le vent, la soif, les attaques des voleurs.

Chaque malheur nouveau me portait à vouloir presser davantage la caravane fatiguée.

Hier nous avons vu l'oasis.

Nous y sommes...

Je n'en sortirai pas...

Cette fois, je vois qu'Allah s'y oppose.

C'était écrit !

Je me soumets.

Mes forces suprêmes ont été employées à écrire à ma fille une lettre dont se chargera le messager qui te portera à toi-même ces longues pages; entre mes accès de fièvre, je retraçais avec un bonheur infini mes souvenirs de jeunesse, et je m'énumérais les raisons que j'ai de t'aimer. Tu étais plus jeune que moi de deux années, Osmanli, un peu de gravité paternelle se mêlait à mon affection. Pendant toute notre vie commune, j'ai dirigé les expéditions et préparé les affaires.

Tu étais le bras, moi la tête.

Du fond du cercueil où je serai quand cette lettre te sera remise, je t'adresse une prière que tu ne peux refuser d'entendre.

Quand tu auras achevé de la lire, pars pour Tunis, rends-toi dans la maison où j'ai laissé Ayesha.

Parle en mon nom et demande la clef du coffret de nacre.

Elle te sera remise.

Ouvre la cassette...

Avant de briser le lacet de soie entourant les paquets qu'il contient, ma fille et toi vous ferez le serment de vous conformer à mes désirs.

Je vous entendrai d'en haut, je recueillerai votre parole. Puis vous songerez à l'exécution de mon projet.

Et s'il réussit, si tu acceptes le legs d'Abdallah, la bénédiction sera sur toi et ta fille, comme je l'aurai fait descendre sur mon Ayesha adorée en fixant son avenir.

Tu trouveras chez moi un esclave chrétien en qui j'ai mis toute ma confiance, il a nom Ollioules, je l'ai acheté d'un corsaire fameux dans nos fastes maritimes : Ben-Sadoc ; Ollioules pourra te rendre de grands services.

J'ai pris des cordiaux pour relever mes forces, pendant tout le temps mis à t'écrire cette missive, leur puissance s'affaiblit en raison de l'abus, l'énergie factice s'éteint après l'énergie naturelle. Le froid me gagne, c'est la mort qui vient.

Pars pour Tunis.

La clef du coffre... le serment... Ayesha... la voix d'Arasfiel résonne.

C'était écrit...

Dieu est Dieu.

ABDALLAH.

Quand Osmanli eut terminé la lecture de cette lettre, il la laissa tomber sur la table, et cacha son front dans ses mains.

Abdallah, le seul ami qu'il eût sur la terre, venait de mourir. Toutes les épreuves se succédaient pour le torturer.

Fatmé gardait une tristesse dont rien ne parvenait à la distraire et il tremblait de voir cette jeune vie s'éteindre comme une lampe dont l huile est épuisée.

— Allons, dit-il, Abdallah comptait sur moi, il faisait bien ; ce qu'il veut je le ferai.

Le soir même, il était sur la route de Tunis.

XIX

AYESHA.

La fille d'Abdallah se trouvait dans une salle octogone, meublée de divans et dont les dalles disparaissaient sous les tapis et les fourrures.

D'une main distraite elle ajoutait des paillettes d'or et des grains de corail à une broderie, magnifique assemblage de soie et de pierres précieuses, travail charmant, inutile, qu'elle continuait sans attacher sa pensée au dessin suivi soigneusement par son aiguille.

Une esclave noire, qu'on eût prise pour une personnification de la nuit, jetait des parfums dans un vase émaillé, et une fumée odoriférante montait jusqu'au plafond en blanche colonne.

Tout dans cette pièce était en harmonie avec celle qui l'habitait. Le ton jaune d'or des satins faisait ressortir sa noire chevelure. Elle portait un costume de soie bleue et de gaze lamée, et s'épanouissait comme une fleur dans le palais d'Abdallah.

Jusqu'à cette heure aucun souci n'avait altéré son joli visage.

Elle ne rêvait jamais, elle chantait souvent.

Sa main s'ouvrait pour l'aumône, ses lèvres pour le sourire.

Il y avait en elle de la fleur et de l'oiseau.

Et pourtant, en observant bien cette physionomie charmante, on y trouvait certains signes indicateurs de volonté et de finesse.

Dulzania s'était éteinte comme les sons de l'instrument harmonieux dont le nom lui avait été donné. Ayesha éprouva de sa perte un regret rétrospectif et vague.

Voyant son père triste au souvenir de cette jeune morte, elle pleura de sa tristesse, sans en comprendre la portée.

Abdallah, en multipliant autour d'elle les marques d'une tendresse prévoyante, l'empêcha de sentir l'ennui la ronger et la curiosité l'atteindre.

Il ne songeait point à lui choisir un époux, ou plutôt, de même qu'Osmanli, il retardait cette heure inévitable, sentant bien que la solitude de la tombe commencerait pour lui du jour où Ayesha le quitterait ; de son côté, la belle enfant paraissait si heureuse, qu'il y aurait eu de la cruauté à changer quelque chose à un présent dont elle se déclarait satisfaite.

Son premier chagrin fut le départ d'Abdallah pour la Mecque, et encore la loi religieuse qui le rendait obligatoire la consola.

Elle compta les mois, les jours, les heures sans voir revenir Abdallah.

Si robuste, pourtant, restait sa foi dans son bonheur qu'elle ne soupçonna pas même la perte qu'elle avait faite. Les détails reçus par elle sur le chemin à parcourir, et les difficultés de la route tendaient à la rassurer.

Elle ne devenait donc triste que rarement, et le matin même on l'avait entendue chanter.

Les pressentiments ne frappent pas à toutes les portes ; une cigogne avait fait son nid sur le toit de la maison d'Abdallah, et les cigognes portent bonheur au logis comme au maître.

13.

Le sel n'était jamais renversé à table.

Les grands molosses enfermés dans la cour ne hurlaient point d'une façon funèbre.

D'ailleurs, le chagrin n'est l'hôte attendu que de ceux qui le connaissent déjà.

Les autres le traitent de fantôme et pensent que les enfants seuls en doivent avoir peur.

Allah et le prophète ne devaient-ils point d'ailleurs leur protection à un croyant fidèle ?

Tout en enfilant le corail et les paillettes, Ayesha se répétait ces choses, et le sourire revenait sur sa bouche, faite pour le rire et les chansons.

Une petite fille noire, vêtue de soie rouge, passa sa face crépue entre les portières, frappa dans ses mains, vint se coucher aux pieds d'Ayesha, et lui dit d'une voix musicale :

— Un étranger arrive.

— De quel pays ? demanda curieusement Ayeska.

— De Tripoli.

— Et il se nomme ?

— Osmanli.

— Osmanli, dis-tu, et mon père est absent, mon père dont il est le meilleur ami.

— Osmanli apporte un message pour vous.

— L'a-t-il donné ?

— Ollioules, l'esclave, l'a reçu verbalement.

— Et c'est ?

— Il demande la clef de la cassette de nacre.

— La clef de la cassette de nacre ! répéta la jeune fille en portant la main à son collier de perles ; qui lui a dit ?

— Une lettre d'Abdallah.

— Il a des nouvelles de mon père ?...

— Des nouvelles ? oui, Ayesha, des nouvelles...

— Pour qu'il connaisse le coffret de nacre et sache que j'en garde la clef à mon cou, il faut en effet qu'Abdallah

lui ait confié des secrets dont son amitié le rend digne...,
j'obéis..., prends cette clef, mon enfant, porte-la à Abdallah ; toi, Néro, ajouta Ayesha à l'esclave noire, conduis Osmanli dans la chambre de mon père.

Ayesha détacha la clef de son cou.

L'enfant la prit et suivit Néro.

Toutes deux trouvèrent Osmanli assis sur un divan, la contenance affaissée, les vêtements poudreux, portant sur son visage la trace des lassitudes de son esprit.

Il prit, sans rien dire, la clef et suivit en silence la grande Africaine et la petite Maure.

— Voici le coffret, dit Néro.

— Et la clef qui l'ouvre, ajouta l'enfant.

Osmanli leur fit signe de s'éloigner.

Resté seul, il demeura un moment debout calme et grave, devant cette cassette, comme s'il s'était trouvé en face du cercueil d'Abdallah.

Il lui semblait non point qu'il commettait un sacrilége en l'ouvrant, mais que de cette boîte devaient sortir de nouvelles douleurs.

La volonté d'Abdallah le poussait, volonté d'autant plus sacrée qu'elle restait indiscutable puisqu'elle émanait d'une tombe.

Osmanli ouvrit enfin le coffret.

Il contenait des bijoux ayant appartenu à Dulzania et une large lettre triplement scellée.

Osmanli brisa l'enveloppe.

En lisant la première ligne il pâlit, s'interrompit comme s'il commettait une erreur, puis il resta appuyé d'une main sur la table et froissant de l'autre la lettre d'Abdallah.

Une violente émotion mouillait son regard et tordait ses lèvres.

Quand il sortit de la longue méditation dans laquelle il était tombé, il quitta la chambre, passa dans un jardin où des plantes projetaient l'ombre épaisse de leur feuillage, puis, appelant un noir, il lui demanda où se trouvait en ce moment un esclave chrétien nommé Ollioules.

— Il soigne les chevaux du maître.

— Préviens-le que je l'attends.

Le noir sortit.

Ollioules ne tarda pas à se présenter.

La captivité avait creusé son front de rides profondes; si les fortes paroles de Compian l'empêchèrent d'attenter à sa vie, il protestait au moins de toute la puissance de sa volonté contre les fers dont on le chargeait.

Cependant, tout en souffrant avec désespoir, en mordant ses poings de rage, en accablant Ben-Sadoc de malédictions, il remplissait son devoir avec exactitude.

La consigne survivait en lui.

Plus d'une fois Ollioules trouva l'occasion de s'échapper, il ne le fit pas.

Une grâce implorée presque à genoux et accordée avec bonté lui rendit, pour un peu de temps, le calme et l'espérance ; il avait obtenu d'écrire à la sœur de Feu-Saint-Elme.

Vendu d'abord à une sorte d'empirique de Tripoli, Ollioules fit avec lui des voyages nombreux ; prouvant jusqu'à l'évidence la vérité de cet axiome français : *Pierre qui roule n'amasse pas mousse*, l'empirique, ruiné par la poursuite d'une question scientifique impossible à résoudre, céda Ollioules à un marchand, qui fit du second de Compian un simple manœuvre. Ollioules était frêle, d'une taille moyenne, incapable de résister aux fatigues quotidiennes de ce métier. Mais sa volonté ne tint pas contre la faiblesse de ses épaules, et un jour qu'il tentait vainement et obstinément de porter un fardeau, à peine l'eut-il placé en équilibre sur sa tête, qu'il tomba de toute sa hauteur, comme frappé d'un coup de massue au front.

Les esclaves du négociant, au lieu de le secourir, le raillèrent, l'injurièrent et allaient employer les coups en guise de cordial, quand Abdallah survint. Il s'informa de la cause du rassemblement, fendit la foule, vit un homme évanoui à demi écrasé sous un faix que nul n'avait la compassion d'enlever et murmura entre ses dents :

— Les lâches.

— Giaour ! répondit laconiquement un porteur d'eau.

— Homme ! répliqua Abdallah.

Et soulevant la tête ensanglantée d'Ollioules, il parvint à le ranimer.

— Le nom de ton maître, dit-il

— Abouli.

— Peux-tu marcher ?

— Je ie peux.

La captivité avait enseigné la sobriété de paroles à Ollioules.

— Conduis-moi.

Ollioules marcha.

Abdallah suivit.

Au bout d'une demi-heure, Ollioules, se frayant un chemin à travers des barriques, des ballots, des caisses et des jarres, désigna de la main Abouli à Abdallah.

— Celui qui compte de l'argent, dit-il.

— Bien.

Abdallah aborda le marchand.

— J'ai trouvé cet esclave sur le port, évanoui et presque écrasé sous le poids d'un ballot...

— Il recevra le fouet, dit le maître.

— Le ballot était trop lourd.

— L'esclave doit avoir la force du bœuf, la célérité du cheval et la sobriété du dromadaire.

— Cet esclave est propre à peu de chose, continua Abdallah.

— Chrétien ! fit Abouli en haussant les épaules.

— J'ai besoin d'un intendant de campagne, vendez-le-moi.

— De bon cœur, répondit Abouli, j'ai les giaours en une telle horreur que j'eusse fait un jour ou l'autre périr celui-là dans les supplices.

— Vous avez tout profit à vous en défaire.

Abdallah tira une bourse de sa ceinture et la présenta à Abouli.

Le marchand la secoua et la mit dans sa poche.

— Suis ton maître, dit-il à Ollioules, il fait plus que t'acheter, il te sauve la vie.

Ollioules regarda Abdallah, parut rassuré sur l'avenir, et partit avec son acquéreur.

Maître pour maître, il aimait du moins mieux celui-là.

Abdallah ne lui désigna aucune tâche et le laissa libre le reste du jour.

Le lendemain, il le chargea de porter une forte somme chez un de ses amis.

Ollioules s'acquitta de sa commission et vint en rendre compte

Abdallah parut surpris.

Néanmoins il ne dit pas une parole capable de faire soupçonner à Ollioules qu'il avait cru ne le revoir jamais.

— Avec cet argent, s'était-il dit, il passera en France; je n'aurai rien perdu en perdant un esclave infidèle.

Abdallah ne croyait guère aux hommes et moins encore aux chrétiens.

Il changea bientôt de pensée, confia plus d'un secret à Ollioules et n'eut jamais lieu de s'en repentir; il l'estima et l'aima. Ollioules lui rendit l'estime, mais ne put jamais parvenir à l'aimer.

Le meilleur des maîtres n'était jamais pour lui qu'un *maître*, c'est-à-dire un homme dont il était le corvéable, le serf, la chose, la propriété.

Pourtant un regret lui serra le cœur en voyant Abdallah partir pour la Mecque.

Ollioules ne connaissait pas Osmanli, mais plus d'une fois son maître, avait, devant lui, prononcé ce nom avec l'expression de l'affection la plus vive.

Quand le second du *Centaure* se trouva en face d'Osmanli, il le regarda bien en face et se demanda s'il était vendu de nouveau et s'il devait changer de maison.

— Chérissais-tu ton maître ? demanda Osmanli.

— Je l'ai fidèlement servi, c'était mon devoir ; je ne l'ai pas aimé, il me gardait esclave.

— Ton maître n'est plus, dit Osmanli.

L'ombre d'un regret passa sur le visage d'Ollioules, il se souvint qu'Abdallah le trouvant à moitié mort sur une place de Tunis l'avait ranimé puis acheté afin de le soustraire à la férocité stupide des gens du peuple, ou de le protéger contre la colère de son maître. Le marchand pouvait s'irriter de la faiblesse physique de son esclave et le faire battre pour cette seule raison, qu'il avait eu le tort de tomber sous un fardeau, de se faire une large blessure à la tête et de s'évanouir comme une femme.

— A qui appartiendrai-je ? demanda Ollioules.

— A la fille d'Abdallah.

— Elle épousera un homme bon ou mauvais dont je serai l'esclave, comme j'étais celui de son père.

— Demain sans doute tu quitteras Tunis.

— Bien.

— Tu ne me demandes pas quel lieu tu habiteras ?

— Qu'importe ! répondit Ollioules, je n'ai qu'une patrie ! et toute ville étrangère est l'exil pour moi.

— Tu iras à Tripoli.

Ce nom parut causer une vive impression à Ollioules.

— Tripoli, répéta-t-il.

Il ouvrit la bouche comme s'il avait le désir d'adresser une question, mais il garda le silence.

L'esclave n'osait interroger l'homme libre.

— Tu connais Tripoli ? reprit Osmanli, qui devina sa pensée.

— J'y ai été vendu.

— Abdallah avait en toi grande confiance. Ne crains donc rien, je ne te fais pas subir un interrogatoire. Désires-tu apprendre quelque chose.

— Oui, dit Ollioules, je voudrais savoir ce qu'est devenu le capitaine du *Centaure*.

— Tu étais à bord du *Centaure*, capturé par Ben-Sadoc ?

— J'y étais.

— Tu te trouvais sous les ordres de Compian ?

— Compian ! Vous connaissez Nicolas Compian ?

Cette fois, Ollioules oublia qu'une distance énorme séparait de lui, pauvre esclave, le fastueux Osmanli ; le nom de son cher capitaine, de son second père, lui remua le cœur si profondément qu'il saisit les mains de l'ami d'Abdallah et les pressa sur ses lèvres.

Osmanli se sentit ému.

— Oui ! je connais Compian, dit-il, Compian fut mon esclave.

— Il vous a quitté ?

— Je l'ai libéré sous condition... S'il ne peut trouver le prix de son rachat, il reviendra.

— Ce qu'il a promis, Compian le tiendra.

— S'il revient, ce que je souhaite sans l'espérer, vous vous retrouverez ensemble.

— Fasse le ciel ! ajouta l'esclave.

Un moment après Osmanli ajouta :

— Prépare ce qu'il faut pour le départ de ta maîtresse et demande-lui si je puis maintenant me présenter devant elle.

Ollioules sortit.

Pendant qu'il ouvrait la porte, quelques notes perlées

accompagnées des sons d'une guitare parvinrent à l'oreille d'Osmanli.

— Pauvre enfant, murmura-t-il.

Il prit la longue missive qu'il avait reçue du messager de l'oasis, et la lettre trouvée dans le coffret de nacre.

— Ayesha vous attend, vint dire Ollioules.

La jeune fille était enveloppée d'un léger voile et blottie dans l'angle d'un sopha. Son élan l'eût portée à se jeter naïvement au cou de l'ami de son père, un instinct secret l'arrêta.

— Osmanli dit-elle, m'apportez-vous des nouvelles d'Abdallah !

— Il est heureux, mon enfant.

— Heureux ! dites-vous, heureux ! loin de sa fille.

— Il correspond du moins avec elle.

— Où est-il maintenant?

— Ayesha, il est où demeurent éternellement les fidèles adorateurs d'Allah et les observateurs des lois de son prophète.

Ayesha arracha brusquement son voile, bondit de sa place jusqu'à Osmanli et s'écria :

— Lui ! non ! non ! tu t'es trompé... Ce n'est pas possible... Abdallah ! mon père ! je suis orpheline... seule, toute seule au monde !

— Non ! tu ne seras point seule, répondit Osmanli en fixant un regard ému sur l'enfant palpitante secouée par ses sanglots, car ma fille Fatmé deviendra ta sœur, et je serai ton appui.

Ayesha tomba sur le divan et cacha sa tête dans les coussins.

— Ayesha, reprit la voix pénétrante d'Osmanli, il me faut écouter, malgré votre douleur... Non pas moi mais votre père. Il s'adresse à vous du fond de sa tombe... il croit que ses prières...

— Me seront des ordres, Osmanli, parlez...

— Je vous lirai deux lettres, la première adressée du désert à Osmanli, par Abdallah son frère ; la seconde, trouvée dans la cassette de nacre, et écrite avant son départ pour la Mecque en prévision d'un malheur.

— J'écoute ! j'écoute, dit Ayesha en essuyant ses larmes.

Osmanli lut la lettre que nous avons citée.

Quand il eut achevé, Ayesha la prit et baisa la signature.

— Voici l'autre, ajouta Osmanli dont la voix perdit de son assurance.

— Lis, lis, répéta l'orpheline, j'ai fait provision de courage.

Osmanli commença.

Mais bientôt les mots expirèrent sur ses lèvres, il n'eut pas la force d'achever et tendit la lettre à Ayesha, cette lettre, preuve suprême de la sollicitude paternelle.

La pauvre enfant eut peine à effacer ses larmes, un brouillard voilait ses yeux, les mots fuyaient son regard éteint. Elle rassembla son énergie, termina la page, la tourna, acheva de lire les dernières lignes de cette recommandation suprême, colla sa bouche sur la signature de la lettre, comme elle avait fait sur celle de la première ; puis, ramenant par un geste d'une pudeur grave, son voile sur son visage enfantin tout à l'heure et devenu presque solennel, elle tendit la main à Osmanli, en lui demandant :

— L'ami accepte-t-il le legs de l'ami ?

— Oui, répondit le père de Fatmé.

— Il sait que ce legs est Ayesha l'orpheline ?

— Qui, pour obéir à son père, devient la femme d'Osmanli.

— **La femme d'Osmanli**, répéta la jeune fille en fondant en larmes.

Soudain elle se redressa.

— Je pleure mon père, dit-elle, rien que mon père...

— Vous ne m'en voudrez jamais d'avoir obéi à ce qu'il demandait de moi.

— Vous êtes un honnête homme et je serai une femme dévouée, répondit Ayesha, maintenant ordonnez de moi.

— Dès que notre union sera célébrée, Ayesha, nous quitterons Tunis.

— Et nous irons !

— A Tripoli.

— Mon père n'aura pas même de tombe, murmura l'enfant.

— Il aura sa tombe où vous habiterez, Ayesha et si vous avez des fils, vous les y mènerez en pèlerinage.

— Ah ! vous êtes bon, et vous songez à tout.

— Ne faut-il pas que je justifie le choix de mon ami ?

Osmanli laissa Ayesha seule.

La jeune fille fondit de nouveau en larmes. La mort imprévue de son père, l'arrivée d'Osmanli, ce mariage rendu nécessaire par les circonstances et accompli dans des heures si douloureuses, tout cela la brisait. Elle se rassasia de pleurs, de sanglots, de cris, et s'endormit sur le divan dans la salle octogone dont elle venait d'interdire l'entrée, même à Néro, sa plus chère esclave.

Le lendemain, il lui semblait à sa lassitude, à sa tristesse sombre, que dix années de douleurs venaient de passer sur elle.

Osmanli respecta ce désespoir.

S'il eût été libre d'agir autrement, il aurait retardé la cérémonie du mariage, mais la volonté d'Abdallah était formelle.

Ayesha ne s'épouvantait pas de devenir sa femme

Elle le savait bon, et songeait que Fatmé lui serait une douce compagne. Osmanli l'avait dit, elles seraient comme deux sœurs.

Deux jours plus tard Ayesha était femme d'Osmanli.

Ollioules surveillait les bagages.

Les dromadaires et les chevaux attendaient.

Osmanli laissa Ayesha seule avec ses femmes, et pendant le voyage, il s'entretint fréquemment avec Ollioules de cet homme le plus probe des Marseillais, Nicolas Compian.

Ce nom gardait la puissance de tirer le second du *Centaure* de sa rêverie, et dans son malheur, il remerciait Dieu de permettre qu'il devînt esclave du même maître.

Souffrir à deux allége le mal de moitié.

Le soleil dorait les coupoles de Tripoli, quand Osmanli s'approcha de la litière d'Ayesha.

— Nous arrivons, lui dit-il.

— Dieu soit loué, répondit-elle, et que bénie soit votre maison !

— Vous en passez le seuil, Ayesha, n'est-ce point une bénédiction pour ma vie, la dernière et la plus grande?

Ayesha pressa en silence la main de son mari.

Pendant tout ce long voyage, Osmanli avait pris à tâche d'être ce qu'il avait promis, le plus tendre des pères, le plus attentif des protecteurs.

Il l'avait laissée à la solitude, chère aux affligés ; mais chaque fois qu'Ayesha avait dû adresser une question, il s'était trouvé là pour lui répondre ; chaque fois qu'elle avait eu besoin d'un peu d'eau, d'un fruit, il avait tenu à la servir lui-même.

Ayesha sentait qu'elle restait libre de par la bonté de cet homme, exceptionnel entre les hommes et surtout entre les Musulmans.

Aussi, lorsque la maison des Roses parut devant elle toute enguirlandée de fleurs, descendit-elle de litière sans tristesse et sans crainte ; elle entrait chez elle appuyée sur un bras dont l'appui ne pouvait faillir

XX

LA CHAMBRE DU KIOSQUE.

La lumière tamisée par de lourds rideaux tombait douce et rare sur un lit de satin broché, entouré de gazes lamées ; des parfums suaves brûlaient dans des vases précieux ; aux portes se tenaient des esclaves immobiles, semblables à des statues de basalte ; cette raideur dans la pose, cette fixité de regard, cette métamorphose de l'homme littéralement pétrifié de par l'ordre du maître, causait une impression pénible. Sous l'abri du moustiquaire était ensevelie une jeune et charmante créature, consumée par une fièvre ardente, aux yeux agrandis cerclés de noir, au visage amaigri ; ses longs cheveux noirs lourdement nattés, pendaient sur les oreillers. Ayesha poussait de temps à autre un profond soupir, auquel d'autres soupirs répondaient.

Au pied du lit, le front caché dans ses mains, Osmanli au désespoir sentait son cœur se rompre à chaque cri s'échappant de la poitrine de sa jeune femme.

Debout au chevet, inclinée sur les coussins, et agitant d'une main légère une éventail de plume, Fatmé contemplait, avec l'expression d'une tristesse douloureuse, Ayesha devenue pour elle une sœur chérie.

Elles étaient du même âge ces deux filles de l'Orient, capables de rendre visibles les rêves de Saadi.

Quand Osmanli amena sous son toit l'orpheline confiée à sa tendresse, il se demanda plein d'inquiétude ce qu'allait penser Fatmé, accoutumée à régner seule dans la maison des Roses. A mesure qu'il approchait du logis, son inquiétude augmentait. Il ralentissait la marche de sa monture et l'approchait de celle d'Ayesha avec une sollicitude craintive.

Depuis le commencement du voyage, la jeune femme ne cessait de lui adresser des questions sur sa vie habituelle, elle s'enquérait des moindres détails afin d'éviter de froisser, d'attrister celui à qui son père l'avait léguée comme au plus digne.

Il lui en savait un gré infini, sa reconnaissance brillait dans son regard, se traduisait dans le son de sa voix, autant que dans le sens des paroles; plus Ayesha mettait de délicatesse dans son langage, plus elle laissait voir ses qualités aimables, plus Osmanli craignait que cette nature délicate se trouvât attristée et froissée par le changement d'habitudes qu'allait entraîner, pour la jeune femme, son séjour à Tripoli.

Ayesha avait été la fille unique et bien-aimée d'Abdallah, comme Fatmé était restée jusqu'à cette heure la seule préoccupation et la seule joie d'Osmanli. Enfants choyées, adorées, elles pouvaient craindre qu'un changement d'existence dérangeât et compromît leur bonheur.

Il n'avait fallu rien moins que les droits sacrés de l'amitié d'Abdallah pour décider Osmanli à donner à une autre épouse la place vide laissée par la mère de Fatmé.

Osmanli et Ayesha souffraient d'une inquiétude semblable.

Tous deux redoutaient l'ombrageuse tendresse de la jeune fille.

Le père tremblait d'entendre Fatmé l'accuser de ne plus l'aimer.

Ayesha craignait d'être devenue un objet de jalousie, peut-être d'aversion.

Aussi, comprenant ce que ressentait son mari, lui dit-elle d'une voix douce :

— Prenez les devants si vous le désirez, vous éprouvez une légitime impatience d'embrasser votre fille.

— Vous quitterai-je donc, Ayesha?

— Pour quelques heures seulement.

— Vous le permettez ?

— Allez, mon ami, je ne permets pas, je vous en prie.

Osmanli comprit cette excessive délicatesse; et recommandant aux porteurs une marche moins rapide, il partit en avant. Une heure après il arrivait dans la maison des Roses.

Fatmé entendit le joyeux hennissement du cheval de son père.

Elle accourut, se jeta dans ses bras, l'accablant de questions, le couvrant de baisers, lui prodiguant les marques de l'affection la plus vive, quand elle eut rassasié un peu son cœur avide. Ses yeux charmés, elle demanda avec une gravité inquiète :

— Abdallah ?

— Mort! répondit Osmanli.

— Vous avez dû bien souffrir !

— Plus que tu ne peux le croire.

— Et sa fille, car Abdallah avait une fille ?

— Une fille de seize ans.

— Qu'est-elle devenue? demanda Fatmé.

— Elle adorait son père... continua Osmanli sans répondre à cette question.

— La voilà seule au monde.

— Abdallah était seul son parent.

— Elle a des amis sans doute ?

— Ceux de son père lui restent.

— Ceux de son père ? Mais alors l'orpheline ne manquera pas d'appui, tenez, mon père, ajouta Fatmé, une chose me surprend et m'afflige.

— Quoi ? ma fille.

— C'est que vous n'ayez point songé à me la donner pour compagne... Je n'aime plus les fleurs... Le chant des oiseaux est inhabile à me distraire... Mon esprit s'en va loin comme les nuages... Une sombre tristesse voile parfois mes yeux, et vous m'avez souvent reproché de ne plus être la même qu'aux anciens jours... Vous m'aimez, je le sais... Mais vous n'êtes point là, sans cesse, et j'ai perdu ma mère, et je n'ai pas de sœur.

— Que dis-tu ? s'écria Osmanli en pâlissant.

— J'eusse donc été heureuse de voir près de moi Ayesha.

— Heureuse, as-tu dit...

— Oui, mon père, bien heureuse.

— As-tu réfléchi que l'orpheline ne pouvait franchir ce seuil sans être liée à nous par des liens de parenté, d'alliance..., et n'aurais-tu point d'ailleurs été jalouse et tourmentée de mille craintes, dès que tu l'aurais vue marcher sans cesse près de toi. Elle t'aurait aimée comme une sœur, comme une mère, mais Fatmé ne se serait-elle pas plainte en croyant que l'affection de son père se partageait ?

— Non, répondit Fatmé... non ! d'autant moins que si j'en crois certains pressentiments... votre pauvre Fatmé...

— Tais-toi ! dit tendrement Osmanli.

— Et voilà pourquoi je souhaitais voir Ayesha ici.

— De sorte que si, prévoyant ta pensée...

— Elle vous suit ! Elle vient ! s'écria Fatmé.

— Elle vient, ma fille, elle vient chez moi avec le titre d'épouse, prête à t'aimer comme la plus tendre des sœurs. »

Fatmé ressentit à cette nouvelle une joie véritable.

LA CHAMBRE DU KIOSQUE.

Elle avait dit la vérité en parlant de ses pressentiments.

La pauvre fille pâlissait et languissait depuis quelques mois ; sa tristesse dégénérait en consomption.

Dans sa tendresse pour son père elle se désolait à la pensée de l'isolement dans lequel il tomberait s'il venait à la perdre.

Jamais elle n'eût osé lui donner le conseil de chercher à l'avance une affection nouvelle, mais Abdallah mort il devenait tout naturel, d'après les coutumes de l'Orient, que l'orpheline trouvât un époux dans le meilleur ami de son père.

Fatmé demanda une litière pour aller au devant d'Ayesha.

Osmanli se trouvait trop heureux de voir sa fille dans de semblables dispositions, pour ne pas accéder à sa demande.

Quelques instants après, Fatmé, doucement balancée par le pas régulier des porteurs, vit se dérouler la longue route bordée de palmiers par laquelle s'avançait la fille d'Abdallah.

Les deux litières se trouvèrent bientôt proche l'une de l'autre.

Fatmé fit arrêter la sienne, descendit et s'approcha de celle d'Ayesha qui venait de donner ordre de suspendre la marche.

— Je suis la fille d'Osmanli, dit Fatmé d'une voix douce.

Ayesha se souleva sur ses coussins de soie.

Au même instant, mues par un même désir plein de grâce et de charme, les deux jeunes filles levèrent l'une pour l'autre leurs voiles et se regardèrent avec curiosité.

Elles sourirent ensuite des yeux et des lèvres.

— Vous serez mon amie !

— Je suis votre sœur !

Ces deux phrases jaillirent ensemble de leurs lèvres.

Leurs mains s'unirent, elles se regardèrent ensuite, puis Fatmé ajouta :

— Ne voulez-vous point prendre place à côté de moi ? Nous rentrerons ensemble à la maison des Roses.

Ayesha embrassa Fatmé, et monta près d'elle.

Osmanli les attendait sur le seuil.

Elles descendirent en même temps, et chacune prit une des mains d'Osmanli, qui rentra dans sa demeure le cœur plein de joie, bénissant Ayesha et Fatmé pour la délicatesse de leur affection.

Il n'y eut ni trouble ni querelle dans la maison, Ayesha et Fatmé s'aimèrent et ne se quittèrent plus.

Leur esprit se préoccupait d'une seule chose, le bonheur d'Osmanli.

Quelquefois, cependant, Fatmé laissait encore son regard plonger dans le vague, et si Ayesha, surprise de sa rêverie, cherchait à l'en tirer par un mot ou par une caresse, Fatmé se réveillait en sursaut, et questionnait au lieu de répondre.

Le temps s'écoulait, comme s'écoulent les jours heureux.

Ayesha reprenant soin des choses négligées par Fatmé exigea que les volières fussent repeuplées, et voulut des fleurs dans tous les parterres, Fatmé la laissa commander, mais ne parut prendre aucun plaisir en voyant de nouveau les roses embaumer les jardins, et les corolles peintes par le soleil s'épanouir sur les gazons et les mousses.

Un soir, Ayesha l'avait entraînée dans les massifs en fleurs, et voulait fixer son admiration en lui montrant les merveilles réalisées par les esclaves, Fatmé ne répondait pas.

— Ayesha, dit Osmanli en survenant, sans doute les

jardins reprennent un peu de leur grâce, mais Fatmé les a vus plus beaux.

— Il y a longtemps ?

— Quelques mois.

— Si un esclave habile s'en occupait à cette époque, rendez-le moi, dit la jeune femme.

— Un esclave habile, oui, et même un esclave dont je croyais m'être fait un ami.

Ayesha regarda Osmanli avec curiosité.

— Il était Français et chrétien.

— L'avez-vous vendu ?

— Non.

— Il s'est donc enfui ?

— Non, encore.

— Je ne comprends pas, dit Ayeska.

— Eh bien ! je lui ai permis de partir pour chercher sa rançon.

— Et vous croyez qu'il la paiera ?

— Non, mais il reviendra.

— Reprendre ses chaînes ?

— Oh ! ses chaînes...

— S'il n'a pas la liberté, il est esclave; chaînes de fer ou chaînes morales, il est lié.

— Il reviendra, Ayesha.

— Eh bien, ma pensée est celle-ci : s'il le fait, il est fou !

— Fou, de tenir sa parole !

— Il n'y a point de serment capable de lutter contre l'espace, l'air et le soleil.

— Il y a plus que l'espace et le soleil.

— Quoi donc ?

— Une femme, des enfants !

— Ah ! s'écria Ayesha, souhaitons pour eux qu'il manque de courage.

— Es-tu de cet avis, Fatmé ?

— Je pense comme vous, mon père.
— Nous reverrons Compian ?
— Je le crois.
— Le délai fixé expire dans quelques jours, objecta Osmanli rêveur.
— Dans dix-sept jours, mon père.
— Et si le chrétien demeure fidèle à son service, dit Ayesha, j'aurai dans mes parterres de plus belles roses que celles de Cachemire ?

Fatmé s'était penchée pour cueillir des fleurs, et sans doute elle n'entendit point Ayesha, car elle ne répondit pas.

Osmanli venait de s'éloigner en murmurant.
— Dix-sept jours...

Sa pensée sonda l'abîme immense creusé par ces deux mots.

Il se demanda si la force humaine suffisait pour soutenir cet héroïsme ?

Et s'adressant à lui-même cette question : « Que ferais-je ? » il se répondit comme Montaigne : « Que sais-je ? »

C'est qu'en effet, pour garder le respect de pareilles paroles données il faut plus qu'un banal courage, il faut plus même que la grandeur de Régulus et l'amitié dévouée de Pythias. Les siècles en passant sur les hommes ont tout modifié, le stoïcisme d'autrefois n'est pas ce qu'aujourd'hui nous appelons courage. Les Romains et les Grecs vénéraient certaines morts, que nous regarderions commes lâches, et prononçaient des jugements que nous qualifierions d'atroces.

Force fut à Osmanli de se demander avec le sentiment du doute si cette générosité, cette fidélité chevaleresque et religieuse ne faisaient point partie adhérente de cette foi enthousiaste, qui jeta jadis les chrétiens en armes sur les rivages sanctifiés par les pas de leur Dieu.

Et cette fois il ne se dit point: « Que sais-je ? » mais bien : « Peut-être. »

Ayesha et Fatmé le tirèrent de sa préoccupation.

Leurs voix venaient de s'unir ; elles chantaient un air du pays, lent comme les brises paresseuses, doux comme les senteurs de lotus.

Accroupies sur des carreaux, tenant en main une sorte de guitare, leurs voiles rejetées en arrière, elles répétaient leur refrain mélancolique, se berçant, comme les oiseaux de leur propre mélodie.

Pendant plusieurs jours encore, le bonheur resta l'hôte de cette maison. Les regrets que l'orpheline donnait à son père s'adoucissaient, grâce à l'amitié de Fatmé, à la tendresse d'Osmanli.

Celui-ci tremblait de ne pas être digne de son bonheur.

Une épouse semblable à Ayesha, une fille comme Fatmé, n'était-ce point plus qu'il n'est donné à l'homme de posséder de joie ?

Hélas ! les aumônes et les prières d'Osmanli ne suffirent pas à satisfaire la destinée.

Sans qu'on sût la cause du mal dont elle souffrait, on vit Ayesha pâlir, trembler comme la feuille agitée; puis, soudain, elle retrouvait les vives couleurs de son teint, et ses yeux s'avivaient d'une étrange flamme. On envoya chercher les hommes renommés par leur science médicale, des sachets magiques furent suspendus au cou de la malade, on l'entoura de bandelettes sur lesquelles se lisaient des versets du Coran. Une vieille mauresque aux cheveux gris brûla dans sa chambre des parfums combinés avec un art puissant, tout fut inutile.

Ayesha continua à frissonner comme les saules ou à brûler comme les pierres calcinées par le soleil.

Fatmé et Osmanli ne la quittaient plus.

La chambre était semblable à un parterre. Elle voulait des roses partout, la belle Ayesha. On eût dit que trem blant de descendre dans les entrailles de la terre, elle voulait auparavant rassasier sa vue de la couronne embaumée du printemps. Osmanli la veillait avec une sollicitude égale à son affection. Si Ayesha eût été une dure maîtresse, on aurait pu soupçonner les esclaves d'avoir eu la pensée d'un crime ; mais, adorée de tous, elle n'avait rien à craindre. Osmanli dut se contenter de cette parole, arrêt désolant inhabile à consoler un seul cœur :

— C'était écrit.

La chambre du kiosque ne ressemblait guère à ce qu'elle était autrefois, on y parlait bas, on y glissait comme des ombres, l'inquiétude ouvrait ses ailes de chauve-souris sur le lit de la jeune malade, on devrait dire bientôt de la jeune agonisante.

Ayesha se sentait mourir et jetait un regard désespéré autour d'elle.

En voyant Osmanli sanglotant à ses pieds, Fatmé pleurant silencieuse à son chevet, elle éprouvait une peine amère à se séparer de ces deux êtres qui l'avaient réconciliée avec la vie au moment où elle pouvait se croire attirée vers la tombe paternelle par un invincible élan.

— Osmanli, dit-elle d'une voix brisée.

Son mari quitta sa pose désespérée et l'interrogea des yeux.

— Il n'y a donc plus de remède, de médecin, de marabout, de savant ?

— J'ai tout épuisé, répondit l'époux accablé.

— Je mourrai donc à seize ans, quand je suis votre heureuse femme et la sœur de Fatmé...

— Non, vous ne mourrez pas, Ayesha ! il n'est point possible que vous mourriez, protégée par ces deux tendresses.

— J'étouffe, murmura-t-elle, de l'air !

Fatmé jeta son éventail et courut ouvrir la fenêtre sur laquelle retombèrent les jalousies de bambou.

— Es-tu mieux, Ayesha, demanda Fatmé.

— J'ai soif, bien soif... donnez-moi des boissons froides, de la glace... ah ! j'en voudrais aussi pour mon front...

Osmanli présenta lui-même la tasse à la jeune femme.

Elle prit avidement un sorbet.

— Je suis mieux, dit-elle, mais si vous m'aimez, Osmanli, vous chercherez parmi les Maures d'Espagne, les Juifs et les giaours, des savants habiles à guérir. Je veux vivre, si Abdallah m'attend du fond de sa tombe, vous me retenez sur la terre, vous... Je souffre cruellement, je vous jure. Fatmé, change mes oreillers de place, ma sœur...

La jeune fille rafraîchit le front brûlant d'Ayesha, retourna les coussins, jeta des roses sur le lit de la malade qui froissa les pétales dans ses mains afin de trouver un peu de fraîcheur à ce contact, puis elle reprit sa place au pied du lit, tandis qu'Osmanli, au désespoir, demandait dans son cœur à Allah et au prophète pourquoi il était frappé d'une douleur aussi grande, lui dont la conscience ne portait le poids d'aucune faute.

Ayesha tomba dans un assoupissement profond.

Osmanli, assis près de sa fille, regardait dormir la jeune malade.

— Nous aimons tant Ayesha, dit Fatmé de sa voix douce, que nous donnerions volontiers la moitié de nos biens pour la sauver.

— Oh ! tu es bonne ! s'écria Osmanli.

— Je suis ta fille, répondit Fatmé, et puis j'ai souffert.

— Souffert, toi !

— Moi ! répondit elle avec un accent profond.

— Et tu me l'as caché !

— A quoi bon te le dire... à cette heure même t'en parlerais-je, si je ne pensais te prouver par là que je sens toutes tes angoisses, depuis plusieurs mois, j'ai appris à lire bien avant dans ta pensée... Tout ce que ton cœur renferme de délicat et de tendre, je l'ai compris. J'aime Ayesha pour toi, et à travers toi ! et je veux qu'Ayesha soit sauvée, afin que ta vieillesse ne reste pas solitaire... Je te dis ces choses en face du lit de ta compagne... celle-là te restera, je le sais, je le sens, moi, j'aurai une vie courte, une vie éprouvée... Fais donc en faveur d'Ayesha tous les sacrifices... Ne songe aucunement à moi, je serai toujours assez, toujours trop riche...

Ayesha ouvrit les yeux.

De nouvelles et cuisantes souffrances succédèrent à l'apaisement qu'elle venait de goûter.

Elle portait ses mains à sa gorge délicate, étouffant ses cris pour ne pas désespérer davantage Osmanli et Fatmé, et paraissant appeler un sauveur invisible, ce médecin, ce savant qu'elle demandait à son époux avant de s'endormir.

Enfin elle se dressa sur son lit, pâle, suffoquée ; ses bras s'étendaient vers Osmanli, et, raide comme si elle eût été morte, elle retomba en arrière en poussant un soupir qui sembla le dernier.

— Qui la sauvera ? qui la sauvera ? s'écria Osmanli les mains crispées dans ses cheveux, l'œil hagard fixé sur cette figure de cire. Tout pour elle. Qu'on me rende Ayesha et j'accepte la pauvreté, l'exil, la maladie. Ayesha ! mon Ayesha !

Un esclave bronzé passa la tête entre deux tentures et fit un geste pour demander la permission d'entrer.

Osmanli l'appela d'un signe.

L'esclave se pencha à son oreille, et murmura un nom que Fatmé elle-même n'entendit pas.

— Lui ! c'est Allah qui l'envoie, répondit Osmanli, va le chercher, amène-le.

Et le front du marchand de Tripoli parut éclairé d'une subite espérance.

XXI

RÉSURRECTION.

Un moment après un bruit de pas étouffé par des précautions infinies se fit entendre.

Osmanli quitta le lit de la jeune femme, sur les lèvres de laquelle il tenait un objet poli que son souffle ne ternissait plus, et il s'élança vers la porte.

Un homme hâve, pâle, vêtu de lambeaux était devant lui.

La poussière souillait ses habits déchirés, ses pieds manquaient de chaussures, des taches de sang couvraient ses mains amaigries.

Il resta en face d'Osmanli calme comme un héros, doux comme un martyr.

— Compian ! balbutia le marchand écrasé.

— Compian ruiné, chef d'une famille désolée, citoyen d'une ville affamée, reprend chez vous son rang d'esclave, selon la parole qu'il vous en donna.

Osmanli baissa la tête. Une telle grandeur dépassait son imagination.

— Malheureux, les tiens sont ruinés, et tu es ici.

— J'avais juré, dit simplement Nicolas.

Osmanli lui prit la main et la serra à la broyer.

— Bien ! bien ! dit-il, vraiment c'est bien ! mais l'état dans lequel je te vois, ces haillons, cette blessure...

— Tout semblait se réunir pour m'empêcher de tenir ma promesse. En descendant du navire, j'ai été assailli, insulté, battu, il m'a fallu tenir tête à cinq hommes à l'aide d'un bâton, j'en ai mis deux hors de combat, un coup de couteau m'a transpercé le bras. Grâce à l'obscurité je me suis enfui et j'arrive à l'heure.

— Écoute, dit Osmanli, d'une voix solennelle, je ne crois point qu'il existe un plus honnête homme que toi ! à ces hommes, Dieu doit le secours, il doit le miracle, car ce sont eux qui font croire en lui... Compian ! tu ne me retrouves plus tel que tu m'as quitté il y a quelques mois... L'intérieur de ma maison est désolé... Cette femme qui semble morte est la mienne... Rien ne l'éveille, rien ne la ranime... il faut un prodige pour la sauver ! Prie ! prie ton Dieu et ce prodige s'accomplira. A genoux près de ce lit, près de cette tombe! ce n'est pas le maître qui t'ordonne, c'est un ami vaincu par ta grandeur d'âme qui te supplie, le front dans la poudre, de demander un miracle à ton Dieu.

Osmanli se prosterna.

— Oui, restez à genoux, répondit Compian ; non pas devant moi, faible et chétive créature, mais à genoux devant Dieu, ce Dieu inconnu... dont la douleur vous révèle la puissance et qui peut-être daignera m'écouter.

Fatmé s'appuya chancelante sur l'épaule de son père.

Les esclaves, impressionnés par le caractère de cette scène, touchèrent le sol de leurs têtes laineuses.

On n'entendait, dans la chambre du kiosque, que le bruit étouffé des soupirs et des sanglots.

Compian éleva la voix.

— Seigneur, dit-il, une pauvre veuve pleurait son fils unique, elle vous trouva sur le chemin qui conduisait à la demeure sépulcrale creusée pour son fils, et l'enfant lui fut rendu, et la mère s'en alla louant votre miséricorde.

Seigneur, votre ami Lazare tomba malade et mourut ; il était déjà dans le tombeau, les bandelettes des ensevelisseurs en avaient fait une momie rigide, ses sœurs sanglottaient...

Vous entrâtes chez elles... la plus jeune, Madeleine, se jeta à vos pieds, et vous adressa ce mot rempli de la plus tendre confiance : — Si vous étiez venu ici, Lazare ne fût pas mort. — Et vous rendîtes le frère à la sœur et le deuil se changea en joie.

Seigneur, un centurion n'avait qu'un bien, sa fille, qu'un amour, sa fille, la mort ferme les yeux de l'enfant... la mère seule ne perd pas courage, elle court à vous, s'attache à votre robe, baigne vos mains de ses larmes, et votre cœur vaincu par cette désolation cède aux vœux de la malheureuse mère... Et comme si vous vouliez même vous enlever le mérite d'un prodige, vous dites simplement: Cette fille n'est pas morte, elle n'est qu'endormie !

Je vous demande aujourd'hui, Seigneur, pareille bonté et semblable grâce... qui suis-je pour l'implorer? rien! Je crois en vous, j'adore votre main qui châtie... ne l'appesantissez que sur moi seul... Seigneur, par ma famille en larmes, par mes enfants, mes orphelins... Par ma vie sacrifiée à un éternel esclavage afin de montrer à tous la valeur du serment d'un chrétien! par mes angoisses, mes larmes, mon désespoir, car je suis époux... ami et père... J'endure une passion amère dans mon cœur, et la croix que je porte me meurtrit les épaules, sauvez cette jeune créature ! rendez cette femme à cet homme, gardez une sœur à cette enfant... et prenez-moi, prenez-moi, ensuite, mon Dieu, car j'aurai accompli ma tâche en ce monde. »

Osmanli poussa un soupir déchirant.

Fatmé étreignit son père dans ses bras.

Compian se leva et fit un pas vers le lit d'Ayesha ; la jeune femme demeurait immobile.

— Ah ! tous mes biens ! murmura Osmanli.

— Silence ! fit Nicolas Compian, l'or ne saurait payer en ce monde, ni un éclair de joie, ni une larme amère... Ce qui vient du cœur se solde par le cœur... pour le rachat d'une âme il faut une âme.

Fatmé se souleva et leva un regard clair sur Compian.

— J'ai offert ma vie, reprit le capitaine, et le ciel reste fermé.

Il retomba à genoux, mais cette fois tout près du lit de la jeune femme.

— Pourquoi aurais-je l'orgueil de croire que le prodige imploré s'accomplira à ma première requête... Le Christ a prié trois fois son père, sommes-nous plus grands que vous, Seigneur... Voyez, nous ne nous regardons même plus comme des hommes, mais comme des vermisseaux... Cette vie que vous suspendez, Seigneur, ne l'éteignez pas... elle aura un rayonnement plus pur..., elle s'ouvrira à des clartés nouvelles..., le labarum ne flotte pas seulement sur les armées. Étendez-le sur les familles... Je ne sonde point vos voies, je n'interroge pas vos volontés ; vos desseins me sont inconnus, et je les adore... Ce que vous faites est bien, parce que vous êtes parfait ! Votre grâce est féconde, qu'elle pleuve sur nous. La croix est assez grande pour couvrir la terre de son ombre. Ensevelissez-nous à jamais sous son abri... Seigneur ! Christ ! que vous dire encore... je soupire et je pleure ; à côté de moi est un malheureux courbé par le désespoir... Vous avez vu pleurer votre mère, ô Christ ! et vous ne pouvez être insensible en voyant les cœurs qui saignent... Pitié ! grâce ! miséricorde ! par les larmes de Madeleine et celles de Marie, par le sang du Calvaire et les hontes du

prétoire, au nom de votre passion, nous crions grâce!
au nom de votre gloire, nous demandons résurrection!

L'accent de Compian s'élevait comme une voix prophétique.

Un soupir, si faible qu'on osait à peine croire qu'il fut réel, arriva au cœur plutôt qu'à l'oreille d'Osmanli.

— Ayesha! cria-t-il, Ayesha.

Un second soupir lui répondit.

— Chrétien! chrétien! prie encore, fit Osmanli dont le cœur battait contre les parois de sa poitrine.

— Ayez pitié de nous selon l'étendue de votre miséricorde, Seigneur!... N'éteignez pas la lampe qui fume encore, ne foulez pas aux pieds le roseau brisé.

Ayesha ouvrit les yeux.

Il sembla à Osmanli qu'il voyait le ciel pour la première fois.

Et d'une voix haletante il répéta:

— Chrétien! achève ton œuvre et prie encore, prie toujours.

Compian reprit:

— Mon âme glorifie le Seigneur... et mon esprit est ravi de joie en Dieu mon Sauveur, parce qu'il a regardé la bassesse de son esclave et prouvé le pouvoir de son nom...

Le penchant que vous avez à la miséricorde, et les promesses de votre loi ont soutenu mon espérance.

— Osmanli! Fatmé! murmura la jeune malade.

— Ressuscitée! s'écria Osmanli.

— Sauvée! dit Fatmé en jetant sur Compian un regard d'une gratitude infinie.

Le capitaine marcha vers le lit, prit le bras de la jeune femme, appela un esclave auquel il donna un ordre, prépara lui-même une boisson rafraîchissante, et la fit prendre à Ayesha.

— Qui êtes-vous? demanda-t-elle au capitaine.

15

— Un esclave d'Osmanli, répondit doucement Nicolas.

— Un esclave, vous?... Vous qui me rappelez de la mort... Est-ce réalité ou songe, je l'ignore, mais je venais d'être transportée sous l'arbre du bonheur, quand un ange dont la poitrine étincelait d'un chiffre étrange m'a soudainement remportée et je me retrouve dans ce kiosque, entre vous, mon mari et ma sœur... Osmanli, pouvez-vous m'expliquer...

— Maintenant, rien! chère enfant, reposez-vous!

— Esclave! murmura Ayesha.

Elle prononça ce mot comme s'il renfermait un reproche.

La nuit devenait fraîche, Compian ferma la croisée, rabattit les rideaux, diminua la clarté des lampes, et demeura un instant les bras croisés, considérant Ayesha dont un souffle pur entr'ouvrait les lèvres.

Elle reposait du sommeil d'un enfant. Le front d'Osmanli était rasséréné. L'œil de Fatmé rayonnait de joie.

— Souhaitez-vous que je veille? demanda Compian

— Si cela est nécessaire?

— Nullement, la crise est passée...

— Et Ayesha?

— Ne s'éveillera que demain.

— Alors, songez à vous, Compian.

— A moi! murmura le capitaine.

— Je le veux.

Osmanli s'adressa à un esclave:

— Fais préparer un bain, dit-il, prépare son lit dans le cabinet de cachemire jaune et sers à Nicolas un repas capable de réparer ses forces.

L'esclave s'inclina.

Osmanli fit un signe à Compian.

Le capitaine suivit l'esclave qui marchait devant lui.

En un instant, un bain tiède fut disposé et Compian y demeura assez de temps pour retrouver l'élasticité de ses membres engourdis ; quant à sa blessure, le noir cueillit quelques simples dans le jardin, les mâcha, les posa sur la plaie qu'il banda et promit que le lendemain elle serait cicatrisée.

Compian se jeta sur un divan.

Brisé d'esprit, de cœur et de corps, il ne remarqua point dans quelle salle il se trouvait. D'ailleurs il attribuait les prévenances d'Osmanli à la joie subitement éprouvée par celui-ci.

Si fatigué qu'il fut, Compian se trouva le lendemain le premier à la porte de la chambre du kiosque.

Osmanli ne tarda pas à le rejoindre.

Ayesha dormait encore.

Osmanli la regardait avec ravissement.

La fièvre avait cessé, son teint était blanc, pur et reposé ; un sourire léger voltigeait sur les lèvres de la jeune femme.

Fatmé se glissa, sur la pointe du pied, auprès de son lit.

En ce moment la malade ouvrit les yeux.

— Chère Fatmé ! dit-elle, je vous ai causé bien de la peine.

Puis remarquant les traits bouleversés d'Osmanli :

— Que vous avez souffert ! pauvre ami, murmura-t-elle.

Elle ne dit rien à Compian, mais son regard lui prouva qu'elle le reconnaissait.

Nicolas ordonna un régime doux et léger, auquel Ayesha se conforma en souriant.

— Tu sais donc tout ? demanda Osmanli à l'esclave.

— Un capitaine de navire a souvent des hommes malades à son bord.

Osmanli n'ajouta rien.

La santé d'Ayesha se rétablit de jour en jour.

Bientôt il lui fut possible de hasarder quelques pas

dans le parterre, appuyée d'une main sur le bras d'Osmanli, de l'autre sur l'épaule de Fatmé.

A mesure qu'elle se rétablissait, Compian se repliait davantage sur lui-même et reprenait son labeur d'esclave.

La bêche et l'arrosoir en main, il soignait les fleurs, comme avant son départ pour Marseille. Seulement il penchait plus bas la tête, son œil était morne, un pli amer crispait sa lèvre. Pendant la première durée de sa captivité il avait attendu, espéré ; quoi ? il n'eût pu le dire. Mais enfin toute pensée de bonheur n'était pas éteinte. Depuis son retour, sa destinée semblait irrévocablement fixée...

Une consolation lui restait.

On se souvient qu'Ollioules, esclave d'Abdallah, avait suivi Osmanli à Tripoli.

Compian cessa donc d'être seul.

Il trouva à toute heure un confident, un ami, dans le sein duquel il épancha ses regrets.

Nicolas nommait Madeleine et Marthe.

Ollioules parlait de Marie et de Feu-Saint-Elme.

Leurs larmes confondues devenaient moins amères.

Ayesha, guérie, commençait à retrouver sa gaieté.

On les voyait souvent, Fatmé et elle, sourire en se parlant tout bas comme si elles tramaient un grave complot.

Un jour Ollioules fut mandé par Osmanli; il sortit avec lui pendant une demi-journée, et, une fois rentré, près de Compian, il se mit à sifflotter un refrain marseillais avec un certain air de bravoure oublié depuis longtemps.

— Où es-tu allé avec le maître? demanda Compian à son ami.

— Où je suis allé?

— Ne peux-tu me le dire ?

— Le dire ? Certainement... J'ai fait des cour ses, de

longues courses... Il marche bien Osmanli tout vieux qu'il est... Un aimable homme pour un Turc ?

Et Ollioules se mit à rire.

— Me voilà bien renseigné, ajouta Compian.

— Vous devenez curieux, fit Ollioules.

— Et toi défiant, repartit Nicolas.

Le capitaine n'ajouta rien ; il souffrait.

Ollioules tenta de ranimer la conversation, ce fut impossible. Compian, l'homme de la vérité par excellence, venait d'être mortellement froissé.

Le lendemain, l'absence d'Ollioules se prolongea davantage ; mais, cette fois, Compian ne lui en demanda pas la cause.

— Tout m'abandonne, pensait le malheureux. J'ai remercié Dieu quand j'ai retrouvé Ollioules, et je m'aperçois qu'il n'est plus mon ami !... De quoi me plaindrais je ?... Ollioules croit à l'affection d'Osmanli, il flatte le maître dont il peut tout attendre ; tandis que de moi il n'a rien à espérer, rien !

Si Compian eût pénétré en ce moment dans la chambre d'Osmanli, il eût été bien surpris de voir près de lui Ollioules, une plume à la main, entassant chiffres sur chiffres, et souriant avec l'expression de la joie satisfaite.

— Ainsi, demanda Osmanli, rien ne manque ?

— Rien ! Sinon ce que j'ai fait remarquer, le nom à la poupe... Je respecte vos scrupules, mais je tiens à ce nom...

— Ce sera fait demain... Les Turcs sont assez riches !

— J'allais dire : trop riches ! mais rien n'est assez beau, venant de votre part et choisi pour elles.

— Les diamants ?

— Plus lumineux que ceux de la reine Marie-Thérèse.

— Je gage que vous avez oublié les fleurs... vous vous souvenez des recommandations d'Ayesha et de Fatmé.

— Les fleurs sont sur le pont, protégées contre l'eau de mer par une tente.

— La cale ?

— Regorge de blé.

— Le pavillon ?

— Fatmé achève sa dernière fleur de lys d'or. Une fille turque brodant un étendard français!

— Ah ! les armes choisies pour le jeune homme.

— Je les ai moi-même rangées dans la cabine du capitaine.

— Que dit-il de tes absences ?

— Il ne m'en parle plus.

— Et toi, que penses-tu de ce qui arrive ?

— Je m'en réjouis.

— Sans envie !

— Envier mon ami, mon maître ! j'aurais payé de ma vie le bonheur qu'il mérite si bien.

— Ah ! les Français ! murmura Osmanli, et plus bas il ajouta : ces chrétiens !

Ollioules plaça les papiers devant lui, quitta la salle, en s'inclinant avec respect, mais sans servilité et courut rejoindre Compian qui travaillait au jardin.

Ollioules éprouvait un violent désir de chanter.

Il se contint pendant quelque temps à cause de Nicolas, puis malgré lui il fredonna :

> « C'était fait de ma vie,
> J'en désirais la fin,
> Quand le Ciel en Turquie,
> Conduit les Mathurins;
> Ils brisent mes liens,
> Au vizir ils m'achètent. »

— Ollioules, dit Compian d'une voix douce, ne vous souvient-il pas qu'un soir à bord du *Centaure* l'équipage ayant prié Feu-Saint-Elme d'entonner une chanson, il commença celle-là ?

— Sans doute. On trouva qu'il ne fallait pas parler de pirates dans la crainte de les évoquer, et on lui ordonna de cesser sa complainte, ce qu'il fit tout de suite, le pauvre mousse.

— Oui, pour entonner l'histoire du Voltigeur hollandais...

— On n'est pas parfait, capitaine ; Feu-Saint-Elme aimait les contes tristes.

— Cette fois encore, l'équipage le pria de changer son récit...

— Ce qui n'empêcha pas la tempête de sévir et Ben-Sadoc de nous capturer...

— Aussi cette chanson me cause une émotion pénible.

— Pas à moi, répliqua Ollioules, si l'on y parle de barbares on y nomme aussi les fils de Jean de Matha ! Dieu nous les envoie, et nous délivre par leurs mains, Compian.

— Vous espérez donc encore, vous ?

— Toujours.

— Je vous ai vu si abattu à bord de l'*Arasfiel*.

— On se fait à tout.

— Même à la captivité ?

— Oui à la captivité.

— Et à l'absence ?

— Oh ! ne touchez pas à cette corde, capitaine.

— Tu vois bien, Ollioules.

— Quoi ? capitaine.

— Tu chantes seulement pour cacher mieux ta douleur ?

— C'est donc à mon tour à vous consoler, Compian. J'ai, en effet, aujourd'hui dans l'âme, je ne sais quel allégement, dû à la bonté de Dieu ; nous ne pouvons éternellement souffrir, parce que nous ne sommes pas méchants et j'attends quelque chose de la Providence !

— Quoi ? demanda Compian.
— Regardez ! fit Ollioules en étendant le bras.
L'œil de Compian brilla d'une vive flamme.
— Le père Salvator ! s'écria-t-il.
— Je vous le disais bien, je pressentais quelque chose, ce quelque chose, c'était la liberté.
Les lèvres de Compian remuèrent comme s'il priait.

XXII

LE PRIX DU RACHAT.

Quand le père Salvator quitta Madeleine après la première captivité de Compian, il lui fut impossible, malgré son désir, de s'embarquer immédiatement pour Tripoli, l'ordre de ses chefs l'obligea à faire voile pour un autre port ; et tandis que le fils spirituel de Jean de Matha secourait ailleurs des captifs et rompait les chaînes de plusieurs, Nicolas Compian accomplissait l'odyssée de son départ pour Marseille et de son retour imprévu à Tripoli au milieu de la désolation de la famille d'Osmanli.

Le bon religieux gardait dans son aumônière le prix de la rançon de Nicolas ; heureux à la pensée qu'il pouvait sécher des larmes, il s'avança rapidement vers les deux esclaves d'Osmanli.

Compian le reconnut et se jeta dans ses bras.

Ollioules s'inclina et lui baisa la main...

— Mon ami, dit le père Salvator, vous allez être libre!

— Libre, quelle reconnaissance ne vous devrai-je pas, mon père.

— A moi, aucune, je n'ai fait que tendre les deux mains pour recueillir la plus sainte des offrandes, celle de votre femme et de votre fille!

— Ma femme ! ma fille !
— Sans doute.
— A quelle époque avez-vous quitté Marseille ?
— Il y a une année.
— Je comprends alors, murmura Compian, la main de la Providence est vraiment là ?
— Où est Osmanli ? demanda le père Salvator.
— Dans sa maison.
— Puis-je le voir ?
— Je vais vous conduire... Mais, ajouta Compian, vous avez parlé d'une seule rançon... Nous sommes deux, Ollioules et moi, le second et le capitaine...
— Je n'en puis sauver qu'un, murmura le religieux, et c'est en face de douleurs pareilles que je me trouve pauvre...

Compian marcha en silence à côté du père Salvator.

Il l'introduisit dans la maison, lui servit une carafe d'eau glacée, et alla chercher Osmanli.

Il savait avec quelle considération son maître accueillait les rédempteurs des captifs.

Osmanli jeta un regard profond sur Compian et lui répondit par un signe qu'il allait rejoindre le père Salvator.

Compian regagna le jardin, mais le courage lui manqua pour se rapprocher d'Ollioules ; il souffrait trop de la désillusion qu'allait éprouver le malheureux jeune homme.

Pendant ce temps, le père Salvator s'entretenait avec Osmanli :

— Je viens près de vous, dit le religieux d'une voix douce, pour traiter du rachat d'un de vos captifs.
— Cela est faisable, répondit Osmanli.
— J'apporte mille sequins.
— La somme me paraît suffisante.
— Vous l'acceptez donc en échange de la liberté de Nicolas Compian ?

— Nicolas Compian, s'écria Osmanli, la chose achetée doit avoir son équivalent dans la somme reçue : prétendez-vous payer Nicolas Compian avec mille sequins !

— N'est-ce point le prix habituel d'un esclave de son âge et de sa force.

— Emmenez Ollioules pour ces mille sequins, mon père.

— Cette rançon vient de la femme, de la fille de Compian. C'est l'obole de l'orpheline et de la veuve...

— Remise entre vos mains ?

— Il y a plus d'une année.

— A cette époque, en effet, je n'eusse pas exigé davantage pour la rançon de Compian.

— Aujourd'hui...

— Aujourd'hui, nul n'est assez riche pour le racheter.

— Oh ! je sais, dit le moine, que toute sa vie il fut chrétien, laborieux, honnête et bon.

— Vous ne savez rien ! je le vois. Compian revient de Marseille...

— Vous lui aviez rendu la liberté ?

— Conditionnellement ; les circonstances l'ayant empêché de remplir les clauses stipulées par un contrat verbal, il est revenu volontairement chez moi se constituer prisonnier.

— Ainsi, dit le père Salvator, avec tristesse, s'il était moins respectable et moins vertueux...

— Vous l'auriez racheté, oui ! mon père.

— Non, ce n'est pas possible, s'écria Salvator, vous ne rendrez point cet honnête homme victime de son honneur, martyr de la foi jurée. Si vous appréciez si bien les hautes qualités du cœur, vous les récompenserez. Compian a quitté, pour obéir à la voix de sa conscience, une épouse aimée, une fille, le modèle des filles ; aurez-vous le courage de séparer des êtres si dignes du bonheur dont ils ont joui jadis, et qu'il dépend de vous de leur rendre ?

— Je le ferais d'une façon indigne de moi.
— Vous me refusez.
— Positivement.
— Et vous n'acceptez ces mille sequins ?
— Que pour Ollioules...

Le père Salvator hésita.

— J'ignore si j'ai le droit de détourner cette somme d'une destination précise.

— Jamais vous ne pourrez l'employer comme vous le souhaitez.

— Jamais! en vous priant au nom de votre femme et de votre fille ?

— Si vous me connaissiez mieux, vous n'insisteriez pas...

Le musulman appela un esclave.

— Que Compian et Ollioules se rendent immédiatement au port, dit-il.

L'esclave sortit pour transmettre cet ordre.

Osmanli chargea un autre esclave de préparer les litières d'Ayesha et de Fatmé.

— Me suivez-vous ? demanda Osmanli au moine.
— Où ?
— Au port.
— Pourquoi ?
— Afin d'y traiter de la rançon d'Ollioules.
— Ne pouvons-nous terminer cette affaire ici ?
— Impossible! d'ailleurs Ollioules nous attend sur un bâtiment en rade.
— Je vous suis, répondit le religieux.

Un quart d'heure après Ayesha et Fatmé, enveloppées de triples voiles, descendaient sur le port, puis soutenues par un esclave, mettaient avec crainte le pied dans une caïque qui s'éloigna à force de rames.

Elles se tenaient à l'arrière. Osmanli et le moine se trouvaient en face des deux jeunes femmes.

— Sais-tu quelles sont les intentions d'Osmanli ? demanda Ayesha à sa compagne.

— Je les ignore absolument.

— Il me semble cacher un secret depuis deux jours.

— Même à toi ? dit Fatmé.

— Même à moi, répondit Ayesha avec un air de gracieuse bouderie.

— Ah ! à bord de ce navire dont nous approchons, ne distingues-tu pas deux hommes ?

— Compian et Ollioules.

— C'est bizarre, murmura Ayesha.

Fatmé frissonna comme si le vent de la mer fraîchissait.

La caïque se trouvait proche des flancs du navire ; on jeta à un matelot le câble traînant dans l'eau, puis les hommes gravirent l'échelle, et Osmanli tendit successivement la main à sa femme et à sa fille.

Quand tout le monde se trouva sur le pont, il jeta un regard satisfait autour de lui.

— Compian ! dit-il.

L'esclave s'inclina devant son maître.

— Ne manque-t-il rien à ce navire ?

— Rien, répondit Compian, il est bon marcheur, fin de coque, léger de voilure et de gréement, il saura tenir la mer.

— Et se faire respecter au besoin...

— Ses canons sont solides.

— De braves pointeurs les serviront ; ce sont des forbans qui ont fait leurs preuves, on ajoute même que deux de ces canons portent des noms terribles et significatifs : Trompe-la-Mort et Crache-Mitraille.

Compian pâlit légèrement : ce nom lui rappelait sa vie guerrière, aventureuse, opulente.

— Donc, poursuivit Osmanli, ce bâtiment que j'expédie en France est digne de confiance et d'éloges ? J'en suis ravi, Ollioules le monte...

— Ollioules rentre en France !

— Libéré par les mille sequins du père Salvator.

Aucune jalousie ne troubla l'âme de Compian, et ce fut avec une franchise spontanée qu'il tendit la main à son second.

Mais Ollioules s'avançant vers Osmanli :

— Ce n'est pas moi qu'il faut rendre libre, seigneur ! Je suis un enfant perdu, oublié, abandonné ; il est, lui ! la gloire de sa ville natale, le représentant le plus digne de la vraie noblesse commerciale de Marseille, l'amour de la plus sainte des familles. Doublez mon labeur, traitez-moi aussi mal que vous voudrez, mais ne me condamnez pas au supplice de voir mon bienfaiteur, mon ami et mon père, captif et malheureux quand je jouirai de la liberté !

— Te crois-tu donc l'égal de Compian ? demanda Osmanli.

— Je n'ai point cet orgueil, maître.

— Ollioules ! Ollioules ! dit Compian, en lui pressant les deux mains, vos paroles généreuses ne sortiront jamais de ma mémoire.

Le moine s'approcha.

— Osmanli, dit-il, j'approuve les paroles de ce jeune homme, et je les appuie... Osmanli, tu perdrais à l'échange, dis-tu, eh bien, ajoutes-y un vieillard qui retrouvera les forces de sa jeunesse pour te servir avec zèle et fidélité.

— Mon père ! mon père, reprit Compian attendri jusqu'aux larmes en tombant aux genoux du moine.

— Vous étonneriez-vous, mon fils, que moi, pécheur indigne, je prisse vos chaînes, quand Vincent de Paul a vécu sur les galères de Louis XIII à la place d'un forçat !

Osmanli leva vers le ciel un regard brillant d'enthousiasme.

— Ces chrétiens ! ces chrétiens ! répéta-t-il.
Puis se tournant vers Compian :
— Tant de grandeurs diverses m'humilieraient, si je ne me sentais assez fort pour les imiter. Je l'ai dit, Compian, nul trésor ne saurait payer la rançon d'un homme tel que toi ; nulle récompense ne peut être digne de ton héroïsme et de ta vertu. Je ne serai pas cependant vaincu dans cette lutte ! Si tu as triomphé de ta tendresse pour ta famille, je triomphe à cette heure de mon amitié pour toi ! J'aurais voulu ne jamais te quitter. J'aurais voulu, si les lois de ton pays et de ton Dieu ne s'y fussent opposées, te donner Fatmé pour femme et mourir dans tes bras... On te pleure au loin, on te regrette... Tu m'as rendu Ayesha, ma bien-aimée compagne, va rejoindre celle que tu nommes Madeleine...

Compian chancela comme un homme ivre.

— Tu es libre, Compian, libre ! J'ajoute même : tu es riche ! je me devais de ne point permettre que le plus honnête homme de Marseille manquât de quelque chose. Si l'on savait, ou plutôt si l'on pouvait sculpter ici des figures pareilles à celles des poupes de vos navires, tu verrais l'image du *Centaure* ; le nom seul est écrit sur une planche, ce nom suffit à ton souvenir et te prouve que depuis longtemps je surveille l'aménagement de ton vaissseau.

Compian tomba suffoqué par les larmes dans les bras d'Osmanli.

— Tu ne m'oublieras-pas ? demanda le vieillard.

— Oh ! s'écria-t-il, jamais, vous êtes bon pour moi, bon pour les miens. En France le nom d'Osmanli ne sera prononcé qu'avec des bénédictions.

Pendant ce temps, Ayesha et Fatmé enlacées n'osaient échanger leurs pensées.

Ayesha avait les yeux mouillés de larmes.

Fatmé se sentait défaillir.

Le père Salvator regardait cette scène avec un indicible sentiment de joie...

— Compian, reprit Osmanli, Ollioules a toujours été votre compagnon de voyage, je vous le rends.

— Et mes sequins, que ferai-je de mes sequins ? demanda le père Salvator.

— Grâce à eux, vous rendrez la liberté à quatre malheureux, dit Osmanli.

Ollioules poussa une exclamation de joie.

— J'aime infiniment mieux cela, dit-il, et si le père Salvator peut retrouver quelques marins du *Centaure*, nous serons bien heureux de les revoir.

— A Marseille, dit Osmanli, car vous partez ce soir.

On passa le reste de la journée à bord du navire; les esprits remis de leur première surprise, retrouvèrent un peu de liberté; cependant l'attendrissement régna dans ce suprême entretien. De tous les hommes réunis sur le *Centaure*, nul ne s'était montré au-dessous de sa tâche, chacun avait compris son devoir et l'avait accompli vaillamment. Compian venait d'ajouter son nom à la liste de ces hommes rares dans l'histoire de l'humanité dont le nom est le synonyme de vertu, et dont l'exemple sert à former la jeunesse. Le père Salvator ajoutait un héroïsme à une vie héroïque, et prouvant que dans la voie de la perfection les nouveaux venus cherchent la trace des pieds des maîtres qui suivent eux-mêmes les empreintes laissées par le Christ sur la route du Calvaire, Osmanli élevait à la hauteur des noms français son nom de musulman, et se montrait digne de comprendre un livre plus divin que le Coran, et d'aspirer plus haut que le paradis du prophète.

L'entretien ne tarda pas à prendre une teinte grave et triste.

Ceux qui devaient se quitter sentaient déjà au cœur la blessure de l'adieu.

Se reverraient-ils jamais ?

Ah ! du moins ils étaient sûrs de ne point s'oublier.

Le vent commençait à fraîchir.

Ollioules se leva.

— Capitaine, dit-il, en s'adressant à Compian.

— J'abdique, répondit Nicolas, j'ai fini ma dernière campagne, et je te remets le commandement.

— A moi ?

— A toi.

— Vous comblez tous mes souhaits, capitaine.

— J'y mets une condition.

— Laquelle ?

— Tu épouseras au retour la sœur de Feu-Saint-Elme.

— Je vous l'aurais demandé, dit Ollioules.

— Et maintenant, capitaine Ollioules, nous ne sommes plus que passager à votre bord.

Le nouveau capitaine commença son inspection et donna les premiers ordres.

Osmanli et Compian se jetèrent dans les bras l'un de l'autre.

Nul ne sut ce que ces grands cœurs se dirent.

Les deux jeunes femmes s'avancèrent à leur tour.

Ayesha ôta un collier de son cou.

— Pour Madeleine, dit-elle d'une voix suave.

Fatmé détacha ses bracelets.

— Pour Marthe, dit-elle d'un accent ému.

Puis se penchant davantage de façon à n'être entendue que de Nicolas:

— Compian ! Compian ! demanda-t-elle, vous souvenez-vous de m'avoir conté l'histoire d'Haydé ?

— Je m'en souviens.

— Si jamais une pauvre fille d'Orient, ignorante et malheureuse, allait dans votre pays chercher, comme l'enfant de la légende, le Sultan des fleurs, la protégeriez-vous ?

— Fatmé, ce doute...

— Adieu, dit Ayesha, vous m'a sauvé la vie, je ne vous oublierai jamais !

— Au revoir ! dit Fatmé, vous avez éclairé mon âme et votre souvenir ne me quittera pas.

Les matelots s'empressaient aux manœuvres, Osmanli s'arracha des bras d'Ollioules et de Compian, et l'on vit monter fraternellement deux pavillons aux mâts du *Centaure*.

L'un brodé d'or était celui de la France, l'autre au croissant aigu était celui du sultan.

Une heure après, Osmanli, Ayesha et Fatmé rentraient à la maison des Roses.

XXIII

LE CROISSANT D'OR.

Madeleine et Marthe sont assises dans la salle, toutes deux s'occupent à des travaux utiles, la femme de Compian raccommode le linge de la famille. Marthe pique, avec une attention extrême, un petit vêtement sans forme bien précise et destiné à rejoindre dans une corbeille d'osier les bonnets de taille à coiffer le poing et des langes de flanelle bordés de rubans bleus.

Presque aux pieds de la jeune femme, se tient Marie, *la vierge aux Immortelles*, la mère Micheline est morte. Et quand Feu-Saint-Elme, rentrant du cimetière, s'est trouvé seul sous les oliviers devant la pauvre maison des gorges d'Ollioules, il a bien compris que Marie s'éteindrait de chagrin dans cette masure trop voisine du cimetière.

Il a pris sa sœur par la main, l'a bravement amenée à Marseille, et dans sa confiance naïve en la bonté de Madeleine, le mousse a dit à celle-ci :

— J'ai pris Marie avec moi, elle n'aurait pas eu de pain chez nous, et surtout pas de joie pour le manger.

Et Madeleine répondit :

— C'est bien, Feu-Saint-Elme, tu agis en bon frère.

A partir de ce moment, Marie n'a point quitté la famille. Elle a le soin spécial de madame Julien Dumont. Marthe est un peu pâlie, mais ses yeux bleus se tournent pleins de confiance sur son mari qui achève en ce moment avec Victor les comptes de la maison.

Grâce à la réputation inattaquable de Compian, le fils et le gendre ont pu commencer des affaires, les bénéfices sont rares ; avant d'agrandir le commerce, il faut solder les emprunts et payer les dettes. Le malheur de Gaspard et celui de Compian rendent les jeunes gens craintifs.

Madeleine et Marthe leur conseillent la prudence, ils ont une telle hâte d'arriver au but souhaité, qu'ils exagèrent les précautions.

Il s'agit de réunir toutes les ressources de la maison pour que Victor et Julien réalisent le but de leur vie : un voyage à Tripoli.

Après le départ de Compian, quand les jeunes gens rentrèrent chez eux, ils s'enfermèrent dans une petite chambre, et la douleur mûrissant ces jeunes esprits et ces jeunes cœurs ils se demandèrent l'un à l'autre ce qu'ils devaient faire.

Leur père était un héros, ils devaient se dévouer comme lui.

Compian se sacrifiait à la parole donnée.

Julien et Victor s'immoleraient pour la famille.

Madeleine, Marthe et Lazare devaient être le but de leur existence.

Tout en s'occupant de ces êtres faibles et chers, ils prépareraient les moyens de tirer Compian de l'esclavage.

Ce qu'ils avaient supporté n'était rien auprès de ce qu'ils étaient condamnés à souffrir.

A l'heure du repas que Feu-Saint-Elme et Jacques Tonnerre ne pouvaient se résigner à servir, Madeleine et sa fille descendirent. Sans doute le bonheur de la jeune mariée se reflétait sur le front de la mère, car toutes deux se sourirent, l'une avec sollicitude, l'autre avec candeur.

Le déjeuner était sonné.

Madeleine, debout à sa place, attendait Compian.

Victor et Julien parurent et se consultèrent du regard.

Chacun d'eux paraissait confier à l'autre la charge douloureuse de frapper le cœur de Madeleine d'un coup nouveau.

D'habitude Compian disait le *Benedicite*.

Dans cette chrétienne et loyale famille, les usages se transmettaient religieusement.

Le chef de la famille gardait le droit de parler à Dieu au nom des siens.

Victor contint le sanglot qui de sa poitrine montait à sa gorge, et dit d'une voix mal affermie :

— Permettez-moi, ma mère, de remplacer mon père pendant son absence.

Madeleine se tint à sa chaise en crispant ses mains aux barreaux sculptés.

Victor fit le signe de la croix et prononça la formule ordinaire au milieu de la stupeur de la famille.

— Nous sommes deux pour vous aimer maintenant, dirent les deux jeunes gens.

— Parti! murmura Madeleine.

— Parti! répéta Marthe comme un écho.

— A quelle heure? reprit Madeleine en réunissant ses forces.

— Après la fête... pour Tripoli.

— Le malheureux était venu chercher sa rançon sur parole !...

— Oui, ma mère.

Madeleine n'ajouta rien, elle demeura immobile, cherchant le point d'appui de son âme, et s'attachant à la croix pour ne pas tomber sous le poids de cette épreuve nouvelle.

Ses fils respectaient ce grand silence ; Marthe tâchait de l'imiter.

Elle couvrait de baisers le pauvre petit Lazare qui n'osait adresser une seule question.

Après une minute de recueillement Madeleine s'assit.

Personne ne put manger, mais l'ordre habituel de la maison ne fut pas interrompu.

Après les *grâces*, Madeleine dit à Marie :

— Mon enfant, tu auras soin de ne jamais oublier le couvert de ton maître.

Chaque fois que la famille se réunissait à table, la place d'honneur, la place de Compian, demeurait vide.

Personne ne vit extérieurement l'expension de la douleur de Madeleine. Cette douleur dépassa de beaucoup ce que l'infortunée avait ressenti lors du premier départ de Nicolas.

Mais cette fois, il s'agissait d'un mal sans remède, d'un veuvage éternel. La vie lui parut close. Elle consentit à vivre encore pour Lazare, qui avait besoin d'elle ; sans cela elle aurait supplié Dieu de la faire mourir ; Marthe pouvait s'appuyer sur le bras de Julien ; Victor se trouvait en état de gagner sa vie. Mais Lazare! Lazare! le pauvre cher petit en était encore aux *Saintons* de la Noël, et aux contes que Marie ne manquait pas de lui faire sur les apparitions des êtres fantastiques. Il fallait former ce cœur, instruire cet esprit, modeler cette volonté, orner cette mémoire ; l'éducation vient de la femme. Madeleine le savait, l'expérimentait et tenait à continuer son œuvre. La mère sauva la femme, elle en vint à considérer le fugitif séjour de Compian à Marseille comme une vision envoyée à sa désolation et disparue dans les brouillards du sommeil. Ce qui persista fut sa volonté de racheter le captif.

Duguesclin, dans sa naïve et chevaleresque confiance, affirmait que toutes les nobles dames de France fileraient volontiers leur quenouille pour acheter à beaux deniers sa liberté. Madeleine avait la certitude qu'elle et ses fils parviendraient à réaliser la rançon de Nicolas, fût-elle portée au chiffre d'un rachat royal.

Les jours se passaient dans le travail ardu, incessant du commerce. Julien et Victor restaient à la fois négociants et banquiers. Ils ménageaient leurs fonds avec une prudence extrême, mais soit que beaucoup de personnes portassent un intérêt réel à cette famille éprouvée, soit que la Providence s'occupât également de tout ce qui les concernait, jamais un marché ne se trouvait mauvais, un débiteur insolvable, un échange défavorable.

On avait appris dans la ville le départ subit de Compian et le motif de ce départ.

Les vieillards de Marseille se sentaient fiers de voir les hommes formés à leur école donner de semblables exemples.

Le deuil de la famille de Compian l'environnait donc de respect et de pitié.

Quand Madeleine et Marthe passaient pour aller à la Mayor, on se rangeait devant elles.

Les pauvres à qui jadis elles faisaient l'aumône adressaient au Ciel une muette prière, afin que Dieu leur rendît celui qu'elles pleuraient.

Toutes deux gardaient le deuil.

Marthe même, mariée depuis si peu de jours et dont une guirlande ornait encore la chevelure, Marthe était vêtue de noir.

Victor et Julien approuvaient l'un sa mère, l'autre sa femme.

— Nous vous donnerons des vêtements de fête, disaient-ils, en revenant de chercher Nicolas.

Un soir, en écoutant Julien et Victor parler de ce voyage avec cette résolution de l'accomplir, qui des projets fait une certitude, Marie s'abandonna lentement à ses souvenirs, revint vers le passé, se crut encore sous les oliviers, occupée à tresser des guirlandes pour les tombeaux, et murmura :

— Ollioules!

— Je ne l'oublie pas, petite sœur, dit Feu-Saint-Elme à son oreille, et foi de matelot tu reverras ton promis !

Depuis l'avancement fictif donné au mousse par le capitaine, Feu-Saint-Elme appuyait toutes ses paroles de ce mot sonore: « Foi de matelot ! » Jacques Tonnerre avait essayé d'en rire, mais l'enfant, grandissant soudain devant le loup de mer, lui dit d'une voix qu'il s'efforçait de rendre virile :

— J'ai agi en homme, pas vrai, le jour du désastre? eh bien! traitez-moi en homme !

Jacques Tonnerre ne trouva rien à répliquer.

L'enfant prenait des forces. Jacques s'accoutumait à son infirmité et faisait encore une rude besogne. Dans la maison, Jeanne et Marie suffisaient au service. Julien et Victor proposèrent donc au marin et au mousse de les employer sur le port.

Tous deux furent enchantés ; malgré la présence de Madeleine, celle de Marthe et la gentillesse de Lazare, l'élément de leur vie manquait à ces honnêtes gens. Ils éprouvaient le besoin de voir la mer sans bornes, le ciel bleu comme la mer, saphir immense enclavé dans le granit des collines. Leur oreille se fatiguait à ne plus entendre les termes de marine, les chansons du bord, les cris de manœuvre ; ils perdaient l'habitude de leur langage imagé, et regrettaient le roulis du navire. Leur rendre le mouvement du port, les émotions du départ et de l'arrivée, les questions sans fin, les histoires sans commencement, les dialogues sans raison d'être, les boucauts à soulever, les tonnes à rouler, les ballots à charger, les grosses plaisanteries à faire, une artillerie d'oranges à se jeter à la tête, les cabarets tapageurs à leur ouvrir, c'était leur rendre la vie. Ces deux marsouins avaient tenté de se faire goujons et de frétiller dans un ruisseau, mais ils redemandaient la brise et la lame ; on les eût dit affamés de dangers, avides de naufrages, de batailles, de contusions, l'un et l'autre auraient accepté volontiers de se retrouver au jour terrible qui vit sombrer le *Centaure* et le damné vaisseau de Ben-Sadoc jeter ses grappins sur le bordage du navire qui sombrait.

Un matin qu'ils se rappelaient leurs souvenirs en rangeant dans ce bel ordre, qui est le propre des marins, des ballots de marchandises, il s'en trouva un si lourd, que le brave manchot et l'enfant tentèrent par trois fois de le soulever sans en venir à bout.

Avant qu'ils eussent eu le temps de demander de l'aide, deux mains de fer saisirent le ballot et le mirent à sa place.

Ces mains appartenaient à un homme vêtu d'un sordide costume musulman.

Il portait des babouches jaunes, par le bout desquelles sortaient ses grands pieds ; un turban de corde en poil de chameau, une robe sentant plutôt la juiverie que le mahométisme.

Feu-Saint-Elme et Jacques Tonnerre allaient le remercier quand le turc à la longue barbe fit entendre un : — Bagasse ! — tellement accentué, que l'on ne pouvait s'y méprendre.

— Provençal ? demanda Feu-Saint-Elme.
— Renégat ? ajouta Jacques Tonnerre inquiet.
— Compatriote. Cap dé Diou ! et marin d'eau salée
— Goëland ! s'écria Jacques.
— Échappé au pal et revenu dans sa patrie.
— On t'a racheté ?
— Je n'en valais pas la peine, et trouvant dans ma

modestie que c'eût été de l'argent perdu, je me suis sauvé.

— De la Turquie ?

— D'Alexandrie en droite ligne.

— Et tu arrives ?

— Du fond d'une cale où personne ne m'a vu qu'un brave homme de matelot qui avait été mon camarade et est devenu mon ami... mais vous ?... car vous vivez! toi, Jacques, avec un bras de moins, mais enfin vous vivez.

— Moi, sauvé par ce mousse qu'on prenait pour un faible petit gars, raconteur d'histoires, et chanteur de sornettes...

— Et le capitaine ? demanda Goëland qui se découvrit.

Jacques Tonnerre raconta la vérité.

— Ah! si tout l'équipage était ici, s'écria Goëland, nous n'hésiterions pas, nous monterions une péniche, une barque, un canot, un radeau, la moindre chose, et nous irions tout droit devant nous, avec la Polaire pour guide et le bon Dieu pour pilote... Comme il s'agirait de sauver un brave homme, nous aborderions sur la côte turque, n'importe où, dans une crique ignorée, et nous irions sans faire plus de bruit que des taupes, chercher comme ça le capitaine... Soyez tranquilles, nous finirions bien par le trouver, et alors, avec un couteau, une lime et une corde à nœuds, nous serions sûrs de notre affaire... Quand il faudrait mettre à bas quelques mécréants, on le ferait avec enthousiasme! Mais le *Centaure* est au fond de l'eau, et de tout l'équipage il reste un vieux radoteur, un manchot et un enfant! Bagasse! le capitaine méritait mieux que ce qui lui arrive!

— Madame Madeleine dit que Dieu fait toujours bien.

— Nous aurions fait mieux, nous autres.

— Je ne sais pas, dit naïvement Feu-Saint-Elme, je m'en rapporte toujours à madame Madeleine.

— Tu regrettes la mer, hein ? demanda Goëland à Feu-Saint-Elme.

— Oui ! fit le mousse en secouant sa tête brune.

— Faut la reprendre, je ne connais que ça !

— La reprendre ! la reprendre ! répéta Jacques, ce serait bon même pour moi, pauvre estropié, car le capitaine est le brave des braves, et le bon des bons ; il m'eût dit : « Monte sur le *Centaure*. » Quand bien même il aurait eu la conviction que je n'y aurais rien fait qui vaille, il comprend le navire, la mer et le matelot... Mais un autre ne s'inquiétera guère si j'ai perdu le poignet en défendant le pavillon français, il m'appellera infirme ! et ce sera fini !

— Si seulement nous étions patrons de barques de pêche, dit le mousse.

— Ah ! oui ce serait encore une jolie vie ! on passe le temps en mer ; on rentre chez soi, devant un feu qui flambe ; la ménagère met la nappe, la soupe fume, et le pain remplace le biscuit ; mais nous sommes gueux comme des sardines, et les barques coûtent de beaux écus comptant.

— Où loges-tu ? demanda Jacques à Goëland.

— Jusqu'à ce moment dans la cale avec les rats.

— Ce soir tu partageras notre chambre dans la maison de madame Madeleine, et demain, ah ! ma foi, demain tu chercheras quelque chose.

En ce moment un navire fut signalé.

Il avançait sous toutes ses voiles avec la rapidité du vent ; quelques lorgnettes se braquaient de son côté, les matelots, se faisant un garde-vue de la main, l'examinaient, en se demandant pourquoi ce navire arrivant à Marseille les intéressait plus que tout autre.

On voyait le pavillon français dérouler majestueusement ses plis au souffle de la brise. Mais ce qui semblait plus étrange, c'était d'apercevoir, à côté de la flamme royale, un croissant d'or sur lequel le soleil répandait des clartés telles, qu'on eût dit un autre soleil fixé à l'extrémité du mât.

— Est-ce que ce navire ne te rappelle pas quelque chose à toi, dans sa façon de marcher ? demanda Jacques à Goëland.

— Cap dé Diou ! il me fait souvenir du *Centaure*.

— Comme à moi, ajouta Feu-Saint-Elme.

Un moment après une voix cria :

— Comment s'appelle ce navire ?

— Le *Centaure*, répondit un ouvrier.

— Ce serait fort tout de même, fit Jacques Tonnerre.

— Est-ce que le premier armateur venu ne peut pas baptiser sa coque de ce nom fabuleux ?

— C'est vrai.

— Il y a et il y aura plus d'un *Centaure* dans la marine.

— Il n'y aura jamais qu'un vaisseau de ce nom pour moi, et celui-là est le bâtiment que Compian montait et où tonnait Crache-Mitraille, dit Jacques Tonnerre en abattant son poing robuste sur un baril.

Le bâtiment se trouvait alors assez en vue pour que l'on distinguât son nom.

— Bagasse ! s'écria Goëland, dis-moi que j'ai la berlue, que je deviens fou, mon brave Jacques...

— Pourquoi ? demanda le marin frémissant.

— Parce que j'ai cru...

— N'est-ce pas, dit Jacques ; n'est-ce pas, tu l'as cru comme moi ?

— Compian ! le *Centaure !* sur mon baptême, c'est le *Centaure !*

— Et Compian, cria Feu-Saint-Elme qui disparut au milieu de la foule.

Les deux matelots le suivirent.

Pour la première fois de leur vie ils chancelaient.

Soudain, cette nouvelle se propagea circulant, grandissant, faisant l'effet d'une traînée de poudre.

— Nicolas Compian rentre à Marseille.

Alors Jacques et Goëland, sans demander permission à personne, veulent détacher une barque, on fait des difficultés, on demande de l'argent. Ils retournent leurs poches, regardent les badauds en riant, ôtent leur veste et se jettent résolument à la nage, en se dirigeant vers le navire signalé.

La foule bat des mains.

Sous les bras agiles des nageurs la distance diminue ; enfin ils saisissent l'échelle, la gravissent, et d'un bond tombent ruisselants aux pieds de leur capitaine.

Il les reconnaît tout de suite, ses braves marins ! il les prend dans ses bras, et ne trouve d'autres mots à leur dire que ceux-ci :

— Libre, mes amis, libre et riche !

Quelques minutes après, le navire au pavillon fleurdelisé et au croissant d'or mouillait à Marseille.

XXIV

LA HOURI CHRÉTIENNE.

L'office s'achevait au couvent des filles de Saint-Sauveur, la cloche tintait lentement; dans l'église on éteignait les cierges de cire, et quelque chose du parfum de l'encens flottait dans l'air imprégné de la réunion de mille odeurs suaves et pénétrantes; les murailles couvertes de toiles sévères semblaient palpiter encore de la mélodie entendue. Quelques religieuses appelées à remplir d'autres devoirs regagnaient le cloître. Mais plusieurs novices paraissaient ne pouvoir se résigner à quitter leurs stalles, gardées qu'elles étaient par les extases de la prière.

Enfin les saintes abeilles de la ruche sacrée se dispersèrent.

La dernière traversait le long corridor conduisant à la salle de communauté quand la tourière l'appela.

— Sœur Camille, dit-elle.

La jeune religieuse se retourna.

— *Ave !* dit-elle, que souhaitez-vous?

— Une étrangère demande à parler à la supérieure.

— La supérieure ne peut recevoir à cette heure.

— Je le sais, aussi vous a-t-elle chargée de la remplacer.

— Cette étrangère est au parloir ?

— Oui, ma sœur.

La jeune religieuse se dirigea de ce côté.

Le parloir était une grande salle, aux murailles ornées d'un crucifix ; une lampe tombant du plafond l'éclairait. En y entrant, sœur Camille aperçut une femme enveloppée de voiles impénétrables.

Tout, dans sa taille, sa pose, ses mains, indiquait la jeunesse.

En apercevant la religieuse elle marcha au-devant d'elle et découvrit son visage.

Sœur Camille recula comme devant une apparition.

L'étrangère était si jeune et si belle !

— Madame, dit la religieuse avec douceur, que dois-je faire pour vous ?

— Me garder dans cette maison, répondit simplement l'étrangère.

— Vous garder ! ceci ne dépend pas absolument de moi. Vous n'êtes pas française ?

— J'arrive de Tripoli.

— Vous vous nommez ?

— Fatmé.

— Et vous êtes ?

— Musulmane, répondait la jeune fille de sa voix harmonieuse.

Sœur Camille leva ses yeux bleus vers le Christ.

— Musulmane, reprit-elle, et vous venez chercher ici...

— L'enseignement de la foi chrétienne.

— On vous en a parlé ?

— Beaucoup.

— Un prêtre ?

— Un esclave d'abord, un religieux ensuite.

Sœur Camille considérait la voyageuse avec une expression attendrie.

— Un esclave, reprit-elle.

— Il se nommait Nicolas Compian.

— Nicolas Compian ! dites-vous, mais alors, vous êtes la fille d'Osmanli.

— Qui vous le fait deviner ?

— Je me souviens des récits que nous a répétés sa femme, madame Madeleine, et dans lesquels revenaient les noms d'Ayesha et de Fatmé ; Ayesha est la femme d'Osmanli, elle ne peut songer à entrer en religion, vous êtes Fatmé, la riche Fatmé...

— La pauvre et triste Fatmé, dit la fille d'Osmanli en s'agenouillant aux pieds de la religieuse.

— Mais, mon enfant, ma sœur, reprit la religieuse, comment avez-vous fait pour obtenir de faire une semblable traversée et de prendre pareille résolution ?

— J'ai prié d'abord, puis rencontrant une volonté en opposition avec la mienne, j'ai gardé le silence... mon père a vu que j'allais mourir, il m'a permis de venir dans la patrie de Compian, et du père Salvator... Oh ! ne croyez point que j'obéisse à un caprice d'une heure, que j'agisse sans réflexion, je songe à venir dans cette maison depuis le jour où Compian me conta l'histoire d'Haydé, qui vint en Europe frapper comme moi à la porte d'un monastère, en disant qu'elle voulait consacrer sa vie au Sultan des fleurs... L'avenir ne me pouvait donner certains biens de la terre, que j'eusse désirés peut-être... Je me suis tournée vers les biens du ciel...

Sœur Camille murmura ces paroles de Salomon :

— Venez du Liban, mon épouse, venez et vous serez couronnée. Ce soir, reprit-elle, je vous guiderai dans une cellule semblable à la mienne, et demain vous pourrez vous entretenir avec notre sainte supérieure.

— Me recevra-t-elle? demanda timidement Fatmé
— J'en suis sûre.
— Vous m'aimerez un peu et vous plaiderez pour moi, vous qui connaissez madame Madeleine?
— Il y a, mon enfant, quelque chose qui plaidera bien mieux en votre faveur que toutes nos paroles, c'est votre démarche.

Sœur Camille prit la main de Fatmé et la guida dans un couloir aboutissant à un escalier de quinze marches; au bout, un vaste corridor se présentait, et de chaque côté s'ouvraient les portes des cellules des religieuses.

Sœur Camille en ouvrit une.

— Le logis est pauvre, dit-elle, mais le sommeil qu'on y goûte est bon.

Elle traça de sa main dans le vide le signe de la croix, et laissa seule la fille d'Osmanli.

Elle avait dit la vérité à sœur Camille, la fille d'Orient venue en France sur la foi d'une légende. Longtemps après le départ de Compian et d'Ollioules, elle tenta d'oublier les entretiens, les visions, les chansons, les récits faits pendant les heures de l'esclavage. Elle n'y put parvenir, sa tristesse devint amère et morne, sa pensée se peupla d'images rappelant toute la poétique aventure d'Haydé. Osmanli questionna sa fille, l'interrogea plus du cœur que des lèvres; l'enfant demeura impénétrable d'abord, puis elle finit par demander l'autorisation de partir pour Marseille et d'entrer dans un de ces refuges, ouverts en France aux âmes craintives ou blessées. Osmanli pensa que cette résolution ne tiendrait pas plus que les premières neiges sur le sommet des montagnes, mais enfin il fut obligé de s'apercevoir que la douleur muette de Fatmé persistait. Cette fois il ne s'agissait plus d'Ayesha miraculeusement sauvée, lors du retour de Compian, dans le kiosque de la maison des Roses; Fatmé mourait si on ne lui permettait de suivre le désir qui l'entraînait sur les côtes de France et Osmanli ne voulait pas voir mourir Fatmé.

Il obtint qu'elle attendrait le passage du père Salvator à Tripoli, afin de le consulter.

Fatmé y consentit.

La Providence l'envoya deux ans après.

Mais pour avoir gardé le silence, Fatmé n'en cachait pas moins au fond de son cœur une résolution immuable.

Le père Salvator l'interrogea, s'enquit de la manière dont s'était fait en elle le travail de pensée qui amenait une semblable vocation, et si, dans son expérience de la vie, il découvrit au fond même du cœur de Fatmé ce que celle-ci n'y devait pas lire, ce lui fut une raison nouvelle d'approuver son désir et de consacrer sa résolution.

Il ne trouva donc pour elle que le mot des Croisés :

— Dieu le veut!

Osmanli murmura :

— C'était écrit !

Et comme Ayesha, voyant dépérir celle qu'elle avait l'habitude d'appeler sa sœur, voulait son salut à tout prix, elle aida puissamment Osmanli à donner un consentement qui lui brisait le cœur.

Non point que sa foi de musulman se révoltât outre mesure ; il possédait trop d'intelligence et s'était trop de fois trouvé en rapport avec des chrétiens pour garder à leur égard les préjugés de ses coreligionnaires. Le séjour de Compian dans sa maison avait agrandi ses idées sous bien des rapports ; il vénérait l'honnêteté et la bonté dans toutes les classes et dans toutes les âmes, et si un couvent de femmes eût existé à Tripoli, il n'eût pas ressenti la moitié des regrets qu'il éprouvait à voir partir sa fille.

Osmanli et Ayesha en larmes serrèrent la pâle jeune fille dans leurs bras, et le navire, glissant sur les vagues aplanies, l'amena à Marseille, aussi doucement que Marie-

Madeleine, son frère et ses compagnes abordèrent jadis sur les côtes de Provence.

Ce fut le soleil qui réveilla Fatmé.

En face d'elle se tenait sœur Camille, souriante sous ses voiles, ainsi qu'une autre femme moins jeune en qui elle devina la supérieure.

Fatmé se prosterna avec une grâce humble et caressante.

— Gardez-moi ! dit-elle, gardez-moi !

Et tout de suite les filles de Saint-Sauveur se trouvèrent entraînées vers cette jeune et ravissante créature qui venait implorer d'elles la foi du Christ.

La supérieure prit Fatmé dans ses bras et l'embrassa.

On lui laissa la cellule qu'elle habitait.

Il fallut dès lors s'occuper de lui enseigner complétement la langue française, de l'instruire d'une religion qui l'attirait d'instinct, et qu'elle devait apprendre à aimer.

La nouvelle de l'arrivée de la fille d'Osmanli ne tarda pas à se répandre à Marseille.

Dans toute la ville il ne fut bientôt plus question que de la Houri chrétienne.

Les nobles et riches dames se pressaient dans les parloirs du couvent, cherchant le prétexte de prières à demander, de fleurs à offrir, de présents à faire, pour parler à la supérieure ou à sœur Camille et implorer la grâce d'entrevoir la novice.

Toutes les espérances furent déçues.

Fatmé ne voulait voir personne.

Elle reçut seulement, avec l'autorisation de la supérieure, la visite de Madeleine et de Marthe ; quant à Compian, elle lui fit dire qu'elle le priait d'assister à sa prise d'habit.

Marthe et Madeleine ne purent s'empêcher de se sentir attirées vers elle comme l'avaient été la supérieure et sœur Camille. A leur tour, ces deux femmes si bonnes, si simples, si dignes devinrent pour Fatmé l'objet d'une vive tendresse.

La fille d'Osmanli s'enquit avec un vif intérêt des événements qui s'étaient succédé dans la famille de l'ancien esclave de son père.

Le capitaine tenant la parole donnée à sa femme ne naviguait plus.

Ollioules devenu l'époux de Marie continuait de fructueux voyages sur le *Centaure II*, à bord duquel avaient repris service Feu-Saint-Elme, Goëland et Jacques Tonnerre.

Victor tenait la banque, secondé par le vieux caissier de Gaspard, qu'il avait arraché à une profonde misère, pour le remettre dans son élément de chiffres, de bons de caisse et d'effets.

Marthe voyait grandir ses deux enfants.

Lazare étudiait la géographie avec ardeur et dédaignait prodigieusement les rois maures qu'il éprouvait jadis une si furieuse envie de décapiter.

Compian, l'honneur, l'amour de la ville de Marseille, continuait le commerce, d'abord, pour ne pas mourir d'ennui dans l'oisiveté, ensuite, afin de pouvoir répandre plus d'aumônes dans le sein des pauvres.

Depuis son retour, la disette avait de nouveau sévi.

Mais, grâce aux relations qu'il gardait avec Osmanli, quand tout le monde manquait de blé, Compian en possédait plein ses greniers.

Il vint des jours pareils à ceux que la ville avait subis, durant son esclavage, et où les échevins se demandèrent en présence de la misère du peuple comment ils pourraient la secourir.

On savait que Compian venait de recevoir du blé, on le pria d'en céder au prix de 60 livres par charge, afin qu'il fût possible d'en faire la distribution.

Mais Compian se redressant, répondit :

— A Dieu ne plaise que j'abuse de l'état où nous sommes, le prix de 30 livres me suffit pour ce que j'ai dépensé.

Ce mot contenait toute sa vie.

Ces récits plongeaient Fatmé dans une douce rêverie. Elle demandait et cherchait la compagnie de Madeleine et de Marthe. Avec elles, il semblait qu'elle préférât s'entretenir des grandes lois de cette religion à laquelle on l'initiait graduellement. Elle éprouvait de filiales tendresses pour Madeleine, et quand elle voyait Marthe, elle songeait à Ayesha, la brune Ayesha, qui lui avait fait si léger le joug d'une étrangère.

L'évêque de Marseille ne dédaignait pas de s'enquérir de la Houri chrétienne, il lui donna plus d'une fois sa bénédiction, et voulut ordonner lui-même la fête merveilleuse qui se devait célébrer à la chapelle des filles de Saint-Sauveur.

Comme aux premiers temps du christianisme, Fatmé devait recevoir à la fois les trésors de l'Église dans laquelle elle entrait. A peine l'aurait-on faite chrétienne qu'elle prendrait des mains de l'évêque le voile des vierges. Cette vie, semblable à certaines fleurs, ne s'épanouirait qu'un jour sous les regards des hommes, puis elle serait de nouveau ensevelie pour n'être distinguée que par le Maître divin entrevu par Haydé dans sa vision, et dont Madeleine baisait les pieds ensanglantés sur le Calvaire.

L'apaisement se faisait dans l'âme de Fatmé.

Elle avait souffert d'une sourde douleur, cette douce et ignorante enfant ! il fallait toutes les attractions de la Croix pour la guérir.

La veille de la cérémonie, le couvent tout entier s'occupa à parer l'autel, à préparer des jonchées de fleurs, de tendre les tapisseries précieuses, et de faire de la chapelle une merveille faisant songer au Paradis.

17

Fatmé semblait doucement absorbée.

Elle s'assoupit, bercée par le souvenir de quelques-unes des plus douces paroles de l'Évangile, paroles qui remuaient et charmaient si fréquemment son cœur.

On procéda à sa parure.

Il avait été décidé que la fille d'Orient garderait son éclatant costume pendant la première moitié de la cérémonie.

On revêtit donc Fatmé de ses jupes de soie brochées d'or, de ses pantalons bouffants ; elle chaussa ses pantoufles couvertes de pierreries, étagea ses colliers à son cou, fit plier ses poignets délicats sous les bracelets, attacha sur ses lourdes tresses les voiles qui l'enveloppaient jadis, mais qu'elle laissa retomber en arrière. Son beau visage rayonnait d'une joie intérieure, son regard contenait l'extase et l'élancement de la prière ; sa bouche répétait les mots des formules saintes.

Quand elle parut dans l'église, un murmure d'admiration s'éleva du sein de la foule.

Compian la contempla comme si déjà elle était une sainte prosternée auprès de Dieu.

Fatmé le reconnut entre Marthe et Madeleine, et ses yeux lui désignèrent le Christ vers qui il l'avait guidée.

L'orgue s'éveilla dans la chapelle.

On entonna le *Veni Creator*.

Après ce chant sacré, Mgr l'évêque de Marseille monta en chaire, il exalta le sacrifice de Fatmé, se réjouit de la gloire qui rejaillirait sur la communauté, de compter cette brebis nouvelle dans ses rangs ; il cita les textes les plus doux et les plus tendres du cantique de Salomon, pour redire à cette Sulamite combien elle devait s'estimer heureuse d'avoir été appelée par l'Époux.

Fatmé l'écoutait, le front enseveli dans ses mains.

Marthe pleurait, Compian regardait dans le passé Fatmé la houri dont on venait de faire une chrétienne !

Le 17 avril 1732, Nicolas Compian était inhumé dans l'église des Dominicains et jamais funérailles de roi n'offrirent un tel concours de pauvres et ne suscitèrent de plus vifs regrets.

FIN.

TABLE DES MATIÈRES

I. — Scènes intimes	5
II. — L'armateur Gaspard	18
III. — Adieux	29
IV. — Grande brise	44
V. — Les grappins d'abordage	53
VI. — Dans la cale	64
VII. — Marchés d'esclaves	77
VIII. — Osmanli	90
IX. — Révolte	103
X. — Une légende	118
XI. — Nostalgie	129
XII. — L'ex-voto	139
XIII. — La maison veuve	154
XIV. — Disette	168
XV. — Retour	179
XVI. — Le poids d'un serment	191
XVII. — Pendant la fête	204
XVIII. — Legs d'Abdallah	214
XIX. — Ayesha	228
XX. — La chambre du kiosque	241
XXI. — Résurrection	253
XXII. — Le prix du rachat	265
XXIII. — Le croissant d'or	275
XXIV. — La houri chrétienne	286

ABBEVILLE. — TYP. ET STÉR. GUSTAVE RETAUX.

Original en couleur
NF Z 43-120-8

LE BIENHEUREUX
NICOLAS DE FLÜE

LA SUISSE D'AUTREFOIS

PAR

J. T. DE BELLOC

*Précédé d'une lettre-préface de Sa Grandeur
Monseigneur Mermillod*

PARIS
RETAUX-BRAY, LIBRAIRE-ÉDITEUR
82, RUE BONAPARTE, 82
1889
Tous droits réservés.

www.ingramcontent.com/pod-product-compliance
Lightning Source LLC
Chambersburg PA
CBHW071140160426
43196CB00011B/1950